# 为有源头活水来

## ——成都市武侯区“两自一包”学校管理体制改革实录


**杨建德**／学术顾问

**潘　虹　陈　兵　唐开平**／著

项目策划：段悟吾 唐 飞 宋彦博
责任编辑：宋彦博
责任校对：孙滨蓉
封面设计：墨创文化
责任印制：王 炜

**图书在版编目（CIP）数据**

为有源头活水来 ：成都市武侯区“两自一包”学校管理体制改革实录 / 潘虹，陈兵，唐开平著. — 成都 ：四川大学出版社，2020.11
ISBN 978-7-5690-2079-3

Ⅰ. ①为… Ⅱ. ①潘… ②陈… ③唐… Ⅲ. ①学校管理－教育体制改革－研究－武侯区 Ⅳ. ①G527.714

中国版本图书馆CIP数据核字（2020）第082725号

**书名 为有源头活水来**
**——成都市武侯区“两自一包”学校管理体制改革实录**

| | |
|---|---|
| 著　者 | 潘 虹 陈 兵 唐开平 |
| 出　版 | 四川大学出版社 |
| 地　址 | 成都市一环路南一段24号（610065） |
| 发　行 | 四川大学出版社 |
| 书　号 | ISBN 978-7-5690-2079-3 |
| 印前制作 | 墨创文化 |
| 印　刷 | 四川盛图彩色印刷有限公司 |
| 成品尺寸 | 170mm×240mm |
| 印　张 | 15.5 |
| 字　数 | 252千字 |
| 版　次 | 2020年11月第1版 |
| 印　次 | 2020年11月第1次印刷 |
| 定　价 | 58.00元 |



◆ 读者邮购本书，请与本社发行科联系。
电话：(028)85408408/(028)85401670/
(028)86408023 邮政编码：610065
◆ 本社图书如有印装质量问题，请寄回出版社调换。
◆ 网址：http://press.scu.edu.cn

四川大学出版社
微信公众号

序

# 教育改革的思想、方法与精神的美丽结晶

赶趁时代的阳光，追求卓越的教育，成都市武侯区不仅有光辉的过往，更有敢为人先的当下。2014年，武侯区教育人在面临生源剧增、师资不足、人民群众对优质教育资源需求迫切的情况下，全面深化武侯区教育综合改革，并由此探索形成“两自一包”教育综合改革实验经验。5年多来，这项教育综合改革已经以实绩取得了社会的认可，并吸引许多地方的教育同行前来“取经”，成为不少地区中心城市教育发展和改革的重要抓手。

因而，有必要对这项改革实验的过程、体会、成果进行价值凝练，这就是本书的写作缘由。

这是一部关于县（区）级区域教育沐浴新时代光辉而进行的改革探索的写实记录。

从全书的基本骨架可以看出，本书力图以审视成都市武侯区教育综合改革的全景式视野，将对当今教育改革影响深远和具有地区教育改革品牌价值的“两自一包”改革的实践过程，通过文字积淀下来，保留一份时间之外的真实。

我更以为，这是一份来自基层教育管理者和实践者的教育改革思想、方法和精神的美丽结晶。

之所以这样说，是因为本书在书写当今教育改革实践纪实方面体现了三大特点。

首先是本书蕴藏了丰富的改革思想。

什么是改革，什么是教育改革，教育改革的根本目的是什么，基础教育改革的保障条件有哪些，区域教育管理部门如何进行改革顶层设计，区域教育改革怎样借力国家政策和相关理论，改革成果的鉴定标准是什么，改革的经验怎样凝练……这些内容是区域教育改革必须弄清楚的认知基础，也是规避区域教育改革的盲目性、随意性和无效性的原点认知，还是区域教育改革的宏大思想和理论支撑。在本书中，可以说这些内容都被精心融入了纪实文字之中，昭示了成都市武侯区“两自一包”教育综合改革的思想与理论的清晰，也彰显了这项改革成果的价值所在，更凸显了本书的出版意义——它是形象之书和思想之书，唯有形象之书，可以让人乐读；唯有思想之书，可以给人力量。

其次是本书蕴藏了区域教育改革的方法。

区域教育改革既是一种对教育困局的突围，也是一种对教育发展理想方法的寻索。

改革本是一种创新行动，是“无经验可循的探索”，但必须有方法和策略的预制，否则就不可能有宏伟改革蓝图的生成和丰硕改革成果的收获。

本书详述了武侯区教育人如何面对困局生发改革意向，如何展开政策解读，如何设计改革构想，如何以点突破，如何分布实施，如何跟踪实践，如何凝聚经验，如何扩大改革范围，如何凝练话语体系……这些文字，无不蕴藏了一场区域教育改革从探“路”到成“道”的区域教育方法论的内在意蕴。这就昭示了成都市武侯区“两自一包”教育改革本身具有的严谨性与科学性，彰显了这项改革成果的推广价值，同时也更凸显了本书的阅读意义——它是科学之书和方法之书，唯有科学之书，可以增长认知；唯有方法之书，可以助人实践。

最后是本书蕴藏了强烈的区域教育改革精神。

人类的进步本身来自人类不断的探索与创新。探索与创新作为一种人类精神，富含了人类不甘落后与不断进取的精神特质，它需要探索的愿望、向上的理想、敢为的勇气、求索的动力、守望的意志、收获的惊喜、创造的热情……这些生发于改革者身上的精神要素，只有通过改革者的分享才能让人感知。本书以纪实的文字深入武侯区“两自一包”改革者内心，让这些改革精神要素从文字背后凸显出来，昭示了武侯区“两自一包”改革者的感性与理性，彰显了这项改革成果的精神背景，也凸显了本书的文化意义——它是精神之书和赋能之书，唯有精神之书，才具有激励意义；唯有赋能之书，才能传递情怀与能量。

我特别想说的是，作为曾经的参与者，我真切地体会到武侯区教育人敢为人先的担当精神和教育情怀，同时也真切地感受到“两自一包”教育综合改革能够取得决定性胜利有两个关键因素：一是区委、区政府的坚强领导，为武侯区“两自一包”教育综合改革提供了持续不断的领导力量。主要领导多次深入调研，研究部署，充分彰显了武侯区委、区政府在区域教育改革和发展上的敢担当、敢作为。二是区级各部门的有力配合，为武侯区“两自一包”教育综合改革提供了保障力量。相关部门不仅从资源上为“两自一包”教育综合改革提供保障，还积极建言献策，充分显示了各相关部门主动融合教育的团结精神和协作情怀。

就在本书即将付梓之际，教育部、中央组织部、中央宣传部、中央编办、国家发展改革委、公安部、财政部、人力资源社会保障部八部门联合印发了《关于进一步激发中小学办学活力的若干意见》，明确要求：深化教育“放管服”改革，落实中小学办学主体地位，增强学校发展动力，提升办学支撑保障能力，充分激发广大校长教师教书育人的积极性创造性，形成师生才智充分涌流、学校活力竞相迸发的良好局面，推动基础教育公平发展和质量提升，加快现代学校制度建设，为推进教育现代化、建设教育强国奠定坚实基础。

与此同时，中共成都市委教育工委书记，市教育局党组书记、局长刘强也以解读该《意见》的形式，发表了署名文章，其中特别提到了“两自一包”教育综合改革激发学校办学活力的经验和举措。

这足以证明“两自一包”教育综合改革对全国教育改革和发展起到的示范作用，也必将激励武侯教育人在取得既有成果的基础上，再度展现教育情怀和智慧，积极为新时代教育的优质均衡发展努力奋斗！

正是基于以上原因，我愿为本书的出版奉上最真诚的祝愿，同时也为武侯区教育人的改革精神与情怀点赞。

杨建德

2020 年 10 月

# 目录
MULU

如果要问“教育是什么”，相信一千个教师都有统一的答案，因为《教育大辞典》《汉语大辞典》都有精确的解释。

但是如果将这个问题交给一千个家长或者不同行业的社会人士，那么得到的一定是诸如“一千个哈姆雷特”式的答案。

因为，教育关乎千家万户，而每一个家庭都对教育抱有自己的理想！

因为，教育联通各行各业，而每一种行业都向教育寻求发展的源泉！

教育从来没有像现在这样引发家长的热切期待。

教育从来没有像当下这样备受社会的高度关注。

2018年，中国召开了有史以来最高规格的全国教育大会，习近平总书记在讲话中，将教育的地位提升到“国之大计、党之大计”这一前所未有的高度。

如果说在农耕文明时代的泱泱中国，教育是一盏灯，照亮着“朝为田舍郎，暮登天子堂”的士子们吟哦理想、生生不息，那么，在中国特色社会主义进入新时代的当代中国，教育就应该是无限春光，朗照在神州大地，彰显着她“阳春布德泽，万物生光辉”的公平与充足、优质与均衡。

教育，润泽生命！

教育，协和社会！

教育，传承文明！

教育，振兴民族！

教育，造就人才！

教育，开创未来！

教育，是“民族振兴、社会进步的重要基石”！

# 紧跟时代发展的节奏

从 1986 年颁布《中华人民共和国义务教育法》以来，我国基础教育的管理体制几乎一直沿用着“省级统筹、以县（区）为主”的制度安排，目的是缓解“分级办学，分级管理”所造成的教育公平与效率之间的矛盾和冲突。

所以，从某种角度讲，关于教育发展的诸多核心话题，诸如教育的改革与发展、优质与均衡等，首先在县（区）域产生。

所以，从某种角度讲，真正关于教育改革和发展的有力行动，也往往会从县（区）域展开。

## 01　城市变奏曲

中国西南，古蜀故都，因“一年成聚，二年成邑，三年成都”而得名的世界历史文化名城——成都，地处川西平原的中心，地势平坦、河网纵横、沃野千里、物产丰茂，素有“水旱从人，不知饥馑，时无荒年，天下谓之天府”之称，故有“天府之国”的美誉。

因为富饶优美的地理环境，得天独厚的自然条件，人们常常把成都与历史上著名的华庶之地扬州相比，有“扬一益（成都古称益州）二”这类充满人间烟火气的评定。唐代大诗人李白更是展笔写下“九天开出一成都，万户千门入画图。

草树云山如锦绣，秦川得及此间无”的壮美诗句。

在中国共产党的领导下，随着中国人民在从站起来到富起来再到强起来的伟大征程上步伐越来越铿锵有力，成都这座古老的城市焕发出了新的活力。中国最宜居城市、中国新一线城市……无不诠释着这座“来了就不想走”的城市的文化底蕴和环境魅力。

近年来，成都更是先后获得“全球最佳新兴商务城市”“中国内陆投资环境标杆城市”“中国城市综合实力十强”“中国十大创业城市”“中国外贸百强城市”等殊荣。

新时代，成都正加快建设具有全国引领力、全球竞争力的世界文创名城步伐。

成都西南城区武侯区，为成都市“老五城区”之一，因辖区内有蜚声中外的武侯祠而得名。

“丞相祠堂何处寻，锦官城外柏森森。映阶碧草自春色，隔叶黄鹂空好音。三顾频烦天下计，两朝开济老臣心。出师未捷身先死，长使英雄泪满襟。”一千多年前，客居成都的大诗人杜甫，不仅以沉郁雄健的诗篇打造出了武侯祠厚重与美丽的名片，更以自身结庐浣花溪畔，为武侯的文化增添了一处胜迹。

踏着时代的节拍，紧跟成都中心城区发展的步伐，德领馆、法领馆等十多家外国领事机构入驻武侯区；四川大学、中科院成都分院等数十所知名高校、科研院所云集武侯区；全国第二大信息产品集散地“科技一条街”建在武侯区；京东、超威半导体（AMD）、联想等多家全球知名企业区域营销总部设在武侯区；“全国和谐社区建设示范城区”荣誉称号花落武侯区……与成都“和谐包容”的城市文化基调相协调，改革开放40年来，武侯区越来越成为人们向往的创业之所、科技之城、宜居之地，内迁人口和常住流动人口逐年递增。官方网站显示，2019年，武侯区户籍人口为26.67万户、66.13万人，而常住人口为109.91万人，城区范围不断向着成都中心城区西南方向延伸。

城市的扩容意味着人口不断增加，也意味着公共资源的配置和供给节奏的加快。

教育，作为人类最重要的社会资源之一，必须与城市发展节奏同步。

## 02 优质教育资源供给的现实困境

随着人们对优质教育资源的需求越来越大，特别是随着我国教育政策的普惠性加强，农村进城务工人员子女与城市学生享受同等教育阳光成为时代主流，教育资源尤其是优质教师资源供给成为教育发展的核心命题。

从武侯区的情况来看，在优质教师资源供给方面存在以下几大问题。

**首先是教师工资总量低、结构固化，影响教师积极性。**

自 2006 年人事部、财政部、教育部联合印发《高等学校、中小学、中等职业学校贯彻〈事业单位工作人员收入分配制度改革方案〉三个实施意见》后，岗位绩效工资制度自 2009 年 1 月 1 日起在武侯区义务教育学校正式实施。同时，高中学校也实施了绩效工资制度。教师工资总体水平得到提升，教师收入偏低的状况得到缓解，与当地公务员平均工资水平的差距缩小，区域内教师工资水平大体平衡。这些，是绩效工资制度所起到的积极作用。但是，其激励杠杆力度不大。教师工资由岗位工资、薪级工资、绩效工资和津补贴构成，每个部分都主要与职称和工作年限挂钩。高级、中级、初级职称比例是 1∶4∶5，高级职称指标数量少，很难满足大多数教师提升专业发展水平，获得职业发展的愿望。这些问题，造成部分获得高级职称、年龄大的教师缺乏动力；一些难以聘上高级岗位的青年教师，因看不到希望，发展愿望不强、态度消极。在中小学，工资多少由职称决定，而职称又由工作年限决定，缺乏灵敏性，不能及时奖励工作量大、工作绩效好的教师。

从 2018 年国家统计局发布的全国各行业平均工资水平来看，教育一直处于 19 个行业的中间水平，低于卫生、文化、科技服务等行业。又如，2017 年全国 19 个行业的年平均工资是 74318 元，教育行业为 83412 元，卫生行业为 89648 元，文化行业为 87803 元，科技服务行业为 107815 元。如果细分，中小学和幼儿园教师的工资水平则会更低。

武侯区有关部门从高中、初中、小学各抽取 4 所学校，每所学校邀请 10～15 名骨干教师进行问卷调查及现场座谈，关于“经济收入”一项，认为高的占 0.75%，认为一般的占 31.58%，认为低的占 67.67%。教师强烈希望能真正落实工资待遇不低于公务员的政策；35 岁以下青年教师普遍反映，每月工资除去房贷后所剩无几，经常都需要父母接济；中青年男教师则希望在行政岗位或课外家教中寻求弥补。

**其次是教师职业倦怠，面临新的困局。**

一方面，按照现行的教师身份管理、职称评聘、绩效考核、退休养老等制度安排，每一名教师从入职到退休，基本上都能预见自己每一个阶段可能发展到什么程度，以及在退休时最好的发展状态。也就是说，中小学（幼儿园）教师的一生，总体来讲是平凡的一生、平稳的一生。另一方面，一些教师在教书育人过程中，缺乏对教师工作的创造性、创新性和重要性的认识，仅仅把教书育人看成企业生产流水线，在日复一日机械式的作业中，把学生看成企业生产的产品，而不是一个个鲜活的、有个性的、有潜能的人，从而渐渐产生一种疲惫、困乏甚至厌倦的心理，在工作中难以提起兴致，打不起精神，只是依仗着一种惯性来工作。

在武侯区的一次调查中，84.21%的骨干教师反映自己的“劳动强度高”。很多教师都不愿承担班主任、教研组长、“带徒弟”等工作。不少学校选聘中层干部，常常需要做动员工作才能使参选人数达到2∶1的要求。学校每学期开展的教研课等活动，常常是新进教师、代课教师被“推选”出来上公开课，各教研组都只求能够应付学校的考核，难以顾及教研课的目的和质量。“职业发展前景”一项，看好的仅占9.02%，无所谓的占72.18%，考虑过跳槽的占18.8%。大部分教师认为教师入职门槛高，家长和社会要求高，待遇却低于其他多数行业。很多年轻教师有理想，也愿意付出，但对于职业前景感到迷茫，甚至考虑过流动到待遇好的其他地区或转行做其他工作。一些中青年女教师则更希望多些时间在家庭中尽责。不少中学教师反映，早晨七点半就要到学校，常常顾不上为家人和自己做早餐，饿着肚子上早自习，甚至上完一二节课后再去吃早饭也是常有的事。教师牺牲休息时间值守学生午餐午休，不仅没有任何报酬，还要缴纳伙食费。许多教师很委屈：这些辛苦没有人知道，有时出现一点点过失，有些家长却纠缠不清、不依不饶。教师的职业压力十分沉重。因为上述原因，基础教育行业出现了教师职业倦怠的困局。

**最后是“全能管理”模式制约学校发展活力，不能为教师专业发展提供校本土壤。**

目前面临的问题有：政府部门“自我革命”动力不足，将人事、财经、评价实权紧紧抓住不放，民主决策机制配套不完善，科学评价体系和大数据管理手段缺失，政府监管过多依赖习惯经验和主观评判。教师“入与出”管理机制不能适应学校发展需要。在现行招聘和考评管理制度下，学校作为用人单位的话语权不够。近10年来，武侯区公办学校招聘公办教师按照“凡进必考”的原则，考试第一关——笔试的主导权已从区级上收到省级，面试又在区教育局，学校几乎没有话语权。此方法在形式上体现了对考生的公平，但是在学校教育教学实践中普遍反映按此方法招聘的教师问题很多，有时很难招到学校满意的教师。同时，教师退出机制不健全，传统的公办学校对教师是按身份进行管理，几乎无淘汰机制，无法真正按照聘用合同进行管理并实现教师的有序退出，导致不合格的教师退不出去，教师队伍整体质量受到影响。“政校分开、管办分离”推进困难，学校缺乏办学自主权，发展能力不够、活力不足。

上述问题具体体现在四个方面：

一是人事管理体制制约教育活力。调查发现，教育人事体制在一定程度上束缚了队伍活力，这是制约武侯教育发展的主要障碍。虽然学校和每一位教师签订了合同，但绝大多数教师根本不记得也不关心自己和谁在什么时候签了多长期限的合同，合同规定了什么样的权利和义务。我国将中小学教师纳入各级事业单位编制管理，在很长一段时间里是适合国情的，能够保障中小学教师，尤其是义务教育阶段教师的工资待遇，提高了中小学教师的社会地位。然而，随着经济改革不断深入，这种管理体制暴露出不少问题，尽管国家颁布了一系列深化人事体制机制改革的规章制度，但是这些干部人事制度、事业单位人事制度、中小学校人事制度改革意见在基础教育层面收效并不明显。

二是事业编制管理导致聘任制实施形式化。到目前为止，中小学校在岗位与职称等人事制度改革方面并没有取得实质性进展。事实上，只要存在编制，中小学人事制度改革就难以取得突破。因为教师一旦获得人事部门核定的编制，就相当于端上了“铁饭碗”。在编制管理体制下，“身份”观念根深蒂固，校长面对“有身份的教师”，信奉的是“情感投入”的管理理念。各级政府部门、中小学校没有多少人具有“合同管理”的观念和经验。尽管不少学校存在一些不愿干、干不了的不合格教师，但只要不违反师德、触犯法律，就根本无法辞退。而且，在现有体

制下辞退不合格教师意味着负担高昂的政治、法律、文化成本。尽管市场配置资源的规则已经影响了学校文化，越来越多的教师并不会对“情感投入”买账，但也鲜有公办学校行使“聘任合同”赋予的管理权力。自《国家中长期教育改革和发展规划纲要》（2010—2020年）提出“健全教师管理制度”，推行“国标省考县聘校用”至今，只有极少区县政府开始建立接收和管理被学校“退用”教师制度的探索。缺乏配套政策也是致使聘任制流于形式的重要原因。所以，在现行招聘和考评管理制度下，学校作为用人单位的话语权不够。

三是教师评优选先制度效能过低。多年来，区域教育一直重视对教师的精神激励，每年通过评优选先授予教师各种荣誉称号。但授予荣誉称号后，没有后续要求，评完便束之高阁，荣誉证书沦为摆设。甚至，多数学校的评优选先变成“吃转转饭”“轮流坐庄”，今年你评、明年我评，或者根本不想参评。究其原因，主要在学校管理层，尤其是不少校长默许了教师群体自发的“吃转转饭”，认为这种人际成本最低的方式，减少了学校内部的人际摩擦带来的心理消耗，体现了学校的“大团结”。

四是考核后绩效奖励差距不大。武侯区自2009年实施绩效工资改革以来，基础性绩效工资（70%）的占比太高，学校通过奖励性绩效工资（30%）来调动教师工作的积极性、主动性的杠杆力度太小。教师考核评价主要包括内容、方法、主体三个方面，虽然有诸如职称评定的社会评价，但更多的是学校教师之间进行的同行评价。学校不同群体代表参与考核评价的过程，实质就是不同利益群体的对话、博弈过程。不少教师“平均主义”思想仍然存在，缺乏“按岗取酬、多劳多得、优劳优酬”的意识，始终还指望吃“大锅饭”。同行之间的考核评价碍于面子，教师之间“花轿抬人”，学校奉行“平均分配”思想等，导致基础教育行业形成“干多干少一个样，干与不干一个样”或者“干多干少、干与不干差别很小”的“新大锅饭”困局。

## 03 武侯区教育在创新中不断前行

一座城市的发展从来就不只是经济中的GDP数字递增。

教育、文化与经济发展在时代的快车道上总是同步而行。

新中国成立以来，武侯区教育领先全川、享誉全国。龙江路小学、成都七中、四川大学等传统名校，雄踞四川之首，跻身全国名校之林，成为武侯区域教育的光辉名片。

自 1990 年建区以来，武侯区就在既有教育地域优势基础上不断作为，形成了武侯区教育适应城市发展的独特探索之路。

武侯区教育适应城市发展的独特探索体现在两个方面。

**一是以不断探索和改革的精神从区域教育内涵建设上提升区域教育资源质量。**

1998 年前后，武侯区实行了基于教育均衡发展的城乡学校“捆绑发展”探索，将城乡 24 所学校进行城乡搭配，实行“捆绑发展”。将区内学校划定为多个捆绑“联体”后，教育局以被“捆绑”的城乡学校发展情况为主要标准，考评城区对口学校，在表彰时单设“城乡教育共同体”。实行“捆绑发展”大大提升了当时的农村学校发展质量，奠定了城乡教育共同协调发展基础。这一时期可以称为武侯区城乡学校“捆绑发展”阶段。

2003 年，武侯区提出了“农村教育城市化、城市教育现代化、城乡教育一体化”的建设目标，经过三年的努力，于 2006 年初步实现了“城乡教育一体化”。“城乡教育一体化”探索促进了武侯区教育整体适应城市化教育基础。这一时期可以称为武侯区“城乡教育一体化”发展阶段。

2006 年，在全区整体实现城市教育格局的基础上，武侯区又提出了新的建设目标，即“推进教育高位均衡化、高端优质化、全面现代化和全域国际化”的“四化”目标，以“两高”“两全”诠释武侯区教育对教育质量的理解。2009 年，武侯区教育在“四化”基础上增加了“学习终身化”。经过武侯教育人的共同努力，教育国际化工作取得了显著成效，走在了全市全列。2013 年，武侯区被评为全国首个“城乡教育一体化实验区”，城乡教育均衡“武侯样本”成为全国范例。这一时期可以称为武侯区教育“五化”阶段。

2014 年，武侯区提出了“全市一流、西部领先、全国知名的教育现代化强区”建设目标。围绕此目标，武侯区先后进行了多项教育综合改革探索，尤其是以“两自一包”学校管理体制改革为重点，率先探索新时期政府赋权和学校现代治理。这一时期可以称为武侯区教育现代治理阶段。

随着中国特色社会主义新时代的到来，在全国教育大会精神激励下，武侯区开始加快推进教育现代化建设进程，2017 年在建设“全市一流、西部领先、全国知名的教育现代化强区”的基础上，增加了一个路径，即建设“百花绽放、百舸争流”的武侯区教育生态。围绕建设目标和路径，武侯区教育综合改革成效明显，尤其是“两自一包”学校管理体制改革在全国产生了广泛影响，人事、财政体制机制改革也在稳步推进。这一时期可以称为武侯区建设“教育现代化强区”时期。

不同时期的教育探索，为武侯区教育发展打下了坚实的基础，彰显了武侯区教育的积极作为。

**二是不断积淀区域教育文化，营造了“文化立教”“文化兴校”的以文化人文化氛围。**

2015 年，武侯区教育局组织开展区域教育文化研讨会，对文化与教育及其管理的核心价值、武侯区值得传承的文化进行了全面总结，凝练出了武侯教育“‘敢为人先’的进取精神”“‘民主开放’的个性精神”“‘脚踏实地’的务实精神”“‘敬业乐业’的奉献精神”“‘尊师重教’的人文精神”等精神。随后，武侯区以“推进文化建设与制度创新的基本构想”对区域学校教育文化进行了切实可行的安排布局，提出“以实为根、依法治教，全面提升区域教育管理水平”“育人为本、民主治校，全面推进区域学校优质发展”“敬业为先、专业发展，全面促进干部教师成长”“做人为魂、健康成长，全面提升学生综合素养”等武侯教育文化发展构想。

2017 年，武侯区在深入推进武侯教育系统开展对党的十九大报告学习活动中，专门召开了“新时代、新任务、新作为，扎实推进‘百花绽放、百舸争流’武侯教育生态建设”专题研讨会。会议结合十九大报告，针对武侯区教育实际，指出“百花绽放、百舸争流”的内涵表现是一种思想、一种策略、一种生态、一种力量；其外延形态是“学校竞相发展，构建形成‘一校一品、一校一特色’区域教育发展格局”，“教师敬业乐业，全面营造‘你追我赶、比学赶超’的良好氛围”，“学生乐学善学，全域呈现奋发向上、积极进取的精神风貌”。

武侯区历届局党组（党工委）（2019 年 3 月 6 日之前为局党工委，之后更名为局党组）主导和重视的区域教育文化建设，无疑为武侯区教育改革和发展厚植了精神沃土。

在“文创武侯，智慧城区”武侯区域精神的激励下，武侯区教育以建设“中西部教育现代化核心区”为目标，加快推进教育事业科学发展、领先发展、均衡发展，力图共育“百花绽放、百舸争流”的武侯教育新生态。

在区委、区政府的全力推动下，武侯区教育在多年重视教育工作顶层设计和文化建设的基础上，取得长足的发展。

以“十三五”以来为例，武侯区教育事业紧紧围绕武侯区“努力争当全面建成小康社会示范区，争做西部经济核心增长极领先区，争创宜居宜业美丽幸福典范区”总体发展目标，牢固树立和切实践行创新、协调、绿色、开放、共享的发展理念，坚持立德树人、坚持改革创新、坚持科学发展、坚持领先发展，在教育改革、教育惠民、质量提升、队伍建设等方面开展了大量工作，取得突出成绩。具体体现在以下几个方面：

教育保障能力切实增强。“十三五”以来，武侯区教育年均投入约 15 亿元，其中，2016 年 12.56 亿元、2017 年 14.45 亿元、2018 年 15.91 亿元、2019 年 17.39 亿元。大力实施学校建设“三年攻坚”，新增投入使用（含回收回购）学校 28 所，新增学位 18600 个。特别是教办幼儿园从 2011 年的 2 所增加到目前的 29 所，有效缓解了“入学难”“入园贵”问题。

教育综合改革成效凸显。与中国教科院合作建设“全国教育综合改革试验区”，持续推动“两自一包”改革、校（园）长岗位职级制改革、名师优师专项激励机制等改革项目 16 个。成功入选“全国智慧教育示范区”，区教育局被市委、市政府表彰为“成都加快建设全面体现新发展理念的城市改革创新先进集体”。

教育教学质量不断提升。坚持学校内涵式发展，创建四川省一级示范校 2 所、成都市新优质学校 14 所、九年义务教育示范校 8 所、成都市一级幼儿园 24 所，全区优质教育覆盖率达 68%，区域教育发展水平不断提升。截至 2019 年，全区中考一次合格率连续五年位居中心城区第一名；全科合格率连续五年位居中心城区第二名。2019 年高考一本上线率位列全市第三。

教育特色进一步彰显。坚持以素质教育为方向，在全市率先实施“每天一节体育课”，2019 年学生体质健康监测合格率已达 98.2%；突出“一校一品、一校一特色”，在全区学校推出童心教育、生活教育、生态教育、博雅教育等课程，打造“小诸葛”科创教育、人工智能教育等特色项目，形成了“结构合理、内容丰富、特色鲜明”的武侯教育生态。教育现代化发展水平目标总体达成度为 92.27%，连续三年居全市第一名；教育国际化总实现度达 94.45%，位居全市第一名；公办义务教育优质均衡发展差异系数为 0.21，排主城区第二名。

教师队伍建设成效明显。“十三五”期间，积极实施教师“四项关爱计划”“五项职业幸福行动”“名师优师专项激励”等举措，累计投入 2.33 亿元用于提高教职工待遇、改善教职工工作环境。持续提升教师待遇，从 2016 年开始为每位教师发放一次性绩效奖励，2020 年人均达 3 万元。



## 04 武侯区教育在新时期面临的挑战

在不断取得新成就的同时，武侯教育人也清楚地知道，新时期武侯区教育发展仍面临着挑战。

这些挑战，主要来自以下五个方面：

一是城市发展和区域经济社会转型升级带来的挑战。随着武侯区产业的升级、城区的扩容和居住品质的提升，以及大量随迁子女的持续进入和“两孩”政策的实施，目前武侯区城郊地带和新城片区教育配套滞后的问题日益显现，尤其是金花、簇桥、簇锦、双楠和机投片区的入学需求与学位供给矛盾将更加突出，武侯教育资源总量、布局和结构面临挑战。

二是武侯区教育自身存在的短板和不足带来的挑战。“十二五”期间，武侯区在教育教学改革方面较好地发挥了先行先试的积极作用，但区域教育教学质量、各级各类教育的优质均衡发展与教育发达地区相比还有不小差距。例如，初中和高中办学规模不足，名校资源相对欠缺，学科建设需要进一步加强，整体教学质量有待进一步提高；民办教育整体发展滞后；“重教轻育”仍然是影响人才培养质量的现实问题；教育体制机制创新不够，教育信息技术的创新、应用与管理相对滞后，区域教育亟待通过改革创新和信息技术的广泛运用推动跨越式发展；干部教师队伍结构需要进一步优化，教师素养需要进一步提高，创新创业的热情有待进一步激活。

三是教育改革推进中存在的挑战。当前，教育发展的内在需求与现行机制体制的矛盾依然突出，政府、学校、社会之间的关系还需要进一步理顺，学校办学活力还需要进一步激活，学校、家庭、社会各方的责任还需要进一步落实。由于教育资源的稀缺和供求矛盾的存在，一些教育的难点、热点问题不断出现。同时，社会片面看重升学率的传统评价观念干扰着学校对教育规律的遵循，学生课业负担过重、学生体质下降等问题引起广泛关注。

四是高水平建设学习型社会带来的挑战。面对高水平建设学习型社会的目标，以及街道社区教育发展水平不平衡，社区教育的观念、体制、方法、运行机制和发展水平与国际、国内先进地区依然存在较大差距，整体协调机制、激励机制不够完善等现状，在充分满足城乡居民不断增长的多元化教育需求方面，武侯区还需要做出更大努力。

五是人民群众对优质教育的高期待带来的挑战。当前，武侯区教育发展的主要矛盾仍然是优质教育资源难以满足群众日益增长的需求。具体而言是区域教育资源难以满足市民“教师优质”“质量提升”“特色教育”“多元成长”的强烈需求。这需要武侯区大力实施教育领域的供给侧改革，提高教育供给端的质量、效率和创新性，做到既能满足学生个性发展需要，又能对准未来社会需求。同时，积极探索区域教育资源合理配置新机制，整体提升区域教育品质，实现武侯区教育优质资源全覆盖，达成区域教育高位均衡发展和宜居宜业惠民服务目标。

带着曾经的辉煌，认清当下的挑战，明确未来的方向，承续“虑定而动，上下求索”的精神，武侯教育人一直在路上。

清歌一曲起，腰鼓百面春。

改革从来都是勇者的壮举。

2016年8月，习近平总书记在中央深改组第二十七次会议上指出："改革关头勇者胜，气可鼓而不可泄。要抓难点、补短板，尚未推出的改革要加快突破推进，已经推出的改革要加快落实落地。"

这，既是对改革者的号召，也是对改革者的鼓励。

落地于一所新办学校的办学实践探索，牵动着武侯教育人对教育现代化的向往与深情，也牵动着武侯区委、区政府和人民群众的热切期待。

# 第一章 改革是没有先例的探索

DIYIZHANG
GAIGE
SHI
MEIYOU XIANLI
DE
TANSUO

2014 年，武侯区政府将一所占地 70 亩、设计规模 48 个班的新建学校交付给区教育局。该校地处学位十分紧缺的晋阳社区，社区群众如久旱盼甘霖，急切盼望这所新学校能解燃眉之急，却迟迟没有等到招生的消息。

原来，区教育局几经周折，却依然不能从编制、人事部门拿到核定的教师编制。国家教育均衡发展和财政供养人员只减不增的政策"打架"，编制、人事部门的编制管理"卡"住了区教育局的"脖子"。

家长急！

教育局急！

政府也急。

这些焦急，是近年来教育体制机制困境的缩影。随着城市化进程的加快，以及城市人口的不断增加，师资短缺、编制和工资固化等问题，倒逼着区域教育必须通过改革来实现教师资源与办学规模的相适应，更重要的是办学质量与社会对优质教育资源需求的最大可能的适应。

如何改革？

教育体制机制改革的现实落点和政策理据在哪里？

教育体制机制改革与办学质量有无冲撞？

教育体制机制改革可能带来的矛盾怎么评估？

事实上，早在 2014 年 3 月，刚刚担任武侯区教育局党工委书记、局长的潘虹，就与武侯区教育局的相关人员在分管教育的副区长杨建德带领下，不断研读与教育相关的法律法规，力图破解办学体制机制改革政策难题。同时，教育局组织相关人员到北京十一学校等考察调研，学习发达地区学校的办学实践经验。

拿武侯教育人自己的话来说，武侯区教育体制机制改革虽然不同于北京十一学校等走在理念前沿的办学实践，但借鉴一些办学实践成果，有助于开阔视野，因为"任何改革，都是没有先例的探索"。

## 01　一次没有仪式的校长任命

2014 年 8 月 8 日，武侯高级中学副校长胡平接到通知，要他下午 1

点30分到区教育局开会。

到了教育局，胡平发现，除教育局领导外，只有自己一个人参加这次会议。

见教育局主要领导都在，胡平知道，这个“会议”很郑重。

“说是开会，其实就是一次安排工作的组织谈话。”胡平依然记忆犹新。

教育局主要负责人首先分析了武侯区教育当前面临的困境，指出：政府明确规定不新批事业单位也不新增人员编制，新建学校就面临如何列编、如何解决教师编制的问题。同时，现有公办中小学校普遍存在自主权很小、缺乏办学活力、教育质量不能满足当地老百姓需要等问题。根据武侯区经济社会发展的良好态势以及近几年净增新生15%的增速，为了解决现有学位数严重不足的问题，在未来十年全区将新建50所中小学和幼儿园，而新建学校和教师编制又将受到编制政策限制。在这种特殊背景下，既要新建学校、新增教师，又要让每一所新学校都成为老百姓家门口的好学校，就要解决诸如缺教师编制、学校自主权小、传统公办校缺少办学活力、学校的教育质量有待提高等问题，因此区委、区政府提出在一所新开办学校探索实施以“经费包干”为名义的综合改革，以实现上述改革目标。

局领导告诉胡平，为解决晋阳社区初中学位紧缺问题，新办了一所中学校，让他去“领办”。“现在，你是学校负责人，我们没有任何任命，因为这是第一所办学机制改革试点学校，试点成功了，我们还会重新面向全国海选校长，那时如果还是你，我们会正式任命。”胡平听得出，领导的话很郑重。

其实，之所以选中胡平，局党工委也是反复考量过的。

局党工委认为，以一所学校的办学实践，来引领区域的办学机制改革探索，需要一个既有探索意识，又踏实稳重，且事业心和责任心都强的人来担任负责人。

“最为关键的是，他还不一定是校长，但又必须有校级干部的管理经历。”组织上考虑到，“如果已经是校长了，可能会受已有的办学经验约束；如果没有校级干部的管理经验，又不能快速站在学校的全局高度引领办学实践。"

在校级领导岗位上有8年工作经验、给组织留有沉稳印象而且具有探索精神的胡平正好符合这些条件。

局领导最后给了胡平几个关键词式的任务：确保当年9月顺利开学，有序开展工作，稳步推进办学机制改革，不断沉淀改革经验。

胡平自然深感压力巨大，但顾不得担忧许多，一出区教育局大门，他就直奔新学校（当时尚无校名）而去。

刚踏入学校大门，胡平就被眼前的一幕惊呆了。距离9月份开学已经不到一个月，校园内却满是建筑垃圾，部分区域还搭着高高的脚手架，时不时还有建筑工人们忙碌的身影穿梭在教学楼与操场之间，他们还在加班加点地工作。和门卫简单地交谈后得知，旁边晋阳小学的教学楼还在建设当中，因此新学期要与晋阳小学共用教学楼，并且能供他使用的仅综合楼3、4层。到楼上巡视一圈后发现，教室里也是杂物满地，就是没有讲台、桌椅以及教师办公设备。

看到这样的场景，胡平预想得到，新学校的筹建工作，每走一步都很艰难。



他一面与施工单位的负责人接洽，要求在保证质量的情况下加快进度，一定要在9月前保质保量地完成建设；一面打电话给武侯实验中学后勤部的一名干事——自己的老熟人何伦，请他帮忙联系电教馆，安排学校课桌椅、教师办公设备采购等相关事宜。

新学校修建的收尾工作在胡平的领导下有序地进行着，学校所需的教育教学设备在何伦的积极筹备下，也已经初步到位。

然而，接下来迫在眉睫的是，如何招聘到优秀的教师！

组织上跟胡平谈话时，指出了该校只有6名在编人员的名额，因

川大附中西区学校开校之初简陋的办公环境

此胡平已经知道，自己所要办的学校，除了6名正式编制的教职工，再也没有有正式编制的教师了。而自己即将领办的学校已经完成微机排位摇号，将有453名学生就读这所学校。

6位有正式编制的教职工、453名学生，怎么开展日常教学？

此时正值8月，区里统一进行的上半年的教师招聘工作早已结束，又怎么招聘到教师？

不久，学校校名确定为“四川大学附属中学西区学校”（为方便起见，简称为“川大附中西区学校”），是四川大学附属中学教育集团的成员学校之一。

既然是四川大学附属中学教育集团成员学校，区教育局便安排四川大学附属中学在其网站上挂出教师招聘信息，同时也在《华西都市报》等大众媒体上公布教师招聘信息，并由川大附中科华校区全权负责新教师的招聘工作。

就这样，2014年8月11日，在川大附中科华校区，胡平即将领办的川大附中西区学校顺利招聘到第一批22位教师。

当天下午5点半，胡平与这22位老师见面。见面会上，胡平详细地介绍了学校相关情况，包括学校的办学性质、地理位置、薪资计算办法等。

一名老师当即提出质疑：“既没有编制，又没有民办学校待遇，我们凭什么要留在这样的学校？”

一时间，几乎所有应聘者都小声地议论起来。

胡平当即接过话，说：“我唯一能够给你们的承诺是，我将和你们一起，办一所你们教师生涯中最希望见到的学校！”

胡平的话立即引出全体成员的掌声。胡平刚刚还忧虑这22位老师是否都能留得住，此时总算云开雾散了！

在解决了教师招聘、学校基础设施购置等问题后，很快就到了新生入学报到的日子。

2014年8月20日，教育局委托周边学校的老师协助这所新学校办理新生入学报到手续。到报名结束，原本微机排位分派给川大附中西区学校的453位学生中，实际来报到的仅283人，而且这283人中大多数

是进城务工人员的子女。换句话说，家长但凡有一点办法，都把子女送到其他学校了。

"想到过新办学校生源会流失，但没想到流失如此之严重！"胡平知道，这是家长对新学校的不信任。

胡平随即与没来报到的学生家长联系，证实了自己的猜测。

"学校建设没完工，可以催促施工单位加快进度；学校教学设备没到位，可以托人帮忙尽快购置。但是学生家长对这所新学校的不信任，却是'天要下雨'的无奈！"这也更让他坚定了信念：一定要办一所让家长放心的学校！

2014年8月25日是川大附中西区学校第一批教职员工入职培训的日子。原本确定的22位老师中，有几位老师由于对新学校的不了解，选择了放弃。新学期开学在即，学生已经报到了，但是老师人手不够。心急如焚的胡平只能求助于其他学校，联系同行帮忙推荐合适人选。最后，终于招够了22位新老师，加上教育局委派的6位老师，组成了川大附中西区学校的第一届教师队伍。

2014年9月初，川大附中西区学校第一批教师在开学典礼上宣誓

9月的阳光依然火辣，初生的川大附中西区学校沐浴在金色的阳光下。9月1日，终于迎来了开学的日子。此时的胡平站在整洁的校园里，迎着孩子们一张张稚嫩的脸庞，欣慰地笑了。

## 02 紧锣密鼓的办学机制改革行动

"确保9月顺利开学"这份答卷已经完成，而胡平知道，自己的"万里长征"才迈开第一步。

2014年9月17日，武侯区分管教育的副区长杨建德在教育局主要负责同志、分管同志等的陪同下，来到川大附中西区学校调研，并具体告知了胡平及其刚刚建立的学校管理团队，学校已被明确定位为区基础教育改革试点学校。

杨建德分析了当前城市基础教育面临的困境，尤其是学校办学缺乏活力、教师专业发展缺乏活力两大问题。杨建德把教育面临的困境归因于对教育本身赋权不够，并指出，破解困局的策略就是放权，给学校放权，给教师放权。

杨建德最后指出："试点的意义不是探路，而是在布满荆棘的地方开出一条可以让后续者前进的道路。道路的本质在'路'，价值在'道'！这个'道'，就是希望川大附中西区学校创造出一种新的办学机制。"

胡平一边听，一边记录，也在快速思考，"但到底怎么做，心里还是没有底"。

9 月 30 日，区教育局召开基础教育改革试点推进会，胡平参加了此次会议。

胡平深知，作为试点学校，自己已经被推到了台前。

为了确保川大附中西区学校能够顺利开展试点工作，区委、区政府以及区教育局也在做进一步的探讨。一方面，分管教育的副区长杨建德与教育局局长潘虹等积极地向区委书记巫敏、区长林丽汇报，寻求党委、政府的大力支持；另一方面，组织教育局相关科室积极研读相关文件，寻求政策支持。与此同时，组织教育系统相关人员到北京十一学校、山东青岛经开区初级中学等展开实地学习调研，力图找到可借鉴的方法。

在山东青岛经开区初级中学的学习为胡平打开了一扇探索之门。

这所建于 2011 年的新型学校，仅用三年时间就成为一所知名中学，其内在发展活力到底有什么样的秘诀？

深入探究，胡平发现，青岛经开区初级中学的学校管理以扁平化管理为抓手，高效推进管理团队建设，同时以"责任"为统摄，营造了师生自主管理氛围和学校管理文化。

先置"责任"，"自主"就有了依托。"自主"一旦实现，活力自然得以释放。

如果说"责任"是青岛经开区初级中学的管理理念，那么扁平化管理体系则是其管理的基本策略。

青岛经开区初级中学成立了"学生服务中心"等 10 个中心，实现了过程管理纵横双向无缝隙发展，高效地将管理的性质落实在"服务"这个现代管理核心层面上，将管理只注重结果转变为注重管理过程。

学校的一切管理都以学生发展为归宿。只有真实实现自主管理，尤其是德育管理的自主化发展，学生发展才能真正实现主动、生动、灵动。

青岛经开区初级中学校本化课程在自主自立的氛围中，开展得生动丰富，27 个校级学生社团组织、5 个校园节，以及丰富多彩的校本课程活动，真正实现了"让每个学生都能在这里发现自己的兴趣，发展自己的特长，体会成长的快乐，孕育人生的梦想"。

这样的学校，才是胡平心中理想的学校。

胡平决定，将青岛经开区初级中学的发展理念和管理模式也在川大附中西区学校试着运行，在运行中不断探索走自己的路。

胡平知道，要借鉴，必须得到广大教师认可。返回学校后，胡平立马和学校的几位中层干部分享了此次学习的体会和他的想法。几位中层干部犹豫不决，因为他们知道，如果真的要使用这种管理模式，就如离弦之箭，没有回头路可以走。因此一旦下定决心，就要有坚持下去的勇气和魄力。几番商量之后，胡平还是决定试一试。和青岛经开区初级中学的李素香校长联系好了之后，2014 年 11 月初，川大附中西区学校第一批教师前往青岛经开区初级中学进行为期一周的跟岗学习。一周的时间里，老师们认真学习、听课、转校园、和该校老师深入交流，收获甚多。随后一批又一批的教师先后前往该校跟岗深入学习，他们为川大附中西区学校带回了一笔笔宝贵的财富。

学习孕育着改变，改变在川大附中西区学校悄然开始了。

## 03 改革试点的点滴经验积攒与升华

作为武侯区基础教育机制改革试点学校，川大附中西区学校的改革实践牵动着区委、区政府和教育局的目光。

据统计，川大附中西区学校办学一年间，区委书记巫敏就主持相关事项研讨3次，分管教育的副区长杨建德主持相关会议10余次，教育局召开相关专题会议20余次。正是在区委、区政府和教育局的指导下，川大附中西区学校不断探索，积攒点滴经验，逐渐探索出一条武侯区适应城市化进程的基础教育综合改革之路。

2015年3月18日，在区教育局，由分管教育的副区长杨建德主持，教育局主要领导、相关局领导和科室负责人参加的专题研讨会，听取了胡平对川大附中西区学校改革试点运行情况的汇报。胡平汇报了学校自主招聘教师的过程、自主管理体系的设计与运行等情况。

会上，杨建德肯定了川大附中西区学校的改革探索成效，再次强调学习借鉴与改革探索的意义。教育局领导也再次提出，武侯区基础教育机制改革是一次前无实例的区域教育改革试验，学校要做好点滴经验的记录。

2015年6月9日下午2点左右，分管教育的副区长杨建德和区政府办副主任汤洪著、区教育局分管领导和相关科室负责人一行来到川大附中学西区学校，在胡平陪同下，巡察了校园建设、校园文化。到了教学楼，他们在走廊上透过前后门的观察窗观察了课堂教学情况。到了教师办公室，他们查看了教师的办公环境和条件，杨建德不失时机地与教师交流沟通。之后，在学校行政楼的三楼会议室，胡平做了关于在“经费包干”政策下学校进行了怎样的改革、收到了哪些效果和仍存在的问题的专题汇报。

胡平汇报的主要内容包括两个方面：一、办学机制改革的实际情况及效果；二、办学机制改革运行中存在的问题。

关于办学机制改革的实际情况，胡平汇报的主题是“实行双向聘用制度和多劳多得、优质重奖的分配制度，两个制度的实施使学校氛围较好”。胡平列举了三个事例：一是教师工作很努力，经常加班加点，甚至下午放学很久后要校长或干部到班上去催促教师，教师才组织学生放学回家；二是小学要升初中的学生家长到学校咨询得多，而且对学校的管理、教风、学风和校风反响很好，附近的小孩都希望能留在这所学校学习；三是2015年投简历到这所学校的大学毕业生和其他有工作

经验的教师人数已达到 7∶1 的比例，说明学校吸引力较大。胡平同时汇报了“管理方面实施扁平化管理”取得的初步成效，列举了“管理团队精干”“实行一人多岗，充分发挥每位干部教师的工作积极性、主动性和创造性”和“工资奖金当月兑现，对做得多做得好的教师及时表扬和奖励，充分发挥物质和精神及时激励作用”等事例。

在学校教学管理方面，胡平汇报的主题是“实行日清周结和小组合作学习模式”。在介绍其效果时，他说道：“通过早来先读习惯、小组合作学习模式、日清周结习惯、积极锻炼习惯的培养教育，在校初一年级的学生在早上7点20分左右就陆续到校，并能迅速进入自主学习状态，逐渐养成良好的校园学习、生活、锻炼习惯。学校下一步工作重点将是分层分类选课。”

在提到改革实践“面临的困难和存在的问题”时，胡平提了五个需要解决的问题。

一是经费使用问题。他说，在实际报账的时候很难充分使用经费，因为相关部门和科室仍然按照传统学校的标准和规范进行审批。二是大型设施设备的购买完全执行政府采购程序，担心不能及时到位。三是干部偏少偏弱，需要优秀干部来支持。四是确定物业管理公司需要执行政府采购程序，尚不明确具体该怎么实施。五是晋阳小学搬走后涉及的学校维修、拆建等问题。

杨建德副区长在听取胡平汇报时不时提出他感兴趣的问题，或对学校的做法及时给予肯定性评价。比如，在谈到扁平化管理模式的时候，他表示“提倡扁平化管理”。

区教育局分管领导在听取完胡平汇报后代表区教育局对学校提了三点建议：一是学校要形成综合改革的方案；二是学校近期要拟定一个工作方案报教育局；三是制度还不健全，要完善，有些制度要上墙。

最后，杨建德副区长对川大附中西区学校的调研做总结性讲话。他说，总体来说，学校运行良好；他在与教师交流时看到教师们都很愉快、很满意，说明学校目前的工作得到教师认可；学校的分配制度基本建立；学生养成了良好的习惯。谈到下一步的改革试点工作时，他说，要建设具有现代制度的学校，学校要有充分的自主权，其背后是政府必须改革。第一，政府的权要限制起来。第二，该给学校的全要给学校。人、财、物的权力是最核心的，学校的经费必须包干，教育局审核这个经费支出是否合理，至于哪个教师得多少是学校的权力，学校根据实际情况组织分配。针对川大附中西区学校，他说，学校的制度要完善。从学校运行管理角度来看，要总体设计学校的章程，使全体师生的行为有一个共同的规范。在章程下面，至少还需要配套的制度，比如，内部教师分配制度，学校虽然有了一个但还要进一步完善；又如，教师管理制度，要规范从教师招聘、合同签订、教师培训、教育教学常规到绩效考核、薪酬发放、教师退出等行为；还有就是课程实施方案和岗位设置方案等。最后，他要求学校提供一套完整的综合改革方案，在 7 月中旬听取汇报。

2015 年 7 月 22 日，在区政府第一办公区，杨建德副区长再次听取了川大附中西区学校胡平的汇报。

2015 年 9 月 10 日，以教师节为契机，杨建德副区长与区教育局领导一行再次来到川大附中西区学校，对学校全体教师给予节日的慰问，同时也对学校综合改革试点工作进行调研和指导。



## 04 以试点学校实践为契机不断迈向区域教育综合改革之路

如果说川大附中西区学校的综合改革是在点上掘进，那么，武侯区整个教育系统则在积极准备面上的教育综合改革实验。

首先，为寻求智力支持和理论支撑，武侯区借智中国教育科学研究院（简称“中国教科院”）。

2015 年 4 月 10 日下午，武侯区人民政府与中国教育科学研究院在武侯区第一办公区举行共建“教育综合改革实验区”合作协议签约仪式。中国教育科学研究院院长田慧生，四川省人民政府教育督导团总督学刘东，成都市武侯区委副书记、区长林丽，区委副书记王乾，区委常委、常务副区长艾志秋等出席了仪式，中国教育科学研究院党委副书记、副院长陈子季主持签约仪式。

诚如会上王乾受区委书记巫敏的委托，代表区委、区政府致辞中所说，武侯区是国务院批准成立的高科技文化区，历来重教兴学、尊师尚文，在推进教育事业发展方面具有强烈的改革创新意识。中国教科院是国家最高水平的教育科学研究机构。此次合作协议的顺利签署，标志着双方正式进行全面合作，全面促进区域教育质量的提升，深入提炼实验区的教育经验，形成并推广有价值的武侯教育模式。

中国教科院院长田慧生则在仪式上指出，随着中国教育改革进入"深水区"，教育面临着很多新情况和新特点。一方面，表层问题已较好解决或者有了解决的方案，但深层次矛盾逐步凸显出来；另一方面，社会发展日益多元化，满足不同群体的诉求难以用简单的方法应对，必须走综合改革的道路。这就要求我们要做好顶层设计，整体谋划，统筹整合各方面资源和力量，协同推进教育人事制度、财务制度、学校内部管理机制、课程教学、评价、考试等方面的综合改革，必须把教育改革作为一项系统工程来抓。中国教科院与武侯区将按照"院区共建、整体推进、科研引领、创新发展"的基本方针，精诚合作，锐意改革，真抓实干，推动实验区工作不断取得新进展、新成就。

省政府教育督导团总督学刘东则站在推动全省的教育事业发展产生有益的、积极的作用的高度，希望成都市以及武侯区牢牢抓住合作的机遇，全力打造独具特色的教改实验区模式和区域教育发展模式，做优筑强典型代表性和示范引领作用，使改革成果在更大范围实现共建共享。

其次，为寻求综合改革"身份认证"，武侯区积极申报省级教育综合改革试点区。

2015 年 7 月，武侯区被省委综改办批准成为四川省第一批仅有的两个（另一个是泸州市）教育综合改革试点区项目建设单位之一（川教改办〔2015〕4 号）。

武侯区积极建设全省教育系统综合改革工作会参观现场，加大对参观学校尤其是教育综合改革试点学校川大附中西区学校的改革内涵升级力度。

2015 年 8 月 31 日下午，区教育局督导室负责人受局长潘虹委托到省教育厅法规综改处傅明处长办公室，具体落实第一次全省教育系统综合改革工作会在武侯属地内的太成宾馆召开，大会代表到武侯区两所学校参观，以及武侯区在大会上的经验交流发言等事宜。这两所学校一所是龙江路小学，拟提供该校课程改革的经验；另一所就是川大附中西区学校，拟提供武侯区学校管理体制改革的经验。

2015 年 9 月 3 日下午，由区教育局分管局长带队，办公室、督导室、中教科、人事科、计财科、基建科和安全科的负责人及相关人员来到川大附中西区学校，为迎接全省教育系统综合改革工作会并提供观摩现场进行前期筹备，各科室负责人与学校领导一起认真梳理了综合改革成果。

2015 年 9 月，时任武侯区教育局局长潘虹（左二）在川大附中西区学校调研

2015 年 10 月，武侯区委全面深化改革领导小组印发了《武侯区关于〈深化区域教育综合改革 大力培育名师名校的实施方案〉的通知》（武委改革办〔2015〕8 号），规划了未来三到五年武侯区教育领域以 16 个大工程、39 个具体项目为抓手推进区域教育综合改革。川大附中西区学校的“经费包干”就是这 39 个具体项目之一。

2015 年 10 月 10 日上午，区教育局召开专题会议，对川大附中西区学校前一阶段工作进行总结，研究部署下一阶段要抓的重点工作。

2015 年 11 月 5 日下午，区教育局召开“深化区域教育综合改革 大力培育名师名校实施方案”工作推进会，明确每个项目的责任科室，分解目标任务，建立问题台账和销账制度，制定考核方案，从而扎实推进各项改革工作。

2015 年 11 月 10 日，由武侯区委书记巫敏带队，分管教育的副区长杨建德，区委办、区政府办、区委编办、区目督办、区政研室、区法制办、区财政局、区人社局主要负责人，区教育局领导班子及直属事业单位、科室负责人，赴川大附中西区学校调研。巫敏书记一边仔细地察看学校各方面的情况，一边认真地听取学校负责人胡平的介绍和汇报。在实地调查研究快结束的时候，巫敏书记在总结讲话中说，一年来，学校所取得的巨大变化让今天参加调研的各位领导、教育工作者感到由衷的欣喜，对于即将为全省教育综合改革工作会提供现场会充满信心。巫敏书记用"踏实""进取""创新"三个词语充分肯定了学校的发展，他动情地说道："我们要办一所"靓"一所，将川大附中西区学校这种学校管理体制改革模式辐射出去，从区域内做起。区域教育改革是全区改革的重要组成部分，各部门要在政策上把关，服务上支持，进一步深化区域教育改革。要树立雄心壮志，敢于走在前面，努力实现区委、区政府提出的'建设成都市一流、西部领先、全国知名教育现代化强区'的奋斗目标。"

## 05 迎接第一次"大考"，川大附中西区学校的综合改革为武侯区教育综合改革加分

经过一年的大胆探索，川大附中西区学校的各项工作逐渐步入正轨，各项管理制度初具雏形，课程体系和教学模式初步成型，办学效果提升迅速。

川大附中西区学校打破传统学校繁复庞杂的管理体系，构建以扁平化管理为核心的高效低位运行机制。在很多学校的管理中实行的是科层制的管理，管理者包括校长、副校长、中层干部、年级主任（或年级组长）等人，结构十分庞杂，管理效率低下。川大附中西区学校大胆改革，建构了"五会"（党支部委员会、校务委员会、教职工代表大会、学术委员会、家长代表大会）议事制度，把政府赋予学校的权力通过这"五会"进行分享和制衡，调动学校利益相关方的积极性，激发学校的办学活力。为实现扁平化管理，川大附中西区学校根据实际需要建立"教师服务中心""学生发展中心""课程中心"和"学部（年级组）"等中

层部门，实行“小中心、大学部”制管理。“三中心”作为业务指导部门，为师生提供指导与服务，实现了由事务性管理向学术性管理转变、由指挥式管理向服务式管理转变。学部作为学校独立的事业部，对学部工作全面负责，同时赋予学部相应的人事权、管理权及部分财权，使管理重心下移，管理顺畅，运行高效。

2015 年 11 月 23 日，阳光灿烂，天朗气清。四川省教育综合改革试点工作推进会在成都市武侯区举行。

上午是参观现场。上午 9 点，省教育厅有关领导、武侯区政府副区长杨建德及省内 21 个市州教育局主要负责人及代表来到川大附中西区学校，校园内绿树成荫，花草含笑，彩旗飘展，整洁如新。

大家对以“经费包干”为突破口的学校管理体制改革表现出了浓厚的兴趣，原计划 1 个小时的学校参观最终持续了近 3 个小时。

为了让大家进一步了解改革的由来、做法、成效，川大附中西区学校组织了由校领导、教师共同组成的“讲解队”，对客人的各种问题一一作答。

在参观校园时，省教育厅副厅长由衷赞叹：“成都市武侯区改革思路清晰、有特色，组织保障有力，推进机制比较健全，形成了良好的改革氛围……由政府出钱，给学生提供个性化的课程，给了学生公平接受教育的机会，这个是政府要一直做下去的事！”

下午是总结大会，武侯区教育局党工委书记、局长潘虹做了题为“依法治教，简政放权，创新机制体制，推动教育综合改革取得实效”的大会专题交流发言，介绍了武侯区教育综合改革的做法和经验。部分地区代表在发言中，对武侯区教育综合改革给予了高度评价，认为“改革切中了教育痛点，措施对准了症结难点”，“希望武侯区将这一改革持续下去，我们将组织更多人来学习”。

在大会总结时，省教育厅副厅长指出：“在武侯区委、区政府及区教育局的领导下，学校充分运用办学自主权，切实考虑教师职业发展及经济效益，在人事管理上大胆创新，民主办学，民主决策。希望学校在区委、区政府以及区教育局的政策及经费支持下，不断进步，成为现代学校制度改革的先锋阵地。”

总结环节主持人，时任省教育厅党组成员、机关党委书记张澜涛对川大附中西区学校的综合改革给予充分肯定，尤其是人事分配制度改革为全省提供了很好的示范，引起与会者极大的兴趣。

武侯区教育系统把这次现场会比喻为区域教育综合改革迎接的“第一次大考”。

川大附中西区学校一位参与该项工作的老师回忆道：“听到省市区领导要来学校，都想把学校、把自己最好的一面展现在领导面前。那个时候的我是忐忑的，也是兴奋的。那个时候的接待会议室十分简陋，由一个空旷的舞蹈教室改造而成，所有的开会桌椅都由条形桌拼凑而成，围成一个圆形，多媒体设备也是临时放置的。学校跟我都还没有太多接待的经验，总在担心做得不够好，也在尽力做到最好。”

无疑，这次大考为武侯区教育综合改革加分不少，也为武侯区教育改革注入了信心，川大附中西区学校作为一个可资借鉴的探索试点模型，受到越来越广泛的关注。



## 06 督导主任的学校改革发展“参谋”和武侯区教育综合改革的内涵归因

2015 年 6 月 9 日，区教育局督导室负责人唐开平陪同杨建德副区长一行调研川大附中西区学校，是区教育局安排督导评估职能科室正式介入“两自一包”体制机制改革的开始。作为具体负责区域教育综合改革的事务性工作的全区教育综合改革执行人，唐开平的任务有两个：一是熟悉情况，二是为学校今后的改革提供必要的指导。

这一天，唐开平在陪同杨建德副区长一行巡视学校时，就有意带着自己的评价标准对学校进行了考察。比如，对校园整体布局和建筑风格进行观察，以形成对学校建筑和学生活动场所的直观印象；对学校内部治理结构和运行机制进行考察，以了解学校的管理能否调动学校利益相关各方积极投身于教育教学工作；对办学方向、根本任务和人才培养模式进行观察，以了解学校是否坚持了社会主义办学方向，落实了立德树人根本任务；对学生进行深度观察和访谈，以了解学校真实的教育质量；对教师在教学常规中的行为进行观察，以了解教师是否充满激情、全身心地投入教书育人事业中。

“川大附中西区学校虽然办学不足一年，但确实给我留下了深刻的好印象。学校周边环境安全整洁，交通井然有序。校门大气庄严，两名门卫着装整齐、值守规范。竖条形铁护栏外的运动场对外开放公示牌完整清晰。从校门走到行政楼与教学楼的连廊，向右转便来到了教学楼。在底楼走廊上，透过教室前后门的观察窗可以观察到教室内的教学状况。一直走到走廊端头，与教室垂直相连的是教师办公区和厕所区域。在教师办公室，胡平给在场的教师介绍了杨建德副区长之后，杨建德就与教师们进行了亲切的交谈。教师们在与杨建德副区长交谈的过程中表现出了青年教师的朝气蓬勃、阳光自信，对现在的工作环境很满意，对学校和自己的未来充满希望。我们再随着胡平沿底楼教师办公室外的走廊向里走约 50 米，来到综合楼察看按照标准配置的理化生实验室，并听取了胡平对综合楼的下一步使用规划。一行人从综合楼的门出来就进入学生活动区域。这里有固定的单（双）杠运动区、乒乓球运动区、篮球场和有 300 米环形跑道的操场。如果从校门直接往里穿过行政楼与教学楼之间的连廊，再往里走 50 米，也能到达操场。开阔的活动场所、齐备的体育器械为学生进行体育锻炼提供了充足的条件。之后，随胡平从操场走进连廊左边的行政办公楼三楼会议室。在参观过程中，有学生下课后从教室出来，或上厕所，或在走廊上活动，或准备到下节课上课的地方，如操场、如实验室等，都非常遵守秩序，不打闹、不大声喧哗，教学区、办公区非常安静；当看见老师的时候，同学们非常有礼貌，主动向老师问好；同学间走路相互礼让。使用近一年的学校的墙面、标牌、宣传栏、门窗和桌凳等都非常干净、完整，几乎看不到一处人为损坏、弄污的地方。在教室里上课的教师，在办公室与杨建德区长交流的教师，以及在校园里遇见的教师，都很年轻，精气神十足，阳光自信，充满朝气。这些都给我留下了非常深刻的好印象！”唐开平对当时的情景记忆犹新。

从此时开始到 2017 年 1 月，唐开平几乎每周都要跑一趟川大附中西区学校。他一方面及时将学校的点滴实践经验向教育局党工委汇报，另一方面也对川大附中西区学校的改革实践进行理论指导，落实教育局相关精神。

在川大附中西区学校，区教育局督导室紧密结合学校实践，不断与学校校长、班子成员及教师探讨、交流，推进了学校改革。

2016 年 3 月至 5 月初，唐开平带领督导室工作人员到川大附中西区学校对教师发展和学生发展情况进行调查研究，对 65 名教师（占全校 76 名教师的 85. 53%）和 670 名学生（占全校 679 名学生的 98. 67%）进行了调查，并于 5 月底形成了《对川大附中西区学校“两自一包”改革教师发展和学生发展的调查报告》。报告真实呈现了学校的主体——教师和学生的感受，反映了学校改革实践真正受到了师生的欢迎，教师和学生是最大的受益者，从而坚定了改革者的决心和信心。同时，报告也将改革中存在的问题及时反馈给学校和教育局各科室，以便学校和教育局各科室积极解决。

2016 年 6 月 1 日上午，唐开平向局党工委汇报了川大附中西区学校改革情况，同时表示希望通过“立法”的形式，将这项改革的政策支持“亮”出来，并随即受命代区委、区政府拟定《关于在武侯区新建学校（幼儿园）推进“两自一包”学校管理体制改革实施方案》。该方案经过几度修改和征求区级相关部门意见，得到了这些部门的赞同和支持。

2016 年 11 月 28 日，唐开平与胡平、闫青松两位校长深度交流了学校管理组织架构、运行机制及其背后的逻辑，给予他们具体指导。

2016 年 11 月 29 日上午，在区教育局六楼会议室，督导室参与了对第一批改革试点学校章程的评审，其中就包括川大附中西区学校的章程。

应该说，武侯区基础教育综合改革，正是有了区委、区政府的坚强领导和支持，有了教育局“敢为天下先”的改革气度和责任担当，有了中国教育科学研究院这样的国家级教育智库支撑，有了川大附中西区学校这样勇于实践、稳步推进的新生试点基地，改革的落实才有可能。

## 07 “两自一包”就这样短时间促成了一所学校的翱翔

川大附中西区学校成立之初，就被确定为武侯区基础教育综合改革试点先行学校，被赋予“人事”“管理”“经费”自主权，积极探索现代学校制度建设。

2016 年 8 月 30 日，随着中共成都市武侯区委办公室、成都市武侯区人民政府办公室发文（武委办发〔2016〕75 号），明确提出“两自一包”这个概念，川大附中西区学校的改革实践有了政策、理论支持，也由此确立了川大附中西区学校“两自一包”改革第一校的地位。

此后，这所学校在“两自一包”改革的驱动下，开动学校高质量、快车道发展引擎，在学生发展、教师发展、学校发展方面，取得了骄人成果。

有这样一组数据足可显示学校发展速度：2014 年秋季开办之初，川大附中西区学校有教职工 28 名、七年级新生 283 名，至 2019 年秋季，有教职工 146 名，七、八、九三个年级共有在校生 1775 名；学生中约 62% 来自进城务工人员随迁子女和当地失地农民子女。建校 6 年来，学生参加区级以上体育、艺术、科创等各类比赛 160 多次，学生获奖达 1480 人次，学生综合素质得到很好发展；共毕业了三届学生，中考成绩一届比一届好，一次合格率、全科合格率、升入重点高中的比例等指标逐年提升。第三方机构的满意度测评显示，97. 39% 的教师“非常认同”学校的工作，98. 66% 的家长对学校工作表示“满意或非常满意”。

学校已成为当地老百姓家门口的好学校，所在片区的小学毕业生及其家长大都希望在随机摇号选校的时候幸运之神能眷顾自己——到川大附中西区学校就读。

2019 年，唐开平撰写的《“两自一包”学校管理体制促进教师专业发展的内在逻辑——以川大附中西区学校为例》一文中，关于学生发展的调研内容如下：

除了这三届毕业生在中考中取得的优异成绩显示了学校已经处在武侯区教学质量的第一阵营，并呈现出非常强劲的增长态势外，我们再看看学生的亲身感受以及学业负担和学生发展等几方面的状况。

2019 年的调查报告显示，在学校的学习生活中，学生最大的感受是“学习成绩进步很快”，有 943 人，占 70.43%；其次是“更加开朗”，有 930 人，占 69.45%；排第三的是“增进了自信”，有 899 人，占 67.14%；排第四的是“热爱运动，拥有了健康的体魄”，有 841 人，占 62.81%；有 56.09% 的同学认为“特别喜欢听老师讲课，老师们很有魅力，通过他们的教导，我更加热爱学习”；51.83% 的同学认为“树立了理想，拥有了梦想，在老师的带领下勇敢奋斗，希望早日实现自己的梦想”。以上各项指标较 2016 年均有一定提升。

在问及“你在本校最大的收获”时，2019 年的调查报告显示，回答最多的是“喜欢上了学校分类课，培养了特长，参加比赛，获了奖，增进了自信”，有 436 人，占 65.76%；其次是“优美的校园，和谐的人际关系，丰富的文体活动，让我更加开朗，能主动融入集体”，有 404 人，占 60.94%；排第三的是“热爱运动，拥有了健康的体魄”，有 374 人，占 56.41%。

关于学校布置的家庭作业量，2019 年的调查报告显示，89.02% 的同学能在 2 小时以内完成，并有一定时间的拓展训练。只有少部分同学需要 2 小时以上才能完成家庭作业，且没有进行拓展训练。相比于 2016 年，学生完成作业的时间大大缩短，学生睡眠时间更多，学习效率更高。

在“学生对老师的感受”方面，2019 年的调查报告显示，98.43% 的学生认为老师爱岗敬业，97.68% 的学生认为老师关心爱护学生，98.95% 的学生认为老师对学生的困难有特殊的照顾和实际的帮助，97.39% 的学生对学校教职工的工作非常认可。相比于 2016 年，以上各项数据都有提高。

我在与学生随机访谈和与各班选出来的部分学生座谈时发现，学生们常常将自己与不在本校就读的小学同学进行比较，认为自己在各方面的发展都比这些同学好得多，非常自信和阳光。孩子们说，他们自己和家长都非常庆幸在微机摇号时摇到川大附中西区学校。

关于教师发展，其调研内容如下：

为了解学校探索实践“两自一包”学校管理体制改革对教师和学生带来什么影响，我分别为教师和学生设计了一套问卷以及访谈提纲，并分别于2016年3—5月和2019年5—10月与学校的干部、老师、学生进行访谈和问卷调查，在此基础上形成两份调研报告。

2016年3月底至5月初，我带领区教育局督导室4名工作人员到学校对65名教师（占全校76名教师的85%，76名教师中6名具有教师编制且都参与了调查）和670名学生（占全校679名学生的98.67%）进行了调查。调查有两种方式：一是问卷调查；二是对个别教师进行访谈，对部分学生进行随机访谈。

2019年5月，我带领区教科院督导评估研究所的2名教研员到学校对132名教师（占全校144名教师的91.67%，144名教师中7名具有教师编制且都参与了调查）和1339名学生（占全校1558名学生的85.94%）开展问卷调查和访谈。调查有两种方式：一是问卷调查；二是对10名教师进行个别深度访谈，对部分学生进行随机访谈和座谈。下面，我将呈现和解释与教师专业发展相关的调查结果。

在问及“你认为学校目前最吸引你的方面”时，在2016年有42人选择了“先进的办学理念和办学模式”，有42人选择了“体现公平竞争的管理制度”，均占64.62%；有40位教师认为在川大附中西区学校工作“可以积累丰富的教育经验”，占61.54%。在2019年有88人选择了“可以快速成长，有利于自己长远发展”，占66.67%；有60人选择了“教师与教师之间是平等的，同事之间关系比较简单”，占45.45%；有57人选择“既有公办学校性质又有‘两自一包’的体制”，占43.18%。

数据和访谈结果显示，既有公办学校的性质又有“两自一包”的体

制机制优势，可以使教师快速成长，有利于教师长远发展，成为老师们在择业时考虑的重点内容。这种体制机制可以帮助老师们在公平、公正、公开的环境下，增强干事创业的信心，更快地实现自己的教育梦想，因而成为吸引优秀教师前来受聘的重要原因。

在与教师的个别访谈中，教师们对自己目前所从事的工作均表现出无比的热爱和高度的幸福感。部分在其他学校（或培训机构）工作过的教师反映，川大附中西区学校“两自一包”改革，给他们带来了全新的感觉，在这种管理体制下，人人都干劲十足，充满热情，并且大家很团结，合作发展，共同进步，充满着温暖与友爱。在原来的私立学校，老师们没有归属感，仅仅为了“打工挣钱”。部分年轻教师虽然才走上教师工作岗位，但勤奋刻苦、主动提升，在专业化发展过程中成长迅速。所有教师都关心学校事务，凝心聚力，众志成城，共谋发展。原来在体制内具有教师编制的老师在这种体制下焕发了青春，都给自己规划了远大的职业理想，而不像过去所在学校的一些教师过早地进入“养老模式”。



调查中，老师们对学校改革给予了充分的认同。

1. 对学校以共同治理为核心的现代学校制度建设给予了大力支持和高度认同。从服务师生发展的观念出发，学校内部管理实现了从金字塔式的科层管理向扁平化管理转变，从行政性管理向学术性管理转变。

2. 学校的分类课程激发了学生学习的兴趣。学校用好课程开发权，激发老师们积极主动地开发校本课程，发挥了他们的聪明才智。

3. 学校领导干部对工作非常尽心，对教师非常关心，对学生充满爱心，学校的发展与领导们的付出密切相关。

学校的培养目标，要通过每位教师在每堂课的教学活动中与每一个学生互动才能达成，没有幸福职业人生的教师怎么能带着幸福感去育人呢？没有丰富情感的老师又怎能培养出有丰富情感的学生呢？从两次实地调查情况来看，老师们非常认同“两自一包”体制，在这个体制下工作得轻松愉快，个人成长非常快，很有成就感、幸福感。

而关于学校发展情况，唐开平的文章从学校充分激活教师的教育激情、积极开展教育教学和课程建设等视角，以“当日事当日毕，不让一个孩子掉队”“上好公开课，不错过提升专业发展机会”“开发校本课程，让教师更趋近于教育家”“一人多岗，多渠道实现教师的梦想”“既有理想信念又民主睿智的引路人”五个维度，真实呈现了川大附中西区学校综合改革实践带来的学校发展的生机勃勃。

由此可见，短短几年，川大附中西区学校成了武侯、成都、四川乃至全国教育界的“明星”学校。

## 08 川大附中西区学校怎样运用“两自一包”机制激活教师职业生命活力

教育的基本形式是学校教育。

学校教育之本在学生发展，其根在教师职业活力，其苗在课程建设。

唯有真正激活教师职业生命活力，方能求得学校发展之源。

从招聘流程、招聘内容、招聘形式上讲，川大附中西区学校对教师的招聘没有多少独特之处，“自主”主要体现在学校对应聘教师的资格审查中，即对应届毕业生更注重学习期间的奖学金获得情况、班干部经历、活动经历，对成熟教师则注重教学技能、赛课经历。真正充分体现“自聘”的是：在试卷制订环节，由学校各部门根据岗位需求自行完成；在面试环节，则主要由学校的“学术委员会”和学科骨干教师组成评委团；在确定最后报送的人员后，最终由学校党组织和校务委员会共同决定。

在教师专业成长的设计上，川大附中西区学校也没有特别不同之处，不过学校更注重校本化教师培训，如：说画知识树、说课比赛、做中考题等；每年也会定期启动“青蓝工程”帮扶机制，让有经验的老师指导新教师，师徒互相听课；学期中，学校为老师们请专家指导，专家每周驻校，深入老师们的课堂进行点评等。

真正在“教师自聘”的前提下激发教师职业生命活力的是“管理

自主”。

按照武侯教育人的说法，这是政府给学校赋权，学校则相应给教师赋权。

学校怎样给教师赋权？

第一，从学校管理上，实行“五会”议事，将学校线性的管理权划分为审议决定权、发展规划权、制度制定权、教育教学管理权、课程设置权、教师聘任权、评价教师权，然后由党支部委员会、校务委员会、教职工代表大会、学术委员会、家长代表大会这“五会”分别使用权力。以“教师自聘”为例，首先由校务委员会审核通过招聘方案。其次由学术委员会负责组织若干骨干教师与学术委员，和学校干部共同完成笔试和面试工作，提出推荐名单。最后由党支部委员会和校务委员会共同研究决定聘用教师；而教师被招聘进来后的岗位聘任权，又下放到各学部（年级）。

第二，实行“小中心”“大学部”制，实现扁平化管理，提增管理效能。川大附中西区学校的教育教学和行政事务由校务委员会通过“学部”和“中心”两个渠道进行管理。“学部”以年级为基本单元，有一名负责人，并由一名班主任、一名科任教师兼任管理副手。学部的目标任务由校务委员会与学部共同协商确定，其他工作由学部自主决定，包括自主聘任教师、日常教育教学管理、教师绩效及薪酬审核发放等。学年末学部及其管理层将接受学校的考核。学部第一责任人是校务委员会成员，直接参加学校行政事务决策，使信息在决策层和一线之间直接交流，破解了传统学校科层管理存在的低效困局，找到了扁平化管理的路径。学部从过去接受命令转变为具有充分管理权，从而形成“大学部”制，使学部成为学校教育教学的实体。“中心”就是把传统学校内设职能机构（比如办公室、教务处、德育处、教科室、团委、总务处等）整合为教师服务中心、课程中心、学生发展中心三个实体中心和一个虚拟研发中心。中心负责人由校长聘任，其职能一是为学部提供保障服务，二是配合校长、书记完成上级机关和校务委员会布置的工作任务。三个实体中心有负责人、工作人员和办公室，有明确的工作职责，虚拟研发中心没有固定的办公室。三个中心不再对学部进行管理，而是为学部提供服务和专业支持。学年度结束后，中心的工作将接受学校尤其是学部组织的绩效考核及评价。中心权力变小，形成“小中心”制。

第三，在“经费包干”的基础上，实行全员预算制度。全员预算是指把学校的经济大权交给全体教师，同时严格执行公示制度，教师共享信息。每年 8 月底至 11 月底编制预算，具体流程为：一、学部以备课组为单位，中心以工作人员为单位，分别编制下一年度预算。二、学部管理层组织备课组长对各备课组提交的预算进行研究，形成学部预算；各中心内部集体研究每位工作人员的预算，形成中心预算。三、校务委员会对各学部和各中心提交的预算进行研究，对某些争议较大的项目可聘请专家进行评估，形成学校第一稿预算。四、党支部委员会对第一稿预算进行讨论修改，形成第二稿预算。五、教职工代表大会召开预算专题会议，对第二稿预算讨论修改后，以无记名方式进行表决，通过后形成第三稿预算。六、教职工代表大会表决通过后的第三稿预算经校长批准后生效，并上报区教育局和区财政局。至此，便完成了下一年“经费包干”的预算编制工作。全员预算让教师明白，学校下一年发展得如何既取决于当年的精心预算，又取决于来年每个人的努力，从而更加明了自己工作的价值和意义，更愿意以主人翁身份投入到学校发展中去。信息共享是指学校严格执行公示制度，把政策规定必须公开的信息和教师们关心的热点信息及时公开，让教师了解真实情况。该制度使教师能够随时了解预算执行情况。年终接受区教育局的财务审计后及时公布审计结果，让教师了解到每个预算所对应的工作任务完成情况、经验和教训以及改进方案。

第四，实行项目管理机制，激励教师主动参与“自主管理”，实现“人人都是管理者”。川大附中西区学校把学校事务按照项目打包，公开征集执行团队，学校保障项目经费，并记录工作量，作为发放奖励工资的参考，从而调动每一位教师干事创业的热情。以学校校歌创作为例，这项工作不再以行政安排的方式布置给某位或某几位老师，而是以项目方式向全校公开征集执行者，最终语文组和音乐组共同承担该项工

作，创作出了学校第一首校歌《梦开始的地方》。2016 年至 2018 年，学校累计发布项目 210 个，参与人次 1970 人次，投入项目工作经费共约 166 万元。

川大附中西区学校第一个项目：校歌录制

第五，以"日清双轨"优化常规，促进过程管理全员化。学校日常管理实施"日清双轨"制，实现了全员全程参与管理。学生通过班集体、学生会、校团委等组织，实现学生日常事务自主管理；教师实施"今日我当家"值日制度，在值周行政带领下，对值日当天学校的大小事务进行管理、协调。

为确保赋权得当、适度、增能，川大附中西区学校还充分发挥党组织对学校事权的监督作用，并且实行全员性民主监督，促进各部门各司其职、共谋发展。川大附中西区学校成立以党总支副书记为组长的纪律监督小组，负责相关事务监督，保障办学行为依法依规，并不断健全民主监督体系和工作机制。

在学校给教师赋权的同时，学校构建起一套激发教师工作积极性、主动性和创造性的人事分配制度和社会养老保障金缴纳制度，突解了传统公办学校的"铁饭碗"和"大锅饭"困局。一是通过教师自聘，学校选择到满足学校发展需要的优秀教师；二是通过校内岗位的"学部与教师双向选择"，引入竞争机制，让优秀教师胜出，同时促使优秀学部选择到优秀教师；三是通过"提醒约谈—帮扶整改—依法退出"，保留适合学校发展的优秀教师群体；四是通过实施"薪随岗走、多劳多得、优质优酬"的薪酬制度，使教师的付出与待遇合理匹配，奖励先进；五是通过区委、区政府的名师优师专项激励机制，对名师优教的先进行为进行强化；六是通过"六险一金"（即养老、医疗、工伤、失业、生育、大病六险及住房公积金）社会保障制度的落实，解决教师后顾之忧。

川大附中西区学校在“自主招聘”“自主管理”“经费包干”的机制下，真正激发了教师内在活力。正如区教育局督导室的评价：

教师因没有编制而再也没有“铁饭碗”之说，即使进入了公办学校，如果不够努力、不够优秀，仍然有失业的风险，因此必须努力、必须优秀。教师虽然没有编制，但是亲身参与了学校的管理，实实在在体会到自己是学校的主人，学校的事就是自己的事，从而积极主动地参与学校改革发展。“薪随岗走、优质多得”的薪酬制度，吸引到了敢于创新、敢于竞争、敢于承担风险、学习能力强的优秀教师，自然而然形成共同体性质的专业自主发展教师群体——自主发展意识强，主动参与各种培训，参与各种教研和赛课等活动，努力把握教育及学科前沿知识和技术，不断提高解决教育教学实际问题的能力。这就是“两自一包”学校管理机制促进教师专业发展的内在逻辑。

## 09　初心不变，风雨兼程，做最好的自己

任何一个单位，最好的状态就是人人争着多做事、人人想把事做好。

然而，无论是谁，要真正达到这样的职业境界，不能仅仅靠“情怀”激励，也不能完全靠物质报酬激励，自身价值的实现和满足，常常是最高效的职业动能。

要让教师获得自身价值的实现和满足，学校就必须是教师实现自身价值的平台，否则就无从谈起。

传统的学校管理，教师大多是在管理者的督促下，在自己的职业生涯中被动植入职业元素，无所选择。

武侯区“两自一包”学校管理体制改革的根本目的就是改变这样的管理模式，实现教师自主管理，使教师专业发展动力来自自身内在需要，发展方向来自教师自身学习经历、兴趣爱好特长、学科专业探索。

胡平在深入领会区教育局的改革意图之后，强力推进学校改革实践，既赢得了全校师生的尊敬，也赢得了组织的信任，于 2016 年 3 月被区教育局党工委正式任命为川大附中西区学校校长。因直接破冰推行

“两自一包”，他接受过中央电视台的采访，个人也实现了专业成长。

川大附中西区学校的教师队伍更是在这样的机制下，不断提升专业化水平。

42 岁的肖光玲，是四川师范大学思想政治专业硕士，2008 年毕业后任教于某传统公办中学。按照学校管理方式的设定，6 年时间里她只参加过一次区级赛课，因为参赛机会是按照来学校的时间排序，先来的先获得机会，后来的往后排。自我成长完全靠自己钻研，虽然也有集体备课，但大多是走形式，因此教师自我成长很慢。6 年的时间里，肖光玲每天完成教学任务后就回家带孩子，日子过得轻松惬意，可是职业生涯的规划和发展几乎为零。在这样的环境里她对自己的要求也变得越来越低，工作只要不垫底、可以交差，就满足了。

2014 年 8 月，肖光玲来到了川大附中西区学校。学校的管理是全新的方式，标准高、要求严，所有的工作都要求落到实处，所有的考核都让工作无法“掺水”。最重要的是招聘来的年轻老师干劲十足，才开学所有的老师就铆足了劲，每天加班到晚上七点才离校。没有加班费，也没有人要求他们这样做，但是老师们就心甘情愿地这样做了。这在以前的学校是无法想象的。

川大附中西区学校通过教师自聘选拔的教师业务能力都很强。不同于传统公办学校的教师招聘，选拔教师时讲课是最关键的环节，安排在哪一个岗位最能发挥其作用，学校都做了认真考量。学校对招进来的教师在管理上实行多劳多得、绩优酬高的激励机制，所以为学校做事就是为自己做事，老师们不会再去区分哪些是“我的事情”，哪些是学校的事情，工作积极性高、凝聚力强。

在这样的环境里肖光玲深受感染，她开始从最基本的写教案、备课、上课去改变自己，踏实做事、认真做事，实现了快速成长。特别是担任学科组长和科研工作室负责人后，她对工作更加投入。来川大附中西区学校的第一年，肖光玲感觉自己进入了教书生涯里最繁忙却也最充实、最有尊严感的状态。

2016 年，武侯区教研员要在川大附中西区学校开展新教材教学研讨活动，肖光玲承担了上课任务。课后肖光玲得到了教研员的高度评价，并被教研员推荐为成都市骨干教师培养对象。这时，肖光玲才深深地感到自己这两年在川大附中西区学校的历练收获了成果。同年，川大附中西区学校政治组在武侯区集体备课大赛中荣获一等奖，同时教研员向肖光玲发出了加入武侯区政治学科中心组的邀请……这些收获，让肖光玲对自己的职业规划有了想法："成为成都市骨干教师后我的下一个目标是什么？"

肖光玲开始在课题方面积累资历，并且自愿花很多时间去摸索。2016 年学校的龙头课题要立项，需要完成研究方案，这对于连研究方案的格式都一窍不通的肖光玲来说确实太难了。肖光玲牺牲了回家休息的时间和陪孩子的时间，在专家的指导下，连续一个多月查资料、码文字，最终写出来的研究方案使课题顺利立项。"这次的经历让我感觉到自己有很大潜能可以挖掘。首先我要感谢学校为我搭建了平台。另外学校对课题实施项目推动的管理方式，自己做的每一件事都得到认可，很有成就感。"

在两年多的时间里，肖光玲和科研工作室的伙伴们一起努力，所承担课题获得省级评审二等奖一次、三等奖一次，成都市优秀课题一次，并代表武侯区在成都市优秀课题交流会中做交流发言。



2018年川大附中西区学校政治组获得武侯区优秀教研组荣誉称号，2019 年 3 月肖光玲被遴选为成都市未来名师培养对象，2019 年 6 月肖光玲被评为武侯区优秀教师。拿肖光玲的话来说，"这些荣誉的获得是我在来到川大附中西区学校后短短的五年时间里实现的，这在我原来的学校机制下是不可能的。"

目前的肖光玲，为自己制定了明确的发展目标——"区学科带头人""区特级教师"，并向更高的目标前进。

"我很庆幸自己在职业生涯面临倦怠和瓶颈时来到了川大附中西区学校，学校的岗位激励机制以及公平、公正、合理的考评机制极大地调动了教师以及我自身的工作积极性。学校的'青蓝工程'不仅让年轻教师快速成长，反过来年轻老师也促进了我的成长，这种相互促进、相互推动的良性帮扶机制让我成为受益者。学校的管理自主、共同治理让老师的主人翁意识增强，年轻老师人人争着上展示课，人人争着多做事，人人想把事情做好，在追求绩优酬高的回报的同时实现着自身的价值。在这样的氛围里，我不敢懈怠，相反很享受这样的氛围，感觉自己的心越来越静，想要成为更好的自己，并愿意为之努力地做事。”

肖光玲的事迹，是成熟教师在新机制下获得专业发展的典型案例。那么，刚刚入职的年轻教师又是如何发展的呢？

2019 年 9 月 10 日，正值教师佳节，成都市举行“成都市优秀班主任”表彰大会。川大附中西区学校年仅 27 岁的数学老师林笑天是此次受表彰的优秀班主任之一，同时他所带的班级也被评为成都市武侯区先进班集体。想起 5 年前的自己还是一个刚走出大学“象牙塔”的稚嫩男孩，站在领奖台上的林笑天内心感慨万千。

2014 年，对于林笑天和川大附中西区学校来说都是至关重要的一年。在找工作的过程当中，林笑天了解到川大附中西区学校是一所全新的学校，办学模式和管理理念与传统的公立学校有很大的不同，当即被这样新颖的办学模式吸引。与在公立学校工作了大半辈子的父母商量后，满怀教育热情的林笑天毫不犹豫地选择了应聘这所全新的学校。在经历了一系列严格的笔试和面试后，林笑天终于如愿被录取为川大附中西区学校的一员。

2014 年 8 月，新建的川大附中西区学校屹立在炽热的阳光下。校园里，是老师们匆忙的身影。新学期的准备工作正在这座新建的校园里紧张有序地开展。新组建的校领导班子遇到了一个棘手的问题——新班主任的任命。新学期开学在即，这个问题亟待解决。但是当年新引进的教师大多是应届毕业生，没有任何管理班级的经验。经过讨论，学校领导决定让应届男老师试一试，林笑天就是入围人选之一。在第一次教职工大会后，胡平就拉着林笑天的手，亲切地问：“小林啊，有没有考虑过当班主任啊？”听到这句话后，林笑天的内心“咯噔”一下，心想：“原本打算先积累教学上的经验，完整地带完一届再考虑当班主任的事。况且我才刚大学毕业，完全没有任何班级管理的经验，我能够胜任这份工作吗？”但看着胡校长温暖的微笑和充满信任的目光，他终于鼓足勇气，硬着头皮说：“应该没问题！”

一切从零开始，怎么可能没问题？新学期开始了，当他信心满满地迎接到班上 42 个孩子后，他才意识到班级管理并没有他想象的那么简单。想象与现实之间的差距，给这个斗志昂扬的年轻人泼了一盆冷水。由于缺乏工作经验，在班级管理的很多事情上他都摸不着头脑。最开始班级制度不够完善，对于班级干部的培养也不够到位。就连班级卫生这件事情都让他头疼了好几天，每周升旗仪式上的“卫生流动红旗”一直“流动”不到自己班上。学校刘主任也因此事找过他好几次。他也想过改善的方法，但是没有效果。当然，初为班主任的林笑天遇到的问题远不止这些。他时常陷入“学生会不会喜欢我？”“学生会不会服我？”“我该怎么管学生？”“能不能得到家长的信任？”等新教师常焦虑的问题中。想起第一次家长会上，那些年龄差不多是自己两倍的家长投来不信任的目光，林笑天就觉得很苦恼。想起开学不到两个星期，学部主任就把自己拉到一边，语重心长地告诉他“你们班的纪律有点差，你要好好想想办法！”，林笑天觉得很沮丧。纪律、卫生、班级管理制度等等问题天天困扰着他，这让他有些气馁。

就在林笑天觉得自己快支撑不下去的时候，学校启动了“师徒结对，青蓝工程”机制。学校安排班级管理经验丰富的何雨佩老师当他的“师父”。何雨佩老师有多年的班主任工作经历，经验丰富，在班级管理上对他是知无不言，事无巨细都悉心指导。就如何解决班上卫生不合格的问题，何老师专门找到林笑天说：“笑天啊，打扫班级卫生要落实到个人，让每个人都活动起来。”听了“师父”的话，林笑天深受启发，立即在班上实行了一套“责任到人，人人有岗”的卫生管理制度，改变了之前一个小组打扫卫生的制度。责任落实到人了，学生有事情做了，班上的卫生自然就好起来了。一直因为此事而情绪低落的林笑天看到这事正在慢慢往好的方向发展，内心喜悦不已。

在当班主任这条路上，林笑天觉得是学无止境的。年轻的林笑天就如海绵一样，“贪婪”地吸收一切能够借鉴的班级管理经验。林笑天知道每个人管理班级的风格都不一样，要广泛地学习才能找到适合自己的方法。因此，除了跟"师父"学习，林笑天还虚心请教学校其他管理有方的班主任老师。

新学期开学不久，刚上任才一段时间的班长走进了林笑天的办公室："林老师，我想辞职，不想当班长了。"林笑天惊愕地抬起头看着班长。通过与班长交流，林笑天意识到班上的评价机制和奖励机制出了问题，不能激发班委的工作热情。通过与班长沟通，虽然班长勉强答应继续担任班长，但是如何建立班级评价机制的问题一直萦绕在林笑天的脑海中。

"那段时间我真的是做梦都在想这个问题，半夜睡醒了也想，但是一直找不到合适的方法。"沉浸在回忆中的林笑天笑着说。苦于不知如何建立班级评价机制的林笑天，找到了学校经验丰富的王体桥老师。王老师耐心地告诉他："在我的班上，我们会评出 3 个'明星个人'，2 个'明星小组'，每周都会评出'周明星'，每个月都会有'月度风云人物'。奖励也会有精神层面的奖励和物质层面的奖励……"和王老师的交谈整整持续了一个小时，林笑天受益良多。很快，他就依据本班的实际情况，把王老师提供的方案稍作修改，在自己的班上实施了起来。有了明确的奖励机制，学生们的积极性提高了，班级的运转自然就上了正轨，他管理起来也轻松了不少，笑容逐渐回到了林笑天的脸上。

作为一个年轻的班主任，林笑天不仅仅局限于向其他老师学习现成的经验。他在上课之余也经常琢磨如何才能把班级管理得更好，在班级管理上也有所创新。和林笑天共事的同事这一年来都惊叹于他身材的变化：曾经的林笑天是一个胖乎乎的大男孩，但是短短一年的时间，林笑天瘦了整整 50 斤。他是怎么做到的？这让同事们很疑惑。

原来这一切都是因为他和学生之间的一个约定。八年级上学期期中考试过后，班上的张×× 同学由于期中成绩不理想，一直陷在低落的情绪中。林笑天发现了他的异常，通过谈心后发现，是因为上了八年级后数学的难度有所增加，使他出现了畏难情绪，没什么学习的动力。为了鼓励张××，他便与他约定："林老师瘦多少斤肉，你就要涨多少分。"

张××觉得好玩儿，抱着试一试的心态答应了。“我万万没想到，不到一个月的样子，他就减了八九斤。我现在是 136 分，我提的分一定要比他减的肥多。”被林笑天的毅力感染了的张××自信满满地说。一学期下来，和他打赌的同学越来越多。一个师生间的小游戏，让同学们的学习积极性提高了不少。同学们的学习成绩也有了明显的提升，从曾经的 14 个 B 优生增加到现在的 22 个。作为一位班主任，他在以自己的亲身经历鼓励着孩子们，教会了他们不怕困难，迎难而上。林笑天在班级管理上越来越有经验，班主任的工作做起来游刃有余，他也体会到了在班主任这个工作岗位上的乐趣。

短短 5 年的时间里，这个爱学习、勤思考的小伙子，在班主任的岗位上一路成长，一路收获，从一个毫无经验的新班主任，成长为一个经验丰富的“老”班主任，取得了喜人的成就。他所带的班级被评为“成都市武侯区先进班集体”。2019 年 9 月 10 日，成都市优秀班主任表彰名单上赫然写着“四川大学附属中学西区学校林笑天”几个字。这是一种荣誉，也是他这 5 年来辛勤工作的见证，更是对他的肯定。“沾了学校公平公正的竞争机制的光。”在获得“成都市优秀班主任”称号后，每当有同事称赞他时，林笑天都这样感叹道，“川大附中西区学校是一所‘两自一包’的学校，在评优选先上有明确的规章制度，公平公正的竞争机制，不用按资排辈。只要你肯努力、足够优秀，学校会给你展示自己的机会。我父母也是老师，通过与他们的经历对比，我觉得，我在川大附中西区学校的这 5 年，比得上在传统公立学校工作 10 年。老师来这里是非常好的。这里的氛围和各项规章制度能够充分激发老师的动力。聚集在这儿的人都是一群有志向的人！”

回顾在川大附中西区学校的这 5 年，林笑天感慨万千。他庆幸自己在 2014 年选择了“初生”的川大附中西区学校。在这 5 年里，他提交了一份满意的答卷，给自己也是给学校。“小荷才露尖尖角”，将来他有无限可能。他坚信，在川大附中西区学校这片沃土上，他终将成长为一棵参天大树。未来，他将与川大附中西区学校一起走下去，走向辉煌！

如果说新的机制能让有梦想的教师自发地在实现梦想的道路上不

断获得成功，不断构筑新的梦想，那么，对一些刚刚毕业、希望有一份稳定收入的教师，“两自一包”机制则是以环境影响来驱动他们发展自己。

2015 年 9 月，作为一名刚毕业的大学生，涂翠萍怀着对稳定工作的憧憬，走上了川大附中西区学校信息技术教师岗位。

原本以为新学校和自己一直以来理解的公办学校一样，秉持传统教育理念和传统管理模式。然而令她没想到的是，这是一所乘着时代发展的春风正如火如荼进行着教育改革的新学校，改革为学校的一切注入了新的活力。学校的“两自一包”管理模式打破了涂翠萍对传统公办学校根深蒂固的认识，深深冲击、颠覆着她的思想。初入职场、初到学校的她细心地观察着学校的一切变革：导学单、小组合作、问题导学、结对帮扶、分类课……对这一切，她既感到新鲜又感到好奇。

然而，她感到更多的是茫然，是束手无策。一次次突如其来的考验，使她觉得力不从心。那时候的她面对挫折不够坚强；教学实践经验不足，各方面都亟待提升；专业书籍读得过少，理论还无法学以致用……一切的一切，消磨了入职时的新鲜感，取而代之的是焦虑、困惑。

学期过半，已经融入学校的涂翠萍老师发现自己所教的学科并没有很好地融入改革中，信息技术课不受重视，她不知道信息技术课应该往哪个方向发展，大家似乎也觉得不需要改革。“这难道真的是‘豆芽科’吗？”她陷入了沉思。

一次教职工大会上，胡平告诉老师们，在自己的单位，无论自己想要成为什么样的人，都要“先有为，才有位”。这句话于涂老师而言并不陌生，但大学时候的她还不能深刻体会到这句话的含义。直到来到川大附中西区学校，尤其是在看到川大附中西区学校的变革以后，才被一语惊醒。

经验尚浅，涂老师一直在困惑中找寻自己的钻研方向。她给自己定下了“多听、多看、多思考、多交流”的职场目标，她开始加很多老师的微信、QQ 和大量的专业交流群，去网上搜集相关资料。

在一次偶然的培训机会中，培训老师告诉大家机器人是未来的一个发展方向，如今在成都市正掀起一股机器人潮流。“机器人！”涂老师眼前一亮，尽管此前没有涉猎过该领域，尽管教研员已经给她提供了诸如 3D 打印、音视频编辑等计算机方面的课题，尽管该领域的引路人屈指可数，一想到机器人在武侯区还未真正成熟，涂翠萍老师就意识到这是一个难能可贵的机会！深思熟虑以后，涂老师决定组建川大附中西区学校机器人训练队，想要利用自己的专业所长，开拓川大附中西区学校学生的眼界，让他们在机器人的世界尽情遨游！

2016 年，组建机器人训练队的想法一经提出便获得了学校的支持。学校很快联系了培训老师，让涂翠萍参加专业学习，同时邀请了一些专家进行指导。她说：“走进机器人世界，我简直像找到了人生的奔头。”改革这股春风让她感受到前所未有的舒适与惬意，她也被这所改革学校的魄力深深折服。

2016 年 5 月，涂老师第一次带领学生报名参赛——第十四届四川省青少年机器人创新实践比赛。届时，他们将同来自全省各地的 300 余支优秀青少年机器人竞赛队伍同台角逐。

这类规模的比赛，不管是对初入机器人训练领域的涂老师，还是对完全零基础的学生而言都是一个极大的挑战，更何况 1 月才组队。

接下来涂老师便展开了训练。然而一个月后，问题接踵而至：学生的学业落下，家长的不理解，班主任的学业要求，甚至学生内部的自我怀疑，都给涂老师的训练队笼上了一层迷雾。

为了安抚家长，涂老师邀请了部分家长来校参观学生训练，并与他们进行了交谈解惑；为了安抚班主任，涂老师将所有的训练队成员集中开会，提出了学习方面的严格要求，让学生明白训练与学习必须兼顾才能长远发展；为了安抚想要退出的学生，涂老师将机器人比赛的优势与劣势摊开与学生谈论，最终打消了学生的顾虑。

万幸的是，训练又咬牙坚持下来了，甚至周末和晚上的时间涂老师也都和孩子们一起探索。在最想放弃的时候，时任机器人训练队队长胡××同学的母亲，在深夜里默默等待女儿回家时告诉涂老师：“无论多晚我等着她回家，老师辛苦了！”

比赛现场，川大附中西区学校两支参赛队的学生临场表现极其出色，在与四川接近 70 所学校的训练队，甚至是成都四七九（四、七、九中是成都市最有影响力的三所公办高中的简称）老牌训练队的比拼中脱颖而出，一队获得了一等奖，另一队获得了二等奖！

首战告捷！

消息传回学校，所有人都为他们喝彩，毕竟这是机器人训练队首次作战并且在短时间内赢得的一次巨大成功！

涂老师也因此结识到全省各地机器人训练队优秀的教练员、裁判员，与省内、市内的专业老师建立起了联系。这也成为川大附中西区学校机器人教学的重要突破，后来这些优秀的教练员、裁判员、老师都毫不吝惜地指导着该校队员。创新实践活动组委会也开始了解并认可川大附中西区学校的年轻力量。机器人团队迅速走红全校，更多学生加入了涂老师的训练队，训练队发展到 6 支队伍。在这所年轻又充满活力的校园里，处处都可以看到小创客们的身影。学校的计算机课程从以前单一的计算机变为了常规分类（3D 打印 / 动画制作）+ 周五分类（走进机器人世界）+ 训练队（机器人 VEX 训练队）的模式。指导教师规模逐步扩大，由原来的单个教师发展为如今的教师团队。涂老师开始带领学生参加各级比赛，这些年轻力量开始在成都市各大比赛中崭露头角，川大附中西区学校在机器人领域开始占有自己的一席之地，机器人训练队进入了蓬勃发展时期。学生参加各级各类机器人创意实践活动屡获佳绩，连续 3 年先后荣获四川省机器人创意实践活动一等奖、亚洲机器人锦标赛“华西赛”VEX 项目一等奖、全国中小学电脑制作活动二等奖等。涂翠萍老师也获得了发展：从组织学生参加机器人相关比赛起，3 年来参赛学生达 700 余人次，获亚洲机器人锦标赛华西赛区一等奖及最佳设计奖 4 人次，获国家级奖 10 余人次，获省级奖 80 余人次，获市级奖 500 余人次，获区级奖 100 余人次。数据还在不断刷新。她撰写的论文多次获奖，就连 VEX 中国公开赛组委会也将她认证为 VEX 裁判。

如今，除了自己的教学和专业工作，涂老师还承担了学校课程中心二的管理工作，负责管理学籍、毕业生工作、分类课程开展、训练队等。

从课程中心一干事到课程中心二负责人，她更加坦然、从容。

2017年以来，她所教授的学科毕业会考成绩在全区名列前茅，三年来所带班级合格率在99%以上，优生率在88%以上。她个人也于2019年5月被评为校级优秀教师，2019年9月被评为“成都市武侯区教坛新秀”。

对于目前已经取得的成绩，她说：“这些成绩是我继续前进的压力和动力，我愿风雨兼程，初心不变，做最好的自己。”

改革则兴，守旧必亡。

这，既是社会发展的本质，也是行业发展的规律。

改革是需要想象力的实践活动。

但想象力绝不是改革的核心依凭。

“释先王之成法，而法其所以为法。”两千多年前，《吕氏春秋》中的这句话，概括了改革的本质内涵。

武侯教育人深知，区域教育改革试点，绝不是想象力的灵光一闪，而是在人类已有智慧引领下，在国家政策框架内的“法其所以为法”。

# 第二章 探求改革实践的理性

DIERZHANG

TANQIU GAIGE

SHIJIAN

DE

LIXING

改革不是一次灵感闪现。

改革也不是众多经验的整合。

改革是基于问题、困惑而寻求破解策略的理性寻索。

改革的落点是问题领域的结构调整。

众所周知，40 多年前的安徽小岗村改革是一种农村社会生产关系的创新调整，直接催生了“大包干”，拉开了农村经济体制改革的大幕。那么，以此为参照，武侯区后来被命名为“两自一包”的学校管理体制改革触及的教育结构关系是什么？又如何调整和改变？

小岗村改革是在没有任何理论支撑的前提下，18 户小岗村农民凭借对吃饱饭的基本需求，按下红手印，以“托孤”的形式立下“生死状”，签订“大包干”契约，将土地承包到户。

武侯区作为一方政府，显然不可能效仿当年小岗村的“感性”，而必须在改革之初，就做到行动层面的三个理性：一是明确改革什么，或者说要调整的关系是什么；二是对国家政策进行深入解读，寻求国家对教育改革的政策支撑；三是对相关理论进行理性摄取，以之引导行动的方向。

应该说，萌芽于 2014 年的武侯区“两自一包”改革，起源于区域教育发展的惯性对城市化进程的不适应，生成于武侯教育人为破解时代教育发展焦点问题而进行的区域基础教育综合改革，最终成熟于武侯教育人认真解读国家教育政策、寻求国家政策的支持空间，认真钻研教育理论、探索教育本质规律，认真探求管理理论、释放管理活力，从而完成了基于国家政策、教育本质和管理理论的基础教育改革机制创新。这也超前响应了习近平总书记在十九大报告中关于我国进入新时代社会主要矛盾的论述，力图从教育的角度，化解人民群众的优质教育需要与区域教育不平衡不充分的发展的矛盾。

## 01　战略定位：置于区域教育综合改革，促进民生服务转型升级

教育，是由政府以公共资源的形式提供给社会，服务于民生。因而，

办多少学校、怎么办学校、学校办得如何，直接考验着政府服务社会的能力与水平。随着中国社会的文明程度不断提高，政府自觉将民生服务作为政府职能，并以转型升级来配套中国全面实现小康社会的内涵。

这就意味着，政府必须从学校布局、办学质量、管理能力、教师资源及其作为等诸多方面进行全面深入改革，同时，依循党中央对改革的要求，必须在重点领域突破，并落实落地。

选择川大附中西区学校作为突破点，区委、区政府及教育局是关键力量。换句话说，区委、区政府和教育局不发力，武侯区教育改革则无从谈起。

为了加强领导力量，武侯区教育综合改革首先是在区委、区政府领导之下开展工作，并在区委“全面深化改革领导小组”中成立“民生服务转型升级推进小组”，由区领导牵头推进教育综合改革。

这个“民生服务转型升级推进小组”，不仅仅代表了武侯区教育综合改革行为的合法性，其更深层的意义在于，明晰了教育综合改革行为的关键所在，那就是教育改革本身的意义是促进民生服务的转型升级。

回顾2015年10月至11月武侯区委、区政府主要领导和教育局党工委关于教育改革的推进，可以见微知著。

2015年10月10日，区教育局召开局长办公会，分析总结川大附中西区学校改革工作取得的阶段性成果以及下一阶段的重点工作。

10月17日，区委书记巫敏到川大附中西区学校调研。

11月5日，武侯区教育局召开“深化区域教育综合改革 大力培育名师名校的实施方案”工作推进会，明确该项工作的牵头科室为督导室，负责制定具体的实施方案。同时，明确每个项目的责任科室，分解目标任务，建立问题台账和销账制度，制定考核方案，从而扎实推进各项改革工作。

这些信息可以解读为：区委、区政府和教育局主要领导都从党委、政府层面重视由川大附中西区学校牵头试点的区域教育综合改革，并且上升到区域的教育局、编办、人社局、财政局等职能部门共同全面参与整个试点改革行动，目的就是要破解教育区域教育发展的根本困局。

更值得注意的是，后来被命名为“两自一包”的学校管理体制改革，其实并不是武侯区教育综合改革的全部，而只是其中的关键环节。这也意味着，“两自一包”学校管理体制改革是武侯区教育综合改革整体发力的重点和突破点，具有特殊意义。

关于这一点，从 2015 年 10 月 26 日武侯区出台的《深化区域教育综合改革 大力培育名师名校的实施方案》（以下称《方案》）中可以解读出端倪。

仔细研读《方案》，可发现其主要内容是：把“推进全区学校优质均衡发展”和“加快实现教育现代化进程”作为两大改革杠杆，以紧紧围绕区委深入实施“改革创新、转型升级”为总体战略，以区域教育综合改革为抓手，以提高教育质量、促进教育公平为根本，以学生发展、教师发展、学校发展为主线，以大力实施名师培养和名校培育为实施工程。其基本思路是：全面深化区域教育综合改革，打破体制机制束缚，激发全区教师干事创业热情，增强全区学校改革发展活力。

《方案》还同时提出了改革事项：通过办学模式、育人模式、人事制度、管理体制和教育手段“五项改革”促进学校优质、特色、内涵、自主和创新“五个发展”，全面壮大武侯名师和名校群体，充分实现武侯教育高位均衡发展和惠民服务目标。

这些改革措施，无疑直指人民群众择校热、择名师热的根本问题，让名校资源、名师资源实现最大化和最优化配置，真正让教育发展适应社会需求，适应人民群众的需求。

在深化管理体制改革方面，《方案》提出了促进学校自主发展方面的三项改革。

一是推进“管办评分离”。包括：（1）制定行政职权清单。全面启动职权清理工作，进一步厘清和规范教育行政权力的职责范围、行使方式和运行流程，切实减少对学校自主办学的行政干预。（2）下放“办学自主权”。对建设规划参与权、区域活动组办权、地方课程整合权、教职工聘任权、干部选聘自主权和学校经费支配权等界定责权、逐步下放，为学校自主发展、特色创新拓展空间。出台《成都市武侯区教育局推进现代学校制度建设的实施意见》，加快落实和扩大学校发展规划权、教育教学管理权、课程设置开发权、教师及其他职工聘任权、干部选聘自主权、学校经费支配权等，让学校拥有更多的管理权限和更大的管理空间，极大地激发学校办学活力。（3）改进督导方式。坚持“宏观管理 + 自主发展”的教育督导评估理念，进一步完善《成都市武侯区中小学综合性督导评估方案》，加快建设教育大数据监测平台，提高教育督导科学化、信息化水平。

二是推动现代学校制度建设。包括：（1）推动“一校一章程”建设。组织辖区中小学因校制宜制定学校发展章程，重构目标管理、绩效管理、课程管理、评价管理等制度体系，逐步形成依法办学、规范管理、民主监督的运行机制。（2）优化学校内部治理。探索构建以校长负责制为核心，以教职工（代表）大会、校务委员会、家长委员会为基础的内部治理结构。（3）建立开放办学机制。完善家长、社区共同参与学校管理，推动学校发展的“共商”机制；探索“学校 + 家庭”“学校 + 社区”“学校 + 基地”等合作模式；引入专业机构，建立对办学效益、办学质量的综合测评机制，形成富有效率、更加开放的办学格局。

三是探索实施“经费包干”制度。以川大附中西区学校为试点，将生均经费总额打包划拨到学校，由学校实行自主统筹管理；积极探索教师岗位聘用和多层面的薪级奖励机制，充分调动学校和教师的干事创业热情，并在新建学校和职业学校先行推广。

《方案》规划了未来三到五年武侯区教育领域以 16 个大工程、39 个具体项目为抓手推进综合改革，川大附中西区学校的“经费包干”就是这 39 个具体项目之一。

## 02　政策解读：夯实学校管理体制改革的政策基础

在启动武侯区教育综合改革整体设计之前，区教育局党工委就开始带领教育局相关科室深入研究国家政策文件，切实做到在国家法律法规框架内进行改革探索，夯实改革的法治基础。

"其实，为政者都知道，国家层面的政策是以法律法规等文本表述出来，作为宏观调控的导向，区域和行业进行的改革，本身就是以之作为导向，对现有状态的改变和调整。"现任中共武侯区委常委、宣传部部长的潘虹说。

在2015年11月5日的"深化区域教育综合改革 大力培育名师名校实施方案"工作推进会上明确了各科室的责任之后，各科室都各司其职，紧锣密鼓地开展相关工作。比如，政策法规科，由科长带领一个团队，梳理改革开放以来国家关于教育的法律法规文件，侧重研究国家、地方政策中关于学校管理的政策描述动态，核心是厘清改革各参与要素及其运行的法律边界。

当时就有工作人员对此表示不理解："本来就事务繁多，这不是增加工作量吗？"但武侯教育人知道，没有国家法律支持的改革，是不可靠的，我们必须研读教育法律法规，寻求政策支持空间。

"那段时间，法规科的同志天天加班，天天吃盒饭。我们班子成员与他们几乎天天都有讨论，甚至有很多争论，最终大家凝聚了共识。"回忆当时的情景，潘虹记忆犹新、充满深情。

又如，明确了由督导室牵头完成此项任务后，督导室开始制订具体的实施方案，并且在较短时间内拿出了方案文本。

2019年区教育综合改革办公室（简称"综改办"，2017年新成立的机构，负责此前由督导室承担的教育综合改革任务）提供的关于"两自一包"学校管理体制改革的政策探究的文本中，描述了武侯区对国家政策解读的各个方面。其中，尤其对学校管理体制的历史演进和政策进行了系统解读，目的就是在国家政策对学校管理的描述中，验证武侯区"两自一包"改革中学校"自主管理"的政策支持空间。兹摘录部分内容如下：

20世纪80年代中期以前，我国的学校管理体制为中央对所有学校进行统一管理。这种管理体制在一定程度上促进了全国教育尤其是贫困地区教育的发展，但由于各地的具体情况不同，千篇一律的管理模式严重压抑了部分学校的自主性和积极性。

1995年，《中华人民共和国教育法》（以下简称《教育法》）正式出台，这标志着我国的教育事业从此有了法律保障，同时对于稳步推进学校自主管理有积极意义。《教育法》第三十一条规定："学校及其他教育机构具备法人条件的，自批准设立或者注册之日起取得法人资格。"对于"法人"的定义，我国的《民法通则》中有相关界定——法人是具有民事权利能力和民事行为能力，依法独立享有民事权利和承担民事义务的组织。法人的民事权利能力和民事行为能力，从法人成立时产生，到法人终止时消灭。在我国，相关机构必须具备一定的条件才可以拥有法人资格——不仅需要依法成立，还要有必要的财产和经费，并且拥有自己的名称、场所以及组织机构，此外，还要有独立承担民事责任的能力。在我国，公立学校不同于一般国家机关，它行使的是教育权，因此其属于公法人中的特别法人性质。《教育法》的出台及其对学校法人地位的认定，标志着我国学校的法人地位得到了国家法律的承认，这也意味着国家对学校权利的认同。同时，《教育法》的出台也为我国学校的自主发展提供了可能性。以法律形式确立学校的法人地位，将有效推动学校相关资源的合理配置和使用，提高学校的办学活力，并最终提高学校的办学效益。

2010年7月8日，中共中央、国务院发布《国家中长期教育改革和发展规划纲要（2010—2020年）》，明确指出："把改革创新作为教育发展的强大动力。教育要发展，根本靠改革。要以体制机制改革为重点，鼓励地方和学校大胆探索和试验，加快重要领域和关键环节改革步伐。创新人才培养体制、办学体制、教育管理体制，改革质量评价和考试招生制度，改革教学内容、方法、手段，建设现代学校制度。加快解决经济社会发展对高质量多样化人才需要与教育培养能力不足的矛盾、人民群众期盼良好教育与资源相对短缺的矛盾、增强教育活力与体制机制约束的矛盾，为教育事业持续健康发展提供强大动力。"同时，还针对教育管理体制提出要"以转变政府职能和简政放权为重点，深化教育管理体制改革"，"促进管办评分离"。《纲要》以及党的十八届三中全会通过的《中共中央关于全面深化改革若干重大问题的决定》等

文件精神，都纷纷要求“深入推进管办评分离，扩大省级政府教育统筹权和学校办学自主权，完善学校内部治理结构，强化国家教育督导，委托社会组织开展教育评估监测”，目的就是要构建“政府管教育、学校办教育、社会评教育”的教育发展新格局。

2012年11月8日，党的十八大提出“为全面建成小康社会而奋斗”，为此，对全国教育改革提出的任务是：“努力办好人民满意的教育。……全面实施素质教育，深化教育领域综合改革，着力提高教育质量，培养学生社会责任感、创新精神、实践能力。”

2013年11月12日，党的十八届三中全会通过的《中共中央关于全面深化改革若干重大问题的决定》指出：“深化教育领域综合改革。”“深入推进管办评分离，扩大省级政府教育统筹权和学校办学自主权，完善学校内部治理结构。强化国家教育督导，委托社会组织开展教育评估监测。”11月15日，习近平在《关于〈中共中央关于全面深化改革若干重大问题的决定〉的说明》中指出：“中央成立全面深化改革领导小组，负责改革总体设计、统筹协调、整体推进、督促落实。……领导小组的主要职责是：统一部署全国性重大改革，统筹推进各领域改革，协调各方力量形成推进改革合力，加强督促检查，推动全面落实改革目标任务。”从政府职能的转变到学校内部结构的治理，都体现了国家对中小学自主管理的认同与支持，学校自主管理的政策日渐完善、系统。

2013年1月26日，教育部印发《教育部关于2013年深化教育领域综合改革的意见》（教改〔2013〕1号）指出：“按照顶层设计、试点先行、有序推进的原则，对教育改革进行系统部署，形成了在培养模式、办学体制、管理体制、保障机制四个方面，从国家统一实施、地方承担试点和基层自主改革三个层面推进教育改革的总体格局。”

2014年4月24日，教育部下发了《教育部关于全面深化课程改革 落实立德树人根本任务的意见》，着力推进“把党的十八大和十八届三中全会关于立德树人的要求落到实处，充分发挥课程在人才培养中的核心作用，进一步提升综合育人水平，更好地促进各级各类学校学生全面发展、健康成长”。

2015年5月4日，教育部印发《教育部关于深入推进教育管办评分离 促进政府职能转变的若干意见》（教政法〔2015〕5号），要求：“为进一步提高政府效能、激发学校办学活力、调动各方面发展教育事业的积极性，必须深入推进管办评分离，厘清政府、学校、社会之间的权责关系，构建三者之间良性互动机制，促进政府职能转变。”《意见》还明确了推进管办评分离改革的指导思想是：“高举中国特色社会主义伟大旗帜，以邓小平理论、‘三个代表’重要思想、科学发展观为指导，全面贯彻党的十八大和十八届三中、四中全会精神，深入贯彻习近平总书记系列重要讲话精神，按照‘四个全面’战略布局，围绕完善和发展中国特色社会主义教育制度、推进教育治理体系和治理能力现代化这一总目标，以落实学校办学主体地位、激发学校办学活力为核心任务，加快健全学校自主发展、自我约束的运行机制；以进一步简政放权、改进管理方式为前提，加快建设法治政府和服务型政府，主动开拓为学校、教师和学生服务的新形式、新途径；以推进科学、规范的教育评价为突破口，建立健全政府、学校、专业机构和社会组织等多元参与的教育评价体系。”《意见》提出要“以进一步简政放权、改进管理方式为前提，加快建设法治政府和服务型政府”，“以落实学校办学主体地位、激发学校办学活力为核心任务，加快健全学校自主发展、自我约束的运行机制”，推进政校分开，建设现代学校制度，要求在解放一切对学校不该有的束缚的同时，在学校内部建立起科学合理的制度体系，规范办学权力的行使，形成既自主又自律、开放的局面，为构建现代教育管理体制和现代学校制度设计了更加清晰的路线图。《意见》提出了以下主要措施：一是“依法明确和保障各级各类学校办学自主权”，二是“加强学校章程和配套制度建设”，三是“完善学校内部治理结构”，四是“健全面向社会开放办学机制”，五是“完善校务公开制度”。《意见》还明确：“到2020年，基本形成政府依法管理、学校依法自主办学、社会各界依法参与和监督的教育公共治理新格局，为基本实现教育现代化提供重要制度保障。”

2017年，中共中央办公厅和国务院办公厅颁布的《关于全面深化教育体制机制改革的意见》进一步将“深化简政放权、放管结合、优化服务改革”作为教育体制机制改革的原则，明确将“政府依法宏观管理、学校依法自主办学、社会有序参与、各方合力推进的格局更加完善”作为2020年要实现的一项主要目标。

2015年2月，四川省教育体制改革领导小组办公室印发《四川省教育体制改革领导小组办公室关于开展四川省教育综合改革试点的通知》（川教改办〔2015〕2号），决定在部分地区和学校开展四川省教育综合改革试点。随后印发《四川省教育体制改革领导小组办公室关于公布2015年度教育综合改革试点项目（第一批）的通知》，明确了四川省第一批进行教育综合改革的27个试点项目及46个试点单位。

2015年5月26日，四川省教育体制改革领导小组印发《〈关于推进教育管办评分离 促进政府职能转变的指导意见〉的通知》（川教改〔2015〕2号），明确提出了四川省“推进教育管办评分离，促进政府职能转变”改革的总目标：“构建政事分开、权责明晰、科学规范、运行高效的教育管办评制度体系，到2020年，基本形成政府依法管理、学校依法自主办学、社会各界依法参与和监督的教育公共治理新格局，促进教育治理体系和治理能力现代化。”

2015年7月下发《四川省教育体制改革领导小组办公室关于公布第二批四川省教育综合改革试点项目的通知》（川教改办〔2015〕4号），增列试点项目14个，参与试点单位35个，同时对第一批项目增列试点单位14个。至此，四川省教育综合改革试点项目达到了41个，试点单位95个。武侯区被确定为“区域教育综合改革试验区建设试点单位”。在41个试点项目中，只有两个单位在进行“区域教育综合改革试验区建设试点”，即泸州市教育局和武侯区教育局。泸州市教育局所承担的试点代表的是地市一级的区域教育综合改革试点。武侯区教育局所承担的试点代表的是区县一级的区域教育综合改革试点。因此，在区县一级的教育综合改革试验区建设试点中，武侯区是唯一一个。

2016年3月，四川省教育体制改革领导小组办公室下发《四川省教育体制改革领导小组办公室关于组织申报第三批省教育综合改革试点项目的通知》（川教改办函〔2016〕2号），启动了第三批省教育综合改革试点项目的申报工作。四川省教育综合改革在横向和纵向两个方向上都在顺利推进。

早在2010年10月，在国务院办公厅下发的《国务院办公厅关于开展国家教育体制改革试点的通知》（国办发〔2010〕48号）中就明确了四川省成都市为“推进义务教育学校标准化建设，探索城乡教育一体化发展的有效途径”和“创新体制机制，实施县域内义务教育学校教师校际交流制度，实行优质高中招生名额分配到区域内初中学校的办法，多种途径推进义务教育均衡发展”的专项改革试点地区。

成都市承担了9个国家级试点示范项目，着力推进成都市教育综合改革。它们分别是：由统筹处牵头的“国务院‘探索城乡教育一体化发展有效途径’的教育体制改革试点”和“教育部、四川省、成都市共建统筹城乡教育综合改革试验区”，由法规处牵头的“全国教育信息化试点城市”和“全国教育管办评分离改革试点单位”，由宣教处牵头的“全国心理健康教育示范区”，由督导办牵头的“全国中小学教育质量综合评价改革实验区”，由人事处牵头的“国家首批义务教育教师队伍‘县管校聘’管理改革示范区”，由职成处牵头的“国家现代学徒制试点单位”，由学前处牵头的“国家学前教育改革发展实验区”。成都市的教育综合改革，直接辐射到各区（市）县。武侯区作为中心城区之一，自然承担了多项综合项目，并以此推动我区教育综合改革发展的进程。

因此，武侯区的教育改革探索者得出如下结论：

以区域现代学校治理体系建设为载体，全面深入开展学校制度、人力资源、教学管理、德育管理、课程体系、内涵文化、质量监控、多元评价等重点领域的改革试验研究，科学构建现代学校制度、科学管理体系和多元评价体系，促进教育管理模式和学校内部治理结构创新，引导学校走内涵发展道路，提升学校办学质量和水平，创建优质品牌学校，

引领教育科学健康发展，整体提升区域教育质量。

可以看到，“两自一包”学校管理体制改革在全面深化阶段有了国家全面改革的宏大背景和深刻含义：将“两自一包”学校管理体制改革转化为政策话语，实质是“落实和扩大学校办学自主权”。深刻领会这一实质，就是要以国家治理体系和治理能力现代化统领教育治理体系和治理能力现代化，以教育治理体系和治理能力现代化统领管办评分离改革，以管办评分离改革统领宏观管理制度改革、现代学校制度建设和教育评价制度改革，构建高效、开放、科学、有活力的现代教育管理体制。

这些文字，表明了武侯区教育综合改革中，后来被命名为“两自一包”的学校管理体制改革，是武侯教育人寻求政策支持空间，立定政策站位，校准改革研究方向和走势的创新探索，展示了武侯区“两自一包”改革的政策“来处”。准确地讲，这是一种寻求政策支持的行动。



## 03 理论问诊：取向治理与人际关系的思想渊源

教育制度体现着它所处的时代和社会的特殊理念。

如果说政策引导了改革的方向和走势，那么与教育相关的理论则是改革的理论渊源。

根据后来区教育局综改办写成的相关文本，武侯区“两自一包”改革从理论上可寻求的思想支撑来自几个方面。

**一是治理理论。**

就本质上来说，治理也是政府多种管理方式中的一种。教育具有维护社会稳定的重要作用。过去，教育在一些国家的建立中也曾发挥重要作用，在社会发展日趋多元的今天，在政府职能的重新定位中，当前的教育管理改革也有重要价值。教育治理折射出面临知识经济以及信息时代的新的挑战，政府应转变治理方式，进行新的治理。

治理指的是各种私人的或者公共的机构对其所需要管理的公共事务进行管理时所采取的各种方式方法的总和。治理一方面包括各种被人们所认同的制度安排，另一方面也包括有权迫使相应主体服从的正式的规章制度。治理是缓解双方的冲突并采取相应的联合一致的行动的一个持续的过程。总的来讲，治理主要有以下四个特征：首先，治理实质上是一个过程，而不是一套规则或者一种活动；其次，治理并非一个主体对另一个主体的控制，协调是进行治理的基础；再次，治理不但涉及私人部门，也涉及公共部门；最后，治理是一种持续的互动，并非单次的动作。中央改变传统意义上的管理手段，推进治理体系和治理能力现代化，最主要体现在两个方面：一方面，重新审视并变革中央与地方的关系，中央对地方而言不再处于管理地位，而是赋予地方更多的权力，让地方拥有更多的决策权；另一方面，为了充分发挥民间组织的积极性和主动性，中央与社会之间应建立起良好的互动合作关系。治理不仅涉及对公共权力的合理有效配置，同时也涉及对公共权力的运作等问题。为了促进学校的和谐以及稳定，权力主体应通过对公共权力的配置以及运作，对相应的公共事务进行管理。



**二是公共选择理论。**

权力与利益往往相伴相生。权力与利益的关系涉及公共选择理论。公共选择理论作为一种政治经济学思想，兴起于20世纪60年代后期。公共选择理论提出了“理性经济人”的假设，即所有经济的当事人都希望最大限度地实现自身的利益，因此也都会尽可能地争取在付出最低成本的前提下实现最大的利益。所以，公共选择理论的前提就是利己主义。

生活中，教师往往被比喻为燃烧自己照亮别人的蜡烛以及辛勤的园丁，人们理所当然地认为教师是自我牺牲的典范。事实上，世人观念里的教师形象被过于理想化了。教师也同所有人一样是“理性经济人”，教师也需要追求自己的利益。教师所追求的个人利益中，也包含一定的物质利益。同时，世界各国教育赋权运动的实践中，赋予教师充分的自主权也是重要内容之一。教师要想实现自身的长远发展，

就需要拥有相应的自主权。教师这一角色在教育教学中始终处于课程设计、实施、评价这个系统过程的核心地位，长期的教学实践使教师成为最了解学生的人。然而，传统的课程决策模式中，教师大多被排斥于课程的决策和制定之外，只是作为课程实施者而发挥作用。这既使教学成为机械性的活动，也严重地禁锢了教师的思维，对教师的长远发展与学生的成长产生不利影响。因此，教师应获得充分的自主权力，成为课程决策的参与者。其实，教师的职业角色就决定了教师必须拥有更多的自主权，只有这样教师才能实现自身对各方面的利益追求。只有这些利益得以实现，教师的自我价值才能实现，由此，教育的价值也才能实现。虽然如此，但就本质上来说，教师所追求的利益与其他领域的"理性经济人"所追求的利益不同，教师所追求的利益是建立在无私的基础上的。

学生同教师一样也属于"理性经济人"，在接受教育的过程中也有自身的利益追求。学生一方面拥有受教育权，另一方面也拥有对学校、课程、教师以及相关资源等的选择权。基础教育阶段，我国学生的择校原则一般为就近入学；到了高等教育阶段，学校与学生的选择是双向的，学校可以按照一定的标准筛选符合条件的学生，而学生在达到一定标准的基础上，也可以根据自己的意愿行使选择权，选择自己想上的大学。同时，学生也应该参与课程制定，以利于课程内容贴近学生的生活实际。此外，知识权作为能够支配和使用信息的权力，也是权力的来源之一。如果一个人在其所在的团体中掌握了独特的信息，而这些信息又具有重要的地位，那么这个人就拥有相应的知识权。实质上，师生之间的关系也属于一种依赖关系。教师所拥有的知识权是一种文化资本，这种文化资本使教师成为知识的权威；相反，学生只有依赖于教师才能获得知识。基于这样的情形，师生之间形成了一种实际上的不对等的关系。由此，教师只有将知识的权威下移给学生，学生才有可能提升自己的权力和地位。学生所拥有的权力，除了法定的受教育权等，还包括师生对话以及和谐平等的师生关系等隐性的权力，这些隐性的权力，学生只有通过教师才能获得。

家长的权力也是教育权力的重要组成部分，参与教育有助于家长最大限度地实现自身的利益。家长可以参与学校的管理与课程决策。除了学校外，家庭也是学生活动的主要场所，家长应该积极参与学生教育，与学校和教师进行沟通，并为学校的良好发展提供建议。此外，家长参与教育还体现在选择学校方面。

**三是新公共管理理论。**

20 世纪 80 年代中期以后，欧美各国旧有的基于官僚科层制而实行的行政管理模式被逐渐废除，取而代之的是基于市场竞争机制的新公共管理模式。这一管理模式成为政府治理的一种新模式。新公共管理理论的目标是提高效能，促进经济发展。新公共管理改革有如下典型特征：其一，重建；其二，不断改进；其三，精简。

新公共管理理论的提出，也对作为公共管理的主要领域之一的教育领域产生了强烈的冲击。近年来，全球范围内的教育管理体制改革的核心就是实施教育赋权，以重建公共教育体制。教育赋权以新公共管理理论为理论基础。

**四是新制度经济学理论。**



新制度经济学是用主流经济学的方法分析制度的经济学。迄今为止，新制度经济学在发展过程中已形成交易费用经济学、产权经济学、委托 - 代理理论、公共选择理论、新经济史学等几个支流。产权理论实质上是一套激励与约束机制。影响和激励行为，是产权的一个基本功能。新制度经济学认为，产权安排直接影响资源配置效率，一个社会的经济绩效如何，最终取决于产权安排对个人行为所提供的激励。

制度变迁理论是新制度经济学的一个重要内容。其代表人物是诺斯，他强调，技术的革新固然为经济增长注入了活力，但如果人们没有制度创新和制度变迁的冲动，并通过一系列制度（包括产权制度、法律制度等）构建把技术创新的成果巩固下来，那么人类社会长期的经济增长和社会发展是不现实的。总之，诺斯认为，在决定一个国家经济增长和社会发展方面，制度具有决定性的作用。制度变迁的原因之一就是相对节约交易费用，即降低制度成本，提高制度效益。所以，制度变迁可以理解为一种收益更高的制度对另一种收益较低的制度的替代过程。产权理论、国家理论和意识形态理论是构成制度变迁理论的三块基石。制度变迁理论涉及制度变迁的原因或制度的起源问题、制度变迁的动力、制度变迁的过程、制度变迁的形式、制度移植、路径依赖等。在我国教育制度改革中存在很多难题和阻碍，借助新制度经济学的理论剖析中国教育制度改革本质，有助于选择合理的教育制度，满足培养人才的要求，从而促进优质公平教育的可持续发展。

**五是制度供给理论。**

制度供给理论是以科斯、拉坦与诺斯为代表人物提出的经典理论，他们运用个体主义的研究方法，根据交易费用范式，从人的有限理性的角度与主体创造性出发，建立起一个完整的制度供给理论。国内学者在对制度问题的研究过程中，主要运用集体主义的方法，重视分析国家及各级政府对制度供给的影响，并结合中国国情，秉承传统文化神韵，在批判与继承经典理论的基础上，进行了理论创新。

**六是分布认知理论。**

英国的斯皮兰、阿尔玛·哈里斯利用活动理论和分布式认知理论，从赋权学校领导的视角进行了探讨，认为赋权式领导的兴起代表了领导研究的一个重大转向，领导不再是组织顶端的唯一改革来源和理想的设计者。这类研究丰富了赋权式领导的理论，为学校的改革实践提供了有益的指导。

**七是现代学校制度。**

褚宏启教授从教育的本真是学生的发展出发，提出要建立现代学校制度，必须转变政府职能，落实学校的办学自主权。范国睿教授则从校本管理出发，提出现代学校制度是建立在有限责任政府基础上的学校自主制度。在学校作为法人的情况下，政府应当只对学校进行宏观调控，并通过以市场为主体的社会参与机制，使学校作为一个自组织从而表现出应有的活力。国家发改委宏观经济研究院社会发展研究所的潘华在《发达国家这样供给公共教育服务》一文中指出，"努力降低公共教育服务的供给成本，提高供给效率和质量"是中西方国家近年来供给公共教育服务的核心目的。顾明远教授提出了现代学校治理中的两个关键问题，即观念的转变和制度的保障，呼吁教育管理部门要相信学校，向学校放权，学校要向教师、学生放权。

国内外相关理论研究主要涉及三个方面：简政放权、制度供给和赋权学校。因体制不一样，我们要管办评分离，国外在进行“赋权学校运动”。国内相关研究几乎都围绕“依法治教，进一步理顺政府、学校和社会的关系，把管教育、办教育和评教育分开，形成合理的运行机制，各级教育管理部门对那些该管没管的要‘补位’，不该管的‘越位’的要‘归位’”等问题展开。武侯区所开展的“区域教育赋权学校的制度供给改革研究”的主要理论依据是：公共治理理论、人力资源管理（人力资本）理论、组织行为及理论等。

正是因为有了这些理论寻索，武侯区教育综合改革才有了实践逻辑支撑。

## 04 学习借鉴：经验的内化与创新



如果说胡平及川大附中西区学校对青岛经开区初级中学的学习借鉴是学校实践层面的改革实践经验汲取，那么武侯区对上海、青岛、潍坊等地的考察学习和反思，则是区域性教育改革实践经验的广纳博采。

“一直以来，我们潜心学习国家有关教育的法律法规，从《国家中长期教育改革和发展规划纲要（2010—2020）》，到《全面推进依法治校实施纲要》，对国家先后在不同时期颁布的5份国家层面的文件进行了仔细研究，深入解读了国家推进现代学校制度建设的相关文件，并逐步形成了‘落实和规范学校办学自主权，形成政府依法管理学校，学校依法办学、自主管理，教师依法执教，社会依法支持和参与学校管理’的格局的建设目标和内涵。同时，不断搜寻全国先行先试试验区的先进经验，积极探寻现代学校制度建设实践路径。”从2014年5月起，武侯区教育局就不断深入研究，先后开展的考察学习主要有以下内容。

考察学习山东省潍坊市落实学校办学自主权的经验，在很多方面获

得启示。如：明确职责权限，落实学校办学自主权。列出学校自主管理的5大类34项清单目录，全面落实校长负责制，把副校长提名、中层干部聘任等干部管理权，课程开发与设置、教学改革等教育教学管理权，学生综合素质评价、招生录取等学生管理权，师德考核、职称竞聘、评优树先等教师管理权，学校经费收支、资产管理等财产财务权，学校组织机构产生和重大事项决策权等，以清单的方式对学校职责权限予以明确。通过规范运行流程，把每项权力的行使细化到条、落实到款，责任到人，实现权责一一对应，同时建立起包含公众参与、专家论证、风险评估、合法性审查、集体研究决定、审核批准、结果公示等7个环节在内的权力运行的完整链条。按照“试点先行、逐步推进”的原则，对当年66所试点学校的自主管理事项全部实行清单管理，在此基础上在各级各类学校推开。

认真学习借鉴山东省青岛市、广东省佛山市顺德区的教育综合改革经验。如：青岛市将副校长聘任，内部机构设置和中层干部聘任，财政性经费预算管理、内部分配，招生和校企合作等人财物和教育教学管理四大方面14项管理权限下放给学校。顺德区下放转学、休学、复学审批权；下放人事管理权，试点校长组阁制；下放财务管理权，公用经费按生均标准下达学校，由学校自主编制预算。另外，在完善治理结构、激活校长队伍、促进社会参与等方面也形成了一系列鲜活经验。

考察学习上海市现代学校制度建设的经验。从2015年开始，上海将现代学校制度建设纳入更加全面、系统的管办评分离框架中。一是将学校置于改革举措和权力调整的“交汇点”。学校改革的核心是建设依法办学、自主管理、民主监督、社会参与的现代学校制度，重点是依法保障各级各类学校落实办学自主权，释放教育活力。主要做法是以学校章程建设为龙头，完成了全市中小学幼儿园章程的核准工作，确保实现“一校一章程”，同步开展学校内部制度体系的梳理修订工作。启动研制《上海市中小学校工作条例》，保障学校相关自主权。二是将第三方评价置于改革的“关键”位置。制定并开始施行《上海市教育督导条例》，完善教育督导与评价工作机制，增加“市场化”成分，培育和推动独立的第三方专业教育机构参与教育评估和监督。三是将重塑教育管理制度置于改革的“核心”位置，推动政府调整自身的职能。一方面是理顺关系、下放权力，由偏微观管理向宏观把握转变；另一方面是转变方式、加强监管，更多地运用综合政策工具（如法律、规划、经费、标准、监测、评价、督导）进行引导和问责。

武侯教育人在探寻中不断反思：政府既是改革者也是被改革对象，这个角色怎么才能扮演好？放权并不必然带来学校办学活力和实际成效，怎么引导学校加快成为真正独立的权责主体？社会组织发育还不够成熟，怎么提升教育评估的专业化水平和评估结果的社会公信力等？上海的经验反映出我国现阶段管办评分离的探索还远远没有形成可操作的、完整的解决方案。政府、学校、学校相关利益者之间权责划分和相互作用的实践样式还非常模糊，实践效果也缺乏证明。

现代学校治理在西方国家和我国的实践表明，两者都以“落实学校主体地位，激发学校办学活力”为价值追求；以完善“政府宏观管理、学校自主办学、社会有序参与”的治理格局为目标；以“放管结合，在构建合作服务关系的同时，加强绩效评价、问责和社会监督等”为策略工具，避免学校因固化的利益藩篱而失去质量改进的动力。从实践进展来看，尽管我国并不缺乏中央层面的政策鼓励，但由于既缺乏现实土壤和文化传统等支撑，又缺乏制度配套和可操作的具体政策支持，使得中央政策在地方层面的实际运行显得形式化。

成都市武侯区虽地处内陆，但武侯教育人求是创新、勇于改革探索的脚步从未停止。

早在2003年，武侯区就出台了《关于完善农村义务教育管理体制的决定》，提出“农村教育城市化、城市教育现代化、城乡教育均衡化，建一流教育强区”的奋斗目标，改革教育管理体制，实施城乡学校“捆绑发展”战略，全面提升区域教育城市化水平，推动了城乡教育一体化发展，在一定程度上促进了城乡教育的公平。具体做法：按照“以县为主”的要求，以学校管理权力结构的调整为核心，将原属乡（镇）管理的18所中小学划归区教育局直管，实现了农村中小学

行政管理权由乡（镇）向区（县）的转移。将城区 12 所品牌小学与 4 个乡（镇）的 12 所乡（镇）小学进行“捆绑”，实行“两个法人单位、一个法定代表人、一套领导班子，独立核算、独立核编”的管理机制。区内学校按照城乡搭配，被捆绑成了多个“联体”，区教育局以被“捆绑”的城乡学校发展情况为主要标准，考评城区对口学校，并在表彰时单设“城乡教育共同体”。在此基础上，不断探索扩大优质教育资源覆盖面的发展模式，通过“捆绑—松绑—脱绑”方式，最终使城郊学校实现了独立、自主发展；探索“行政互派、教师互动、学生互访”的“三互”捆绑帮扶发展、“城乡教育共同体”发展、强弱初中捆绑结对发展和公民办学校“松散”捆绑发展等多种模式，促进城乡学校一体化发展、城乡教育优质均衡发展，区域教育发展实力实现整体提升。

2009 年，由于在城乡教育均衡发展方面进行的有效探索，武侯区被中国教科院（当时为中央教育科学研究所）教育督导评估中心授予“全国区域教育发展特色示范区”称号，成为国内在城乡教育均衡发展方面具有示范意义的区县。尤其是武侯区采用的“城乡学校捆绑式评估”模式，备受专家们推崇。城乡学校“捆绑发展”留给我们四点启示：一是党委、政府高度重视，是推进城乡教育一体化发展的根本保障；二是形成合力，是推进城乡教育一体化发展的基本前提；三是创新管理体制，是推进城乡教育一体化发展的关键环节；四是建立长效机制，是推进城乡教育一体化发展的内在动力。

2012 年，武侯区教育的“高位均衡化”“全域国际化”等为区域教育注入新的活力。

找到区域教育改革在实践发展中的位置，就明确了“两自一包”学校管理体制改革研究的重心和着力点，即以“激发学校活力”为重心，在我国教育体制机制改革的政策框架内，借鉴西方国家及发达先进地区教育管理体制改革有益经验，探索出一条具有区域特色的现代学校管理体制建设之路。

## 05　顶层设计：坚定改革的自信与定力

武侯教育人深知，单项的、局部的改革难以从根本上解决教师资源的自我培育和专业化升级问题，因此，必须统筹推进各项改革，努力推动从单项改革向综合改革、从一般性改革向体制机制改革的转变。

在国家、省、市全面推进教育综合改革的大背景下，面对老百姓对优质教育的热切期盼，武侯区委、区政府审时度势，锐意改革，提出了要建设成为“成都一流，西部领先，全国知名”的教育现代化强区，以不断满足人民群众对优质教育的需要。区委深改办出台了系列改革举措，以加快推进武侯区教育综合改革进程。为贯彻落实区委深改办改革精神，区教育局以问题为导向，认真研判当前区域教育综合改革的形势，注重顶层设计，坚持重点突破，落实整体推进。

**一是以强有力的组织机构，确保改革的方向和坚强领导。**

武侯区委、区政府成立以区委书记为组长的区委深化改革领导小组和武侯区全面创新改革试验工作领导小组，同时成立以武侯区教育局党工委书记、局长为组长，教育局党工委委员、区教科院院长及分管副院长为成员的武侯教育综合改革领导小组。武侯区教育局又成立了教育综合改革领导小组办公室和“两自一包”学校管理体制改革工作指导小组。

学校管理体制改革工作指导小组下设制度建设组、经费指导组、教师招聘指导组、督导评估组、监察审计组，全方位、多角度护航改革顺利实施。武侯区坚持改革创新精神，建立部门联动机制，编制、人社、教育、财政等部门通力合作；建立改革台账制度，建立部门定期联系机制，召开教育综合改革工作推进会，检查改革工作推进效果，完善工作推进措施，深入共同研究，积极解决改革中面临的问题，务求改革时效，为改革提供保障。

**二是以有效的系统设计，促进具体项目改革向综合改革升级。**

早在 2014 年底，武侯区人民政府办公室就印发了《关于进一步加强武侯区学校体育工作的实施意见》（成武府办发〔2014〕68 号），

指导各学校培养"两强"武侯学子，发展"两优"学校体育，进而通过这一改革，推动学校整个课程体系的改革，完成立德树人根本任务。2015 年 4 月，出台《成都市武侯区教育局推进现代学校制度建设的实施意见》（武府教〔2015〕33 号），加快落实和扩大中小学校办学自主权。2015 年 10 月，区委深改办印发《深化区域教育综合改革 大力培育名师名校的实施方案》，这标志着武侯区教育由具体项目改革走上了全面综合改革的快车道。

为了优化推进路径，武侯区既自上而下推进综合改革，也鼓励条件成熟的学校先行先试，上下结合，共同发力。同时，武侯区人民政府与中国教科院签订合作协议，共建"教育综合改革实验区"。至此，武侯教育综合改革构建起了在国内教育领域最高科研院所指导下的区域教育综合改革机制与模式。2015 年以来，武侯区以深化与中国教科院共建"教育综合改革实验区"和"四川省区域教育综合改革试验区"的改革发展为契机，加强顶层设计，突出重点领域，突出改革力度，突出区域特色，积极推进教育管理体制、学校办学模式等方面实践探索，努力实现武侯教育的创新转型、提质增效。中国教科院派专家全程参与和指导武侯区的教育综合改革实验区建设工作。从 2015 年 3 月开始，先后调研中学师生 5000 余人，中小学幼儿园 50 余所，召开中国教科院、省市专家专题论证会 2 场，向全区中小学幼儿园征求意见 2 次，共搜集意见 300 余条，形成了由 1 个主体文本和 1 个附件组成，分为 6 个发展主题，12 项核心指标，20 个发展项目，58 个工作重点，130 项政策、举措、制度的高质量区域教育事业发展规划，为武侯区教育综合改革实验区建设提供了强有力的顶层设计。

具体提出三步走战略：一是试点阶段（2014—2015 年）。2014 年，武侯区委、区政府以新建的川大附中西区学校为试点，综合改革学校管理的"人权""事权""财权"，系统联动推进教育"管办评分离"、现代学校制度建设、教师"县管校用"的整体探索，初步构建起以"教师自聘、管理自主、经费包干"为基本做法，以扩大学校办学自主权为特征的学校管理模式。二是推广阶段（2016—2017 年）。2016 年，武侯区委、区政府加大构建新型政校关系、推进教育治理现代化力度，印发《在新建公办中小学（幼儿园）推行“两自一包”学校管理体制改革的实施方案（试行）》，在新建公办中小学（幼儿园）全面推广“两自一包”学校治理新模式。三是深化阶段（从2018年开始）。2018年2月，武侯区委、区政府印发《成都市武侯区在现有公办学校深化“两自一包”管理体制改革试点的实施方案》，决定在全区现有公办学校开展“两自一包”管理体制改革试点，开启区域整体实施现代学校治理的新征程。

**三是以重点突破、整体推进描述改革点面关系，聚焦重点领域。**

武侯区的教育综合改革，将重点突破与整体推进有机地统一起来，根据一定历史时期的重要任务和重点工作，实施相应改革。

2015年，武侯区发布《关于印发〈成都市武侯区教育局推进现代学校制度建设的实施意见〉的通知》（武府教〔2015〕33号）和《成都市武侯区教育局关于学校章程建设的通知》（武府教〔2015〕49号），从“放管结合、优化服务”“完善学校治理”和“促进社会参与”三个方面抓好10件事：一是公开教育局“权力清单”和“责任清单”；二是建立由行政人员、校长、专家、人大代表、政协代表组成的武侯区教育决策咨询委员会；三是推行校长职级制；四是落实和扩大学校发展规划权、教育教学管理权、教师及其他职工聘任权、副校长和中层干部选聘及使用权、学校经费包干支配权；五是建立学校办学水平综合督导评估、校长经济审计和教育法规专项检查相结合的监管机制；六是推进中小学幼儿园“一校一章程”；七是完善学校内部治理结构；八是建立社区教育监督员制度；九是完善家校合作制度；十是完善教育年度报告和学校年度报告公布制度。由此，武侯区构建起区域放管结合、优化服务、中小学幼儿园自主管理的制度体系。

同时，学校加快建立和完善现代学校制度。一是依法依章治校。依法制定具有自身特色的学校章程，凝练办学理念，突出办学特色，厘清自主管理、民主监督、社会参与的内部治理结构和制度。二是共同治理。即校长负责，“五会”议事，党支部委员会、教代会、学术委员会、校

务委员会、家委会各尽其责，落实分权治理、民主监督职责。三是结构扁平。学校将复杂的行政办公室、教导处、政教处、团委少先队、科研室、后勤处等传统部门，精简为学生发展、教师服务、课程教学三大中心，以及年级组（学部），实现事务性管理向学术性管理转变、指挥式管理向服务式管理转变。四是项目管理。把学校事务按照项目打包，公开征集执行团队，学校保障项目经费，并记录工作量，作为发放奖励工资的参考，从而调动每一位老师的积极性和创造性。

从 2015 年 3 月起，在全区小学 1 ～ 6 年级、初高中起始年级全面实行“每天一节体育课”。此举促使全区学校主动细化课程改革实施方案，通过设置长短课时、开办特色课程、调整课表安排等措施，全力保障体育课时，推动了课程改革进一步走向深入。同时，区教育局出台《成都市武侯区教育局推进现代学校制度建设的实施意见》（武府教〔2015〕33 号），深入推进“一校一章程”建设；着力优化学校内部治理结构，提高学校依法治校、科学治校、民主治校水平；落实和扩大学校办学自主权，积极建立和推进现代学校制度。从 2016 年 3 月起，根据区委出台的《关于在我区开展校长岗位职级聘任制工作的通知》（武委办发〔2016〕21 号）文件要求，在川大附小等 7 所试点学校试点实施校（园）长岗位职级聘任制。2016 年 4 月，区教育局转发《成都市武侯区人民政府印发〈关于建立名师优师专项奖励机制的试行意见〉的通知》，在全区推行名师优师专项激励机制等。这一系列配套措施的实施，为武侯“两自一包”学校管理体制改革提供了制度保障。

从 2016 年 3 月起，对改革试点学校进行了全面调查，全面了解试点学校教师发展状况和学生发展情况，对试点学校进行“两自一包”改革风险调查与分析，并聘请专业法律顾问团队对《成都市武侯区在新建公办中小学（幼儿园）推行‘两自一包’学校管理体制改革的实施方案》进行了法律分析和审查。

2016 年 5 月 17 日，成都市武侯区教育局拟定《关于提请审议在新建公办中小学（幼儿园）推行“两自一包”改革工作的请示》，申请自 2016 年 6 月 1 日起，将条件成熟的新建中小学及幼儿园纳入改革范畴，实施以“两自一包”为核心的“管办评分离”的教育综合改革。

2016 年 6 月 2 日，为贯彻时任市委书记唐良智“总结好试点经验，进一步完善并推广”和时任省教育厅厅长朱世宏“希望武侯区进一步扩展试点范围，不断总结积累经验，为进一步在全省探索和推广提供经验和借鉴”的指示精神，深化武侯教育领域综合改革，推广“两自一包”改革成果，武侯区教育局将《关于提请审议在我区新建公办中小学（幼儿园）推行‘两自一包’改革工作的请示》上报区政府。

**四是以系统总结、深化改革，将试点经验变为改革推进的认知基础。**

2016 年，成都市教育局、市委编办、市人社局、市财政局联合下发了《关于推广武侯区“两自一包”改革的通知》（成教办〔2016〕5 号）。武侯区加快推行步伐，在 12 所新建公办学校全面推行改革。举办新建校（园）长“两自一包”改革专题培训班，通过实地考察、理论解读、专家引领等多种方式边学边改，编制了“学校章程”“发展规划”“核心制度”等改革方案。为了深入推进“两自一包”改革，区教育局从 2016 年至今，组织了现场观摩研讨会 2 场，分 10 余批次组织校长、副校长、中层干部到北京、上海、青岛、广州等地考察学习，邀请中国教科院、北京师范大学、华东师范大学专家学者讲解阐述教育管理体制改革的思想理念、策略方法。

**五是以强有力的制度建设，为改革的规范性保驾护航。**

其一是建立决策咨询机制。围绕区域教育综合改革的问题，组织专家深入学校进行调研、广泛论证，提出一批具有较高质量的决策咨询报告；将学术交流成果上升为决策咨询建议，服务区域教育综合改革的科学民主决策，为改革的深入开展打下坚实的理论与实践基础。

其二是建立科学的制度供给机制。武侯区委、区政府高度重视教育综合改革制度供给建设。2015、2016 年两年间，区委、区政府先后召开 10 余次区域教育综合改革会议，主要领导和分管领导深入学校考察调研 20 余次，出台了《深化区域教育综合改革 大力培育名师名校的实施方案》（成武委改办〔2015〕8 号）、《关于在我区开展校长岗位职级聘任制工作的通知》（武委办发〔2016〕21 号）、《成都市武侯

区教育局区域教育综合改革工作方案》（武府教〔2016〕53 号）、《成都市武侯区在新建公办中小学（幼儿园）推行“两自一包”学校管理体制改革的实施方案（试行）》（武委办发〔2016〕75 号）等重要文件，不断完善区域教育综合改革的制度建设，从制度层面保障改革顺利进行。

其三是建立督导评估机制。建立健全由政府评价、学校自评、第三方教育评估机构和社会多方参与评估组成的多元督导评估评价体系，力保学校教育质量评价结果客观公正，进一步提升区域教育质量的社会公信力。

**六是以专业支持、科研引领，激发改革的热情和活力。**

2015 年 4 月，武侯区政府与中国教科院签订协议，武侯区成为中国教科院 20 个教育综合改革实验区之一。2015 年 9 月，在中国教科院的指导下，武侯区政府制定了《武侯教育综合改革实验区工作方案》，提出：加快武侯教育综合改革实验区“教育强区”发展战略建设，坚持“院区共建、整体推进、科研引领、创新发展”的方针，完善制度建设，创新工作机制，推出改革举措，打造品牌项目，建设资源平台，推进质量监测，深化区域教育综合改革，着力提高教育质量；力争在 2 ～ 3 年内，教育质量各项评价指标在成都五城区中有较大的提升，促进区域教育优质均衡发展，率先在西部地区实现区域教育现代化。武侯区与中国教育科学院的合作，共建全国教育综合改革实验区，建构起了在国内教育领域最高科研院所指导下的改革机制与模式。

武侯区在新建的川大附中西区学校试点实行“两自一包”的同时，为进一步科学专业地推进改革，区教育局成功申报了题为“区域教育赋权学校的制度供给改革研究”的课题研究。该课题是教育部立项全国教育科学规划重点课题，旨在在现代教育治理理念和现有的法律法规框架下，立足城市中心城区的区（县）行政区域，在区（市）县一级政府现行支付的教育成本的基础上，以“现实问题—制度供给”范式为总体思路，以区域内的改革试点学校为路径，通过调整教育的制度供给结构、制度供给策略、制度供给途径、制度供给方式、制度供给评价等，深入调查制度供给在现代学校治理体系中的运用情况，不断反馈制度供给的效能，总结和调整新的制度供给，不断推进教育管理权力在政府、学校和社会之间的重构与改组，并随着权力重心向学校的下移，教育管理权和学校办学权配置合理性的提升，总结出“制度供给—学校运用”的新模式，顺应教育主管部门和学校的关系，从而提升教育质量，追求教育公平。课题立项后，通过研究，充分关注试点学校实施“两自一包”学校管理体制改革以来学校发展、教师发展、学生发展的情况。

同时，开展题为“区域推进校长职级制的实践研究”的省级课题研究。按照省市提出的教育综合改革要求，结合武侯区实际，在西部、在成都率先试行校长岗位职级制改革，取消中小学校长的行政级别，推行职级制管理。以此为突破口，先行先试，深化中小学干部人事制度改革，通过研制武侯区校长职级等级的设置及评定标准，科学制定武侯区校长职级制实施方案；通过研制武侯区校长职级制科学运行保障机制，加强理论研究和实践探索，强化制度的顶层设计，建立以职级制为核心的特色鲜明的武侯区校长管理体系，提升武侯区校长的专业素养；通过研究提炼形成武侯区校长职级制经验，构建一种可资借鉴的制度安排，引导校长从“做官”向“干事”转变，实现专家治校、专家办学，全面提升学校的办学质量和育人效益，推动教育科学、有序、健康发展。

开展题为“中小学教师发展可持续动力体系构建的实践研究”的市级课题研究。针对教师经济地位偏低、评价机制不健全、发展环境亟须优化等问题，通过对武侯区教师发展状况的调查与政策分析，总结武侯区教师发展可持续激励机制相关实施办法，构建武侯区教师发展可持续动力体系实施方案，探索促进区域教师可持续发展的体制机制，不断生成区域教师发展的崭新动力，初步构建起可持续发展动力体系。

开展题为“从学生素质视角分析区域义务教育质量成因及其管控的实践研究”的中国教科院立项课题研究。该课题充分发挥中国教科院作为学术高地的智源优势，以此为抓手，完善武侯区教育质量监测体系，建立覆盖各校、各职能部门的质量监测信息网络平台；充分利用质量监

测数据，有目的地改进教学，有差别地考核绩效，有依据地科学决策；通过挖掘监测数据的信息，为区域教育综合改革提供技术支撑，从而促进区域教育现代化建设。

## 06 “改革”更“开放”：打磨品牌的厚度与亮度

“改革”与“开放”从来就是相伴而行的。

如果说武侯区教育综合改革中的政策研究、理论探索、经验汲取、顶层设计等内“功”是不外显的，那么内蕴武侯区教育综合改革理念和实践探索的川大附中西区学校的改革试点行动和取得的阶段性成果，则是外显的，时刻都在人们的目光所及之处。

武侯教育人深知，将试点学校的改革现状置于同行、领导机构、社会的关注之中，以开放的心态引发来自实地观察的声音，就会起到“如切如磋，如琢如磨”的效果，真正提升改革的亮度。

最初的关注者是媒体。媒体对川大附中西区学校的变化的关注，引发了人们对武侯区教育综合改革的关注。据不完全统计，迄今为止，国家、省、市各级各类媒体对川大附中西区学校的报道不下 100 次，而关于“两自一包”的网络信息，则有 280 余万条。来自各省市的参观、调研更是有数百起、数千人次。

让社会高度关注武侯区教育综合改革的重要事件应该发生于 2016 年 3 月 6 日，这天，全国“两会”在北京召开。全国政协委员、民进成都市委副主委、时任成都市武侯区分管教育的副区长杨建德提交了一份《关于实行中小学教师工资总额动态包干，学校自主分配的建议》的提案，建议设立教师工资指导线，同时实行学校经费包干制，提高教师的实际收入，增强教师对职业的认同感。这份提案引发了媒体关注。在接受媒体采访时，杨建德表示：教育改革的核心在人，只有将教师的工资待遇问题解决好，才能确保教育事业的健康发展。杨建德介绍说，目前中小学教师实行绩效工资制度，包括岗位工资、薪级工资、基础性绩效工资、奖励性绩效工资、极少量的津补贴。由于岗位工资、薪级工资、基础性绩效工资、津补贴都有国家统一的标准和发放办法，只有占总量15%左右的奖励性绩效工资由学校考核发放。大多数中小学校长和教师认为，现行工资制度难以发挥更好的激励作用。“教师工资的绝大部分与专业技术职务等级挂钩，难以完全反映教师的实际工作数量、质量和贡献，难免出现职称人人争、繁重岗位人人躲的现象。对于责任重、工作强度大的班主任、年级组长、教研组长、主科教师，学校往往拿不出更多份额去补贴或奖励。”

他建议，建立适应中小学特点的教师工资制度，扩大学校办学自主权，实行教师工资总额动态包干，学校自主管理分配，以充分调动教师的积极性。具体来说，县级人事、财政部门可依据学校类型，结合师生比、班师比核定学校的领导班子、教师以及后勤人员规模，按照教师平均工资水平应当高于当地公务员实际平均收入水平（可以明确一个比例，如高出5%或10%）的原则确定工资总量。在人事、财政部门核定的工资总量内，学校主管部门具体核定学校工资总量时，要合理统筹，实现同一县级行政区域学校绩效工资水平大体平衡。对基础薄弱的学校特别是条件艰苦的学校要给予适当照顾。工资总额实行动态包干，增人不增工资总额，减人不减工资总额，超支抵扣，结余自用。在包干总额范围内，学校具有相应的人事管理、分配自主权，治事用人相结合。学校与学校主管部门签订年度工资总额包干合同书，年末向主管部门提交工资包干实施情况自查报告，做到责、权、利相统一。

杨建德建议学校进行自主管理分配。即学校组织教职工共同制定岗位聘用、评价考核、工资分配和民主监督制度和实施方案，广泛征求专家意见，严格进行合法性论证；由学校教代会（大会）审议通过，报学校主管部门备案；学校依据实施的实际情况和效果，不断完善自主管理分配的教师工资制度。应强化岗位职责和业绩，淡化身份管理，可以“低职高聘”，也可以“高职低聘”，形成人员能进能出、职务能上能下、收入能高能低、充满生机和活力的用人分配机制。

此外，杨建德建议，由省级政府制定中小学教师最低工资指导线。按照国家教育纲要“加强省级教育统筹”的改革部署，进一步加大省级政府对区域内中小学教师工资的统筹。根据教育事业发展需要，结合本地经济社会发展和教师平均工资水平，合理确定中小学教师最低工资标准，保障教师生活。完善省对省以下财政转移支付体制，加大对经济欠发达地区的支持力度，依法保证教师平均工资水平不低于当地公务员的平均工资水平，并逐步提高。

2016 年 3 月 4 日下午，四川省教育厅厅长朱世宏、武侯区委书记巫敏陪同浙江省教育厅厅长刘希平一行参观考察川大附中西区学校。几位领导都对武侯区和川大附中西区学校的改革给予高度评价，刘希平厅长盛赞武侯区的这项改革“走在了全国的前例”，这让武侯区教育局备受鼓舞。

在送走了浙江省教育考察团之后，回到区教育局，潘虹主持召开总结会，对前一段时间各地到教育局、川大附中西区学校参观学习以及上级党委政府和相关部门领导在调研中提出的各种问题进行梳理和理性反思。大家对“这项改革”始终有些如鲠在喉，“这项改革”到底该如何言简意赅地表达出来？

同时，在接下来的全国“两会”召开期间，潘虹局长将带队到中国教育科学研究院和教育部教师工作司专题汇报武侯区在川大附中西区学校的改革情况，以期得到支持和指导，但是，如何精练、准确地为改革命名却成了摆在与会者面前的一道难题。

讨论中，时任区教育局党工委委员、副局长王小刚提出，成都市教育局人事处调研时总结的武侯经验为“经费包干、教师自聘、管理自主”，为什么不改一下顺序，变为“教师自聘、管理自主、经费包干”，简称为“两自一包”呢？

武侯区委教育工委委员，教育局党组成员、副局长王小刚

这一提议，立即让全体参会人员眼睛一亮，“‘两自一包’学校管理体制改革”就这样作为武侯区学校管理体制改革的内涵定义固化

下来了。同时，在总结反思的基础之上，参会人员建议应以区委、区政府的名义印发“两自一包”学校管理体制改革的文件，将改革成果固化下来，以利于在新建学校实施，以利于其他地区借鉴。这就是后来在2016年8月30日由区委办公室、区政府办公室印发的《成都市武侯区在新建公办中小学（幼儿园）推行“两自一包”学校管理体制改革的实施方案（试行）》。

“正是因为我们敞开胸怀，迎接观摩、考察、调研、学习等各方同仁，听取各种声音，并不断反思和凝练，才最终打磨出我们区域教育综合改革的亮度，并形成了独特的品牌！”潘虹部长在回忆时说道。

3月8日，《华西都市报》以《老师的工资怎么发？学校和校长自己定！》为题对杨建德在“两会”上的提案进行了报道，随即引起东方网、腾讯大成网、今日头条等十余家媒体的关注和转发。

随着川大附中西区学校改革试点的持续推进，各级各类媒体纷纷向武侯区教育局打听这新奇的教育机制体制改革模式。为引导与促进媒体进一步深入了解川大附中西区学校改革试点情况，武侯区教育局在区委、区政府的支持下，决定于2016年3月15日在川大附中西区学校召开一次专题新闻通气会，推广川大附中西区学校的改革模式。

2016年3月15日，武侯区教育局在川大附中西区学校召开教育综合改革新闻通气会

## 07 凝练内涵：形成“两自一包”的话语体系和知识产权

武侯区“两自一包”学校管理体制改革，全面贯彻落实党中央在十九大报告中提出的“不断推进国家治理体系和治理能力现代化”，“构建系统完备、科学规范、运行有效的制度体系”的改革要求，以学校管

理体制改革为重心，以学生、教师、学校发展规律为遵循，打破体制壁垒，扫除身份障碍，让一切创新创造的活力充分迸发，从而构建完善现代学校制度，扩大改革受益面，促进区域教育“百花绽放、百舸争流”氛围的形成。

武侯区组织相关人员，从课堂研究入手，对“两自一包”的内涵进行了基本词汇凝练，使“两自一包”这张武侯教育的亮丽名片，有了独特的话语体系。

**一是解读关键词。**

明确“两自一包”是“教师自聘、管理自主，经费包干”学校管理体制改革的简称。

**二是明确“两自一包”要解决的突出问题。**

“两自一包”学校管理体制改革要解决的突出问题体现在七个方面。

其一，政府缺编制的问题。对于一所新建学校，除几名管理团队成员外，绝大部分教师都是无编制的教师，以此打破传统的公办学校的教师必须有编制的局面。

其二，学校无法自主招考教师的问题。近10年来，武侯区公办学校招聘公办教师按照“凡进必考”的原则，考试第一关——笔试的主导权已从区级上收到省级，学校几乎没有话语权。此方法在形式上体现了对考生的公平，但是在学校教育教学实践中普遍反映按此方法招聘的教师问题很多，这对学生而言又不公平了。因此，要通过改革将招考教师权赋予学校，解决这一问题。

其三，学校对教师无法真正按照聘用合同进行管理并实现教师有序退出的问题。传统的公办学校对教师是按身份进行管理的，一般认为公办教师这一职业是稳定的，公办学校几乎无淘汰机制，因此对公办学校教师的管理也是非常困难的。

其四，教师绩效工资存在激励和约束的杠杆作用太小，形成新的“干多干少一个样，干与不干一个样”的“大锅饭”问题。学校根据经费包干的原则，在充分保证学校常态运转的情况下，依法自主预算教师的人员经费，依法自主建立工资、“六险一金”、绩效工资等管理办法。

其五，指导并监督学校按照现代学校制度基本构建起学校利益相关各方参与的“共同治理”体系。

其六，基本构建起政府、学校、第三方教育评估机构和社会多方参与的评价体系。

其七，教师管理改革的实质性突破。“两自一包”中的“教师自聘”，是学校按照标准自主聘用教师、自主管理并自主安排岗位，实行“校管‘部’用”，学校依法自主聘用和依法解除合同。“两自一包”试点学校的“教师自聘”则是对新的公办学校的非编制教师的使用和管理方式，“县管”教师职数，“校聘”非编制、非“铁饭碗”教师，以彻底打通教师“进”与“出”的通道，实现“县（区）管校聘”的真正内涵和真实意图。

**三是解读“两自一包”学校管理体制改革的具体内涵。**

“两自一包”学校管理体制改革的具体内涵体现在三个方面。

其一，理顺政府与学校的关系，转变政府职能。（1）实行学校“管理自主”。结合政府职能转变和简政放权，深化“放管服”改革，将原来由武侯区教育局管理的学校发展规划、教育教学管理、课程设置开发、教职工聘任、中层干部选聘、学校经费支配等权力交给学校，将教育局履职重心转移到统筹规划、政策引导和监督管理上。（2）建立核心团队。教育局根据学校需要，选派含校长在内的5名党员干部作为核心团队到改革学校开展工作，确保党组织政治核心作用的发挥。（3）深化内部治理。学校按照“决策”“执行”“监督”分离原则，建立党支部委员会、校务委员会、教职工代表大会、学术委员会、家长代表大会“五会”议事制度。

其二，优化用人机制，学校“自主招聘教师”。（1）实行学校“教师自聘”。学校根据工作需要和人力资源标准，自主设定岗位、制定人员招聘方案，报教育局备案。审批后，学校按照“公布招聘信息—接受报名—资格审查—笔试、面试、体检—岗位聘用—签订劳动合同”的流程，由校长牵头、学校多部门共同参与完成教师招聘，学校纪检部门实施过程监督，确保公平公正公开。（2）构建学生发展中心、教师服务

中心、课程中心、学部运行体系，探索教师岗位聘用和多层面薪级奖励机制。设立中心、学部岗位，教师自主竞聘、民主选举，学校依法管理，对教师实现由身份管理向岗位管理转变。（3）实行合同管理。建立"长期合同""短期合同"制度，建立"约谈提醒—帮扶整改—依法退出"机制。（4）依法保障教师权益。教师工资、六险一金和特殊津补贴由财政全额保障，有效提升教师幸福感、获得感。

其三，保证经费合理使用，强化经费预算。（1）实行学校"经费包干"。经费分包干经费和项目经费。包干经费由生均公用经费总额和教师人员经费（按师生比核定）组成。参照同类公办学校近3年来生均公用经费和教师人员经费总额实际支出数进行测算，根据学校实际，按年度一次性打包划拨到学校，由学校自主管理使用。（2）实行"全员预算"，充分保障学校教职员工对经费的预算权和支配权。（3）实行项目管理，调动每一位教师工作的积极性、主动性和创造性。（4）严格审计。学校对经费使用情况一月一公示、一季度一汇报，教育局委托第三方审计机构一年一审计。



**四是赋予"两自一包"改革目标。**

"两自一包"改革的具体目标体现在五个方面。

其一，创新管理体制改革，激发区域办学活力，提升教育教学质量。拟通过在全区现有公办学校开展"两自一包"管理体制改革试点，"摘掉"教师的"公家人身份"，打破公办学校"大一统工资模式"，构建一个开放、竞争、高效、自主的"学校现场"。在这里，每个人都能找到一个"最少障碍、最低干扰、最小浪费，实现自己精彩"的环境，教师职业动能和学校发展活力能得到充分的激发和提升。

其二，完善教师职称岗位设置办法，提升教师的幸福感和获得感。愿意参加改革的在编教师签订《自愿参加"两自一包"学校管理体制改革协议书》，"锁定身份"，将在编身份、工资级别、职称等放入档案，只作为档案依据，职称、工资级别正常晋升，工作年限正常计算。在编教师在改革学校工作期间，签订工作岗位聘用合同，根据学校薪酬方案兑现待遇。根据国家规定的师生比，核定改革学校教师规模控制数，依据教师规模控制数的80%并按照职称结构比例进行职称岗位设置，确定岗位数量。改革学校组织教师全员参与学校职称岗位竞聘，在编教师获聘后，根据相关规定在档案中调整待遇标准。

其三，畅通“出”与“入”的管理机制，科学配置教师资源。在编教师在改革学校工作岗位的聘用合同期满后，以“自愿续聘、双向选择”原则，选择继续留在改革学校任教或交流到非改革学校任教。若继续留在改革学校任教，达到退休年龄时，按照事业单位人员办理退休手续。若选择交流到非改革学校，则解除身份锁定，按现行事业单位聘任制管理。若改革学校终止改革，对在编教师解除身份锁定，按现行事业单位聘任制管理。

其四，构建起以共同治理为核心的现代学校制度。学校实行扁平化管理，建立“小中心、大学部”和“五会”议事制度，以共同治理为核心推进现代学校制度建设，破解“事权”困局。

其五，完善评价方式，促进区域教育高位均衡发展。制定《“两自一包”改革试点学校综合督导评估办法》，每年对改革试点学校进行一次办学水平专项督导评估。构建起政府、学校、专业机构、社会组织多元依法参与的教育评价体系。

事实上，武侯区教育综合改革建立在以川大附中西区学校的改革试点行动为先导并获得成功的基础上，武侯区“两自一包”学校管理体制改革项目的内涵，体现了这项改革的自信与定力、思谋与成熟。

习近平总书记在论述改革方法时强调，“要按照已经认识到的规律来办，在实践中再加深对规律的认识，创造可复制、可推广的经验和制度，而不是脚踩西瓜皮，滑到哪里算哪里。”

改革是“坚持顶层设计”和“摸着石头过河”的良性互动。

从某种角度讲，真正把“管办评分离”引入对政府、学校、评价机构的关系设计，是当今区域教育改革落地的支撑点。

当今国家层面的教育改革胶着在“管办评分离”的时代台账上，与之相并行的，是“放管服”改革的进一步推进。

二者都有“管”。

“管办评”中，“管”什么？怎么“管”？“管”与“办”“评”，“办”与“管”“评”，“评”与“管”“办”究竟存在怎样的关系？

“放管服”中，“放”什么？怎么“放”？“放”与“管”“服”，“管”与“放”“服”，“服”与“管”“放”又是怎样的关系？

破解这些关系，本身就是改革。

因为，关系的调整本身就是改革，改革往往也是关系的调整。

# 第三章 管办评分离的实践与探索

DISANZHANG

GUANBANPING FENLI

DE

SHIJIAN

YU

TANSUO

回顾我国教育管理体制的发展轨迹，从新中国成立到20世纪80年代前期，我国的基础教育管理体制经历了多次调整和变动，但基本实行的是“统一领导、分级管理”体制，这与当时高度集中的计划经济体制相适应。然而，这样的垂直式管理，实际上使得地方的分级管理并没有得到充分兑现。计划经济下的学校管理体制有其优点，如高度集中和统一，要求规范、明确；但缺点也十分突出，如学校依附教育行政管理部门，缺少与其他社会系统的互动和协调，没有办学“自主权”，缺乏办学特色。这与我国幅员辽阔，地区间经济、文化条件极不相同，教育人口不一、教育资源有别等区域教育实际情况极不适应，尤其是不能适应社会发展对人才培养多样化、个性化的现实需要。

改革开放以来，基础教育管理体制改革大致经历了五个阶段：拨乱反正，教育制度的恢复与重建（1978—1984年）；改革教育体制，教育制度变革的部署与展开（1985—1991年）；探索市场机制，以制度变革促进教育事业发展（1992—2002年）；从效率走向公平，教育制度变革的调整与持续（2003—2009年）；深化教育领域综合改革，基于教育治理现代化的教育制度变革（2010年至今）。

教育管理牵涉到学校办学、教育行政部门管理、学校办学质量评估等具体事务。

党的十九大以来，我国社会主要矛盾已由改革开放之初的“人民日益增长的物质文化需要同落后的社会生产之间的矛盾”转化为中国特色社会主义新时代“人民日益增长的美好生活需要和不平衡不充分的发展之间的矛盾”，表现为人民美好生活需要日益广泛，不仅对物质文化生活提出了更高要求，而且在民主、法治、公平、正义、安全、环境等方面的要求日益增长。

在教育领域，这一新的矛盾表现为人民群众接受优质教育的需求与教育发展不平衡不充分之间的矛盾。

办人民满意的教育，办公平而有质量的教育，成为时代、社会所需。

2013年，《中共中央关于全面深化改革若干重大问题的决定》提出：“深入推进管办评分离，扩大省级政府教育统筹权和学校办学自主权，完善学校内部治理结构。强化国家教育督导，委托社会组织开展教育评估监测。健全政府补贴、政府购买服务、助学贷款、基金奖励、捐资激励等制度，鼓励社会力量兴办教育。”2015 年 5 月，《教育部关于深入推进教育管办评分离 促进政府职能转变的若干意见》提出：“到 2020 年，基本形成政府依法管理、学校依法自主办学、社会各界依法参与和监督的教育公共治理新格局，为基本实现教育现代化提供重要制度保障。”2017 年 9 月，中共中央办公厅、国务院办公厅印发《关于深化教育体制机制改革的意见》，提出深化教育体制机制改革的主要目标：“到 2020 年，教育基础性制度体系基本建立，形成充满活力、富有效率、更加开放、有利于科学发展的教育体制机制，人民群众关心的教育热点难点问题进一步缓解，政府依法宏观管理、学校依法自主办学、社会有序参与、各方合力推进的格局更加完善，为发展具有中国特色、世界水平的现代教育提供制度支撑。”

与传统的以管制为表征的教育管理体制相比，以管办评分离、放管服结合为表征的教育治理体系现代化建设具有严密的制度逻辑。教育治理体系现代化的核心是理顺教育系统诸要素之间的关系，激发各要素的活力，从而激发整个教育系统的活力。

《关于深化教育体制机制改革的意见》指出：“深化教育体制机制改革的基本原则是：（一）坚持扎根中国与融通中外相结合。继承我国优秀教育传统，立足我国国情，遵循教育规律，吸收世界先进办学治学经验，坚定不移走中国特色社会主义教育发展道路。（二）坚持目标导向与问题导向相结合。坚持以人民为中心，着眼促进教育公平、提高教育质量，针对人民群众反映强烈的突出问题，集中攻坚、综合改革、重点突破，扩大改革受益面，增强人民群众获得感。（三）坚持放管服相结合。深化简政放权、放管结合、优化服务改革，把该放的权力坚决放下去，把该管的事项切实管住管好，加强事中事后监管，构建政府、学校、社会之间的新型关系。（四）坚持顶层设计与基层探索相结合。加强系统谋划，注重与《国家中长期教育改革和发展规划纲要（2010—2020 年）》等做好衔接。尊重基层首创精神，充分调动地方和学校改革的积极性主动性创造性，及时将成功经验上升为制度和政策。”

无疑，管办评分离加大了学校办学的责任，同时在教育事务管理过程中，通过清单管理的方式，把政府该管的管住，把该放给学校的教育权力放给学校，使政府以教育标准体系建设引领教育事业发展，促进学校依法自主办学，同时加强教育事业发展过程中的事中事后监管。

而放管服则是进一步使政府放权，在清单管理和服务教育凸显教育的国家意志前提下，营造办学的专业化、民主化和社会服务化空间。

考察武侯区“两自一包”学校管理体制改革创新模式，其实质是深化教育领域综合改革，坚持“管办评”分离是“放管服”改革的具体体现，是新时代全面贯彻党的教育方针，坚持社会主义办学方向，充分尊重教育发展规律，破除制约教育事业发展的体制机制障碍的“破冰”之旅。从某种角度讲，“两自一包”本身是一种管办评分离的实践与探索。

## 01 划清“管”的边界，导航“简政放权”后学校办学方向

只有真正实现“管办评”分离，才可能有“放管服”的展开。

从某种角度讲，“两自一包”诞生于管办评分离的区域试点行动。

2015 年 5 月，教育部发布了《关于深入推进教育管办评分离 促进政府职能转变的若干意见》（以下简称《意见》），其中提到：“推进管办评分离，构建政府、学校、社会之间新型关系，是全面深化教育领域综合改革的重要内容，是全面推进依法治教的必然要求。”

《意见》还从行政、办学和评价三个方面提出了推进管办评分离的具体路径和办法。

2015 年 7 月，教育部办公厅发布《教育部办公厅关于组织申报教育管办评分离改革试点的通知》（以下简称《通知》）。同年 9 月，教育部确定了 8 个教育管办评分离改革综合试点单位、4 个单项试点单位。管办评分离的提出，标志着我国教育管理体制改革进入教育治理改革的新阶段。

武侯区进一步将以上两个文件中关于管办评分离的意见和要求解读为：管办评分离是教育管理向教育治理改革目标迈进的深刻反映，其实质就是厘清三者各自的职能，界定好管、办、评三方的职权范围，明

确三类主体各自“做什么”的问题，并按照依法治理的要求，理顺管、办、评三方面的法律关系。

而依据当时的条件，武侯区认为，区域实现管办评分离，其核心是“管”与“办”之间的权力边界划分，也就是《意见》中提到的“提高政府效能、激发学校办学活力、调动各方面发展教育事业的积极性，必须深入推进管办评分离，厘清政府、学校、社会之间的权责关系，构建三者之间良性互动机制，促进政府职能转变”。

“管什么”和“怎样管”，是划定“管”方权力边界的两个核心。

武侯区认为，“管什么”是政府职能赋予的，是“办”赖以生存的空间，“怎样管”是履行政府职能的策略和能力。“办”在“管”的空间内行使权力，“办”的权力构成是教育专业化水平的充分运用。

“管”与“办”之间的权力边界划分的实质则是“简政放权”。

在川大附中西区学校推行“两自一包”改革试验，本身就是将“管”“办”各自的权限区划开来，赋予学校办学自主权，明晰权责界限，做到职责分明。同时，在“办”的权限范围内，武侯区又以文件的形式，要求学校将政府“放”的权力用好，使“管”在学校构建以“共同治理”为核心的内部治理结构和作用效应的关键处发挥作用，“管”在应该“管”之处，“管”在必须“管”之处，促进“管”对“办”的自主权限的宏观调控与方向引领。

2019年，武侯区“两自一包”改革备受关注，国务院副总理孙春兰为之专门作出批示。武侯区在孙春兰副总理批示精神激励下，再次进行总结反思，进一步研究制定了《“两自一包”学校“三张清单”管理办法（试行）》（以下简称《办法》）。

《办法》明确指出，区教育局作为行政主体，应做到“法无授权不可为，法定职责必须为”；实行“两自一包”改革的学校在法律规定范围内行使权力、履行职责、自主管理，在大胆创新的同时严格遵守“负面清单”制度，不入管理“禁区”。

区教育局的“三张清单”，即在“两自一包”学校管理工作中，可行使下列权力：保证学校的社会主义办学方向、政治站位、思想认识等，全面加强党的领导；保证学校在法律规定范围内办学；保证学校的人民

性、公益性；保证国家的基本教育制度在学校的贯彻实施；对学校及其教师违法违规行为进行调查处理；对招生入学考试中的违法违纪行为进行调查处理；对学校开展督导，评价学校教育教学管理活动质量；对依法办学、自主管理工作突出，取得显著成绩的学校实施奖励；评选表彰优秀教师或优秀教育工作者；对义务教育阶段学生因身体状况延缓入学或休学进行审批；对义务教育阶段新生入学、学生转学进行审核；法律法规规定的其他权力。

同时，在“两自一包”学校管理工作中，武侯区教育局从宏观上对学校的管理进行统筹和指导，保证党和国家的路线方针政策在学校贯彻实施，并严格履行下列职责：完善“两自一包”改革各项管理制度，指导学校改革工作的推进；尊重并保障学校独立法人地位，保障学校合法权益；指导学校完善章程建设，完善与章程配套的各项规章制度；测算学校年度包干经费，统一划拨至学校，并对其经费使用进行事中、事后监管；任免校长、副校长等学校领导班子成员，按规定对其进行考核；对学校内部竞聘产生的中层干部进行备案；核定学校校聘教师规模控制数，指导学校与教师签订劳动合同；组织制定入学、招生政策和计划；统筹学校教育教学管理工作；统筹学校的政治思想、品德、安全、体育、卫生、艺术、国防教育和精神文明建设等工作；定期对学校安全、卫生等进行检查，并督促学校整改落实；指导并监督学校的国际交流与合作；其他应当由教育行政主管部门负责的事项。

在统筹和领导学校教育事业的过程中，区教育局不得有下列行为：义务教育阶段不得设重点学校和非重点学校；不得侵占、挪用学校的“包干经费”；不得侵犯学校的合法权益；不得以行政命令等方式干涉学校自主招聘教师；不得干涉学校依法依规通过的教师薪酬分配方案；不得干涉学校必需的内部机构设置；不得干涉学校的正常教育教学活动；不得干涉学校符合规定的其他自主管理活动；法律法规规定的其他禁止性行为。

学校的“三张清单”，即实行“两自一包”改革的学校在法律规定范围内行使下列权利：按照章程自主管理，制定并组织实施学校发展规划方案；组织教育教学管理，开设特色课程；按规定招收学生，对学生进行管理、评价，实施奖励或者处分；对学生颁发相应的学业证书；自主设置学校内部机构；自主选聘中层干部；自主聘任教师，对其进行考核评价，实施奖励或者处分；建立健全教师管理制度，完善教师准入、退出机制；制定科学合理的教师薪酬分配方案，提高教师待遇，激发教师活力；管理、使用学校的设施设备和经费；拒绝任何组织和个人对教育教学活动的非法干涉；法律法规规定的其他权利。

“两自一包”改革学校实行校长负责制，各学校依法自主管理具体事务，履行下列职责：完善学校章程，根据章程完善与章程配套的各项制度；合理使用“包干经费”，每年聘请第三方审计机构对经费使用情况及经济活动的合法性、真实性进行内部审计，并将审计报告交区教育局备案；按国家规定开足开全课程及课时，保证教育教学质量；建立健全安全、应急等制度，开展安全教育，保障校园安全；加强教师专业能力及师德师风培训，提升教师职业能力和职业素养；通过教代会或者全体教职工会等形式，保障教职工参与民主管理和民主监督；做好校务公开；通过各种途径，保障教师和学生的合法权益；管理并合理使用学校的校舍及其他设施设备，保障国有资产安全完整；以适当的方式为学生及其监护人了解学生的学业成绩及其他情况提供便利；聘请法律顾问对学校自主管理活动提供法律支持，保障依法治校；全面加强基层党组织建设，落实管党治党政治责任；其他应当由学校履行的职责。

学校在办学过程中，不得有下列行为：自主管理活动不得违反国家法律，不得违背党和国家大政方针政策；不得选用未经审定的教科书；不得采取违背少年、儿童身心发展规律，损害少年、儿童身心健康的教育教学方式；义务教育阶段不得分设重点班和非重点班；无正当理由不得拒绝适龄儿童入学，不得开除义务教育阶段学生；不得聘用未取得教师资格证的人员担任教师；不得聘用曾经因故意犯罪被依法剥夺政治权利或者其他不适合从事教育工作的人担任工作人员；不得聘用未取得相应资质的人员担任医师、保健员、保育员等；不得聘用不适合从事学校（幼儿园）工作的传染病、精神病患者；自主聘用教师过程中不得有徇私舞弊等违法违纪行为；不得违反规定招收学生；不得违反国家规定巧立名目乱收费；不得以向学生推销或变相推销商品、服务等方式谋取利益；不得歧视、体罚、变相体罚学生，不得以其他侮辱人格尊严的行为侵犯学生合法权益；不得克扣教师工资福利和社会保险待遇；不得损害浪费国有资产；法律法规规定的其他禁止性行为。

围绕管办评分离改革，武侯区持续推进“管”的转型。首先是管理主体观念的转变，具体来说也就是从教育管理向教育治理转变，强调管理主体的多样性，治理的法治化、民主化，关注利益相关者的诉求，通过协商、对话的途径实现教育发展的目标。其次是简政放权，也就是政府及教育行政部门主动放手一些“不该管”“管不好”的领域与职能，对凡是可以下放又能事后监管的权力要一律下放，在合理范围内扩大学校的办学自主权，切实增强学校的办学积极性和创造性。再次是转变政府职能，也就是从过去的管控向服务、协调、规划、支持、监督转变，中央政府主要负责宏观决策，地方政府负责规划、协调、服务。最后是转变管理方式，也就是改变过多依赖行政命令手段来管理学校的做法，扭转官僚主义作风，改变直接管理学校的单一方式，综合应用立法、拨款、规划、信息服务、政策指导等措施，减少对学校不必要的行政干预，避免以管代评或以评代管，优化宏观管理。

在“办”的方面，也持续推动转型。首先，学校必须是自身发展规划的设计者，根据已有办学规模和特色发展自身优势，以特色立校。其次，学校作为办学主体，肩负着执行各项办学理念、实现办学目的的责任，对课程建设、教育教学、人才培养等具有相对的自主权。最后，创新管理方式和管理手段，尊重办学规律，尊重学生和教师的个性发展，为师生的创新、生命的发展创设公平、公正、和谐的文化氛围。

在“评”的方面，也要实现转型。“评”即评价，要通过科学的监测，为改进教育教学、管理和决策提供依据。“评”的转型主要是解决政府既管理教育又主导教育评价的弊端，改变过去以政府督导评估为主的局面，构建社会各方共同参与的多元教育评价体系。在这个评价体系中既包含政府督导部门，又包含社会第三方评估机构。

明确“管”的边界，做实“管”的内涵，核心是定位“办”的方向。武侯区在以“管”定位“办”的方向上，主要突出三点。

**一是坚持社会主义办学方向。**

坚持社会主义办学方向，就是把“培养什么样的人”“为谁培养人”和“怎样培养人”的教育基本问题作为学校教育的基本办学视点，与党的教育方针“培养德智体美劳全面发展的社会主义建设者和接班人”相结合，把全面落实立德树人根本任务落到实处。这是以“管”定“办”的核心。

为此，武侯区要求各级各类学校必须坚持社会主义办学方向，把坚持社会主义意识形态作为根本特征，牢牢把握学校意识形态工作领导权、管理权、话语权，坚持马克思主义指导地位不动摇，坚持不懈传播马克思主义科学理论，抓好马克思主义理论教育，为学生一生成长奠定科学的思想基础。同时，要把理想信念教育放在首位，牢固树立共产主义远大理想和中国特色社会主义共同理想；要加强中华民族伟大复兴中国梦教育，“青年一代有理想、有本领、有担当，国家就有前途，民族就有希望”；要把培育和弘扬社会主义核心价值观作为凝魂聚气、强基固本的基础工程，把社会主义核心价值观融入国民教育全过程，落细、落小、落实，入耳、入脑、入心，让核心价值观的种子在少年儿童心中生根发芽，引导广大师生做社会主义核心价值观的坚定信仰者、积极传播者、模范践行者；要推动中华优秀传统文化创造性转化、创新性发展，继承革命文化，发展社会主义先进文化，不忘本来、吸收外来、面向未来，更好地构筑中国精神、中国价值、中国力量，为人民提供精神指引；要把中国特色社会主义道路自信、理论自信、制度自信、文化自信转化为办好中国特色、世界水平的现代教育的自信。

**二是坚持党对教育事业的全面领导。**

习近平总书记在全国教育大会上发表重要讲话，从党和国家事业发展全局出发，突出强调了加强党的领导对于做好教育工作的重要性，对加强党对教育工作的全面领导提出了明确要求，为加快推进教育现代化、建设教育强国、办好人民满意的教育指明了正确政治方向，提供了根本遵循。

武侯区要求各级各类学校必须加强基层党组织建设，以党建为核心，促进教育工作的全面开展，同时引导武侯区教育改革和发展方向。要求学校牢固树立“抓好党建是本职、不抓党建是失职、抓不好党建是不称职"的责任意识，把抓好学校党建工作作为办学治校的基本功，坚定不移地把党的政治领导、思想领导、组织领导贯穿到教育教学全过程，坚定不移地把党的教育方针全面贯彻落实到各方面，在把方向、管大局、作决策、抓班子、带队伍、保落实上更好地发挥重要作用，以理想信念塑造挺拔灵魂，以爱国情怀激荡精神力量，以品德修养筑牢价值基石，以知识见识锤炼本领，以奋斗精神铸就青春底色，以综合素养书写精彩人生，全面落实立德树人根本任务。依托学校党组织监督学校"三重一大"事项，推进基层党建与课程改革、德育工作、师德建设有机结合，促进教育教学发展。

教育肩负着培养社会主义建设者和接班人的根本任务，承担着培养一代又一代拥护中国共产党领导和我国社会主义制度、立志为中国特色社会主义事业奋斗终身的有用人才之重任，学校要关照学生、服务学生，不断提高学生思想水平、政治觉悟、道德品质、文化素养，坚持宣传教育、示范引领、实践养成相一致，政策保障、制度约束、道德规范相衔接，在贯穿结合融入上下功夫，在落细落小落实上下功夫；坚持不懈推动思想政治工作创新，善于运用新媒体新技术，不断增强思想政治工作的时代感和吸引力；落实意识形态责任制实施办法和网络舆情应急处置预案，分析、研判、强化新形势下学校意识形态工作，严防各类敌对势力侵蚀校园师生，牢牢掌握学校意识形态工作的领导权、管理权、话语权。

同时要求，各级各类学校尤其是"两自一包"改革试点学校还要在党建工作引导下，完善校务委员会、教代会（或教职工大会）、学术委员会、家长委员会及其议事规则，规范民主决策的程序，激发广大教职工参与学校发展的积极性，调动利益相关方依法参与学校事务。

**三是坚持提供公平而有质量的教育。**

国务院总理李克强在第十三届全国人民代表大会第一次会议上向大会作政府工作报告时指出，"发展公平而有质量的教育"，"要办好人民满意的教育，让每个人都有平等机会通过教育改变自身命运、成就人生梦想"。实际上，这也是"两自一包"学校管理体制改革的根本目的。

武侯区在2014年已基本实现了义务教育阶段校际均衡目标，从政府供给教育资源的角度看，武侯区已实现了教育公平的目标。但是，“发展公平而有质量的教育”已赋予教育新的内容：“树立科学的质量观，把促进人的全面发展、适应社会需要作为衡量教育质量的标准。”因此，武侯区站在新起点上，对资源供给、制度供给、文化供给提出了新的要求。比如：教学方式的变革，需要尽量采用小班教学，或者需要全面交互式的教学场景，那么教室够不够？信息化基础设施建设是否跟得上？这些是资源供给方面的问题。选课制、走班制对现有教师结构调整和教师数量不足（或编制不足）的现状构成哪些挑战？如何解决当前教师专业素质不完全满足新课标、新高考改革的需要的问题？这些既是资源供给又是制度供给方面的问题。学校要多样化发展、特色化办学，那么我们要赋予学校哪些自主权？这是制度供给方面的问题。选择性是学生自主发展、个性化发展的重要要求，那么学校教师有没有适当的课程权？学生有没有适当的课程选择权？这既是文化供给又是制度供给方面的问题。因此，“两自一包”学校管理体制改革正是武侯区为实现“发展公平而有质量的教育”而做的一次大胆探索。因为“两自一包”制度赋予学校人权、财权和事权，激发了学校办学活力，为学校实施“发展公平而有质量的教育”提供了制度、资源及文化保障。



## 02 “放”中赋权，激活“办”的主动性与生动性

从某种意义上讲，管办评分离就是“管”住该管的，放开不该管的，让“办”的主体性彰显出来，促进“办”的自主性、自为性和自动性，促成“办”方的民主化，形成权力主体的多元性，也同时释放责任心与动力源。

而放管服之“放”，与管办评分离本质一致，也是下放权力。只不过，放管服强调了以“放”来兑现“管办评分离”之“分离”的实现，同时在“管”的内涵中加入“服”的元素。

“两自一包”学校发展新模式说到底就是赋权学校，促进学校办学自主权的最大化，使“办”真正实现办学上的“自主”“民主”。

也就是说，“两自一包”学校发展新模式本身是国家“放管服”改革的实践案例。

正因为如此，武侯区“公立学校‘三权’自主下现代学校制度改革探索”入选 2017 年第五届全国教育改革创新典型案例，同时入选四川省全面深化改革三周年典型案例。而武侯区学校“两自一包”改革方案荣获 2017 年四川省第三届教育发展改革研究优秀成果二等奖，荣获 2016 年第五届地方制度创新奖最高荣誉，入选 2016 年影响成都教育十件大事。

那么，武侯区“两自一包”学校发展新模式中，“管”方“放”什么，怎样“放”？

**一是“放”人权。**

就是在确定管理团队的基础上，赋予学校人事权，实施教师自聘。

具体讲，教育局按照公办中小学校教师编制标准核定学校教师总数，实行动态、宏观管理；学校根据办学实际，自主设岗，自主招聘教师，自主设立人事关系。此举打破了传统公办学校教师“铁饭碗”，旨在以自主促进教师专业发展，让学校管理工作在人事权力行使中，充分激发干部、教师教书育人积极性、主动性、创造性，从而让学校的人事管理直接转化为人事效益。

**二是“放”财权。**

即赋予学校经费自主使用权，实施“经费包干”。实施经费包干和预算，目的是充分发挥财政经费效益，促进学生、教师、学校可持续发展。学校总经费核定与“包干经费”预算原则：公用经费投入与现有公办中小学标准一致；基本建设、基建维修、设施设备添置等专项经费，不包含在“包干经费”中，由政府保障；以生均经费形式打包，年初一次性拨付至学校，年度包干，由学校自主管理和使用。教育局负责对学校自主编制预算的批复，对学校决算工作的检查，以及委托第三方机构对学校进行年度审计。

教师的基本工资、岗位工资和绩效工资以及福利待遇在工资总额范围内由学校根据自主建立的薪酬制度考核发放。教师的“六险一金”（养老、医疗、工伤、失业、生育、大病等保险及住房公积金）与有正式编制的教师一视同仁。

**三是“放”事权。**

即赋予学校自主管理权，实施“自主管理”。其目标是以“学校章程”为核心，以“共同治理”为基本理念，以扁平化为基本形式，科学、民主、高效地建立现代学校制度。学校可以自行制定学校发展规划，实施教育教学管理、校本课程设置开发，自主决定校内教师及其他职工的聘任和干部选聘等。

权力的下放，带来责任的明晰，也自然引动内部办学活力的强力释放。这在第一个试点校取得成功之后在各实验学校（幼儿园）都有明证，可以说是“两自一包”学校内生活力的关键。

## 03 “放”后之“放”，引导学校营创“共治”的管理氛围，促进“两自”健康有序

为什么“两自一包”学校管理体制改革试点学校和实验学校能够实现短期内的大发展？

学校内部活力释放的根源在哪？

武侯教育人认为，良性的“放”，是“放”后之“放”，是“层层下放”，即教育主管部门放权给学校，学校又将权力下放给教师，在内部进行再度分解，实现了放权的良性化，即赋权赋能。

权力的下放，在一定程度上实现了学校发展的突破。以川大附中西区学校为例，在办学 1 年后的测评中，家长满意度和学生满意度分别达到了 97. 1%、98. 7%。这样的满意度，让武侯区教育局也尝到了简政放权的甜头。

假如没有“放”后之“放”，第一次“放”后，学校成为唯一权力主体，那么学校自主权大了，也就意味着风险更大了。为了有效避免风险，避免将权力集中于校长一人身上，学校便实施相应的措施，其中权力的再次下放便是一个重要的措施。

学校并不是校长个人或管理团队的，必须有更加多样化的权力主体来决定学校的各项发展，即要采用“校长负责制下的‘扁平化管理、共

同治理'的民主治校模式"。

这种模式需在健全的制度下建立相应权力主体，即通过拟定学校章程，不断建立完善各项民主管理制度。我们仍然以川大附中西区学校为例，学校构建了"五会"议事制度来共享和制衡权力，即由党支部委员会、校务委员会、教职工代表大会（或全体教职工大会）、学术委员会、家长代表大会作为学校权力单元，分别决策相应事项。

"五会"等学校权力单元各有专门的权责。如党支部委员会负责把握学校发展方向，推动学校健康发展，属"三重一大"范畴的事项必须经党支部委员会决策；教代会负责学校章程、制度建设和重大政策的确立；校务委员会具有行政权；学术委员会负责教育教学的评价，比如教师职称初评以及各种评优推先等；家长代表大会负责沟通学生教育、学校管理的相关事项。

川大附中西区学校教代会代表全体教职员工对学校重大决策进行审议，并对学校工作实行民主管理、民主监督，充分发挥教职工的主人翁作用。在2018年，召开教代会3次，讨论并通过方案4项：《校优评选方案及细则（修订稿）》《校内职称初推方案（修订稿）》《2018年工会经费使用标准》《第二届学术委员会换届工作方案》。

川大附中西区学校首届学术委员会

而川大附中西区学校学术委员会自成立以来，不断完善和优化工作机制与方式，以求更好地服务于教学工作，先后完成：3次校内职称初评工作；3次市、区级"评优选先"校内初推工作；在6批次"师徒结对"活动中担任指导教师；校级献课56人次，区级（及以上）献课6人次；每周对教师教学常规进行量化考核。2018年9月通过校长办公会提名、教代会投票选举，产生了11名新一届学术委员会成员。

为了进一步加强民主监督，川大附中西区学校还成立了以副校长为组长的纪律监督小组，对相关事务进行监督，保障学校行为的依法依规。教师对学校任何事项有疑问或异议，都可直接向监督小组反映。同时，在相关事务中，老师们又是参与者，亲身参与处理学校事务，并在过程中作为实际的监督者。学校制定了相关工作制度 23 项，针对岗位工作要求制定了 29 项“岗位说明书”。2016—2018 年，分别有 215、219、264 人次教师参与学校各项采购比选工作，分别占当年全体教师的 176%、159%、183%。

“五会”议事制度的实施，实现了学校管理与运行的制度化、规范化、程序化，依法保障了学校及师生合法权益。学校制定了具体规章制度，明确了监督事项，规范了议事程序，有效落实了民主管理和民主监督职能。同时，学校主动接受上级主管部门和业务科室的相关审查、监督，并开展“述廉述职”和各种评议活动等，确保学校各部门、各管理人员清正廉洁。

## 04 以经费为“服”的主体，以审计为杠杆，促进“一包”服务“两自”



放管服之“服”是优化服务。对于教育来讲，经费是政府“服”的主体，因此，怎样减少学校在经费拨付、使用过程中的行政成本，是武侯区“两自一包”改革的重要内容。之所以在经费服务上实行“包干”，目的就是增加学校经费使用自主权，激发学校创造力，同时还能减少行政管理成本。

但是，哪些能“包干”，哪些不能“包干”，“包”多少，“包干”后怎样确保依法依规，这些都在考验武侯教育人的智慧。

在实施“两自一包”改革初期，大家对“经费包干”一词都很陌生，“包多少”是令大家头痛的问题。于是，区教育局按照全区学校近三年支出情况进行测算后，再加上学校自主管理和使用经费，拨付给“两自一包”学校。逐渐地，一些问题暴露出来：由于测算不准，年初经费投入并不准确，加之未对学校包干经费进行追加，以至于到下半年，学校出现经费不够的情况；又如，发放的教师绩效等经费，远高于区内非“两自一包”学校，造成了区域内的不平衡，让学校比较被动。这些问题需要教育局、学校共同面对。后来经过反复调研论证、模拟测算，在充分征求学校、教师意见的基础上，根据学校招生、教师聘任等实际情况，从学校持续、健康、稳定、创新发展的角度出发，形成制度，动态调整，追加包干经费；学校教师全员参与收入分配方案的讨论、制定，一次不行再改，两次不行继续改，大家集思广益。川大附属中西区学校的教师收入分配方案经过几年不断地修改、完善，较2014年初创时已有了很大改善，做到了受聘教师工资与聘用时间、岗位职责、工作数量和工作绩效等挂钩。老师们都说，现在的分配方案更接地气，真正体现出了“多劳多得、优劳优酬”，极大地提高了大家的干事积极性。

另外，包干经费“包”什么也是很重要的。

刚刚实行“经费包干”制度时，对“包”什么是不太明确的。哪些属于“包”的范围，哪些又不“包”，比如教师体检经费、教师“五项关爱行动”经费等是“包”还是“不包”，学校不是很明确。由于教育系统的特殊性，项目经费每年都会有所变动。近年来，区教育局会根据当年预算的变动情况，对预算项目分类进行适当调整，统筹安排，在实施过程中，逐渐明确了“包什么”“包多少”的问题，以保证真实、全面地反映学校工作需要。

再有，新建学校投入使用前要运转，部分“两自一包”学校新学年开学前几个月要招聘储备教师，学生虽未进校，但学校运转却已经开始，因此对新建学校的开办经费和对储备教师的人员经费就按照核定的规模数进行测算拨付。另外，对于一些规模较小的学校，如果按照规模数来测算包干经费，学校是无法正常运转的，因此就需要按照一定比例提高后进行拨付，以保证学校的正常运作。

问题引发思考，武侯区教育局明白了：包干经费的管理是一个动态管理，要在实际运作的基础上，通过调研不断总结经验，对发现的问题及时汇总处理，不断完善包干经费的测算、拨付、使用、监督等相关机制和制度。

随着改革探索的深入，在包干经费方面，武侯区逐渐做到深度谋划、精准测算。

包干经费的测算依据和办法也经过了多方调研和论证。初稿诞生后，广泛征求意见，并在实施过程中逐渐完善。

首先，明确了“两自一包”学校经费分为项目经费和包干经费。项目经费主要包括上级追加资金、学校大型修缮等基建支出、设施设备采购支出、教育资助等项目；包干经费主要指生均教育经费总额，由生均公用经费和在岗教师人员经费构成。

其次，包干经费的测算依据是什么呢？根据武侯区的实际情况，在计算各类学校的包干经费时，参照区内同类型学校进行测算，即幼儿园、高中参照全区所有公办幼儿园、高中的实际支出进行测算，小学、初中参照全区三环以内所有公办纯小学、纯初中（九年一贯制学校、完全中学不计算在内）的实际支出进行测算。

最后，包干经费的测算办法是：全区各学段学校平均生均教育经费 × “两自一包”试点学校设定满规模学生人数 × 每年招生的系数 × 班额占比＋储备教师经费－在编教师人员经费。

平均生均教育经费：参照学校上一年的“部门决算报表”数据测算出各学段包干学校的生均教育经费（生均公用经费、在岗教师收入人均水平）。

“两自一包”试点学校设定满规模学生人数：由区教育局各学段业务科室核定。

每年招生的系数：学前阶段第一至第三个班段系数分别为 50%、80%、100%；小学阶段第一至第六个年级系数分别为 30%、45%、60%、75%、90%、100%；初中阶段第一至第三个年级系数分别为 50%、80%、100%；高中阶段参照初中相关测算办法执行。

班额占比：实际招收班级数 / 核定班级规模数。

储备教师经费：各学段试点学校筹备期间人员经费根据区教育局人事部门核定的规模控制人数，并按同类型学校在岗教师收入人均水平的 80% 测算。

以川大附中学西区学校为例，2019 年春季学期 3 个年级，秋季学期 3 个年级，班额占比为 100%，无储备教师，那么其“两自一包”经费为：生均教育经费 × 春期学生人数 ×100%÷2 ＋生均教育经费 × 秋期学生人数 ×100%÷2 －在编教师人员经费。

近年来，全区生均公用经费实行动态调整，部分学校满规模学生人数也在不断变化，因此“两自一包”学校的包干经费的预算也逐年增加。

如果说以上解决了“包什么”和“包多少”的问题，那么怎样做到包干后经费的健康使用呢？这就需要专门针对包干经费进行必要的审计管理。

区教育局要求学校建立健康的经费管理制度。

一是学校建立“全员预算制”。学校和内部各部门根据下一年度计划编制年度财务预算，细化到每个部门、每个岗位。除学校统筹规划的项目外，教师个人或教师团队提出的预算申请，经备课组、学部讨论通过后报校务委员会，并聘请专家组进行教学评估，经过校务委员会、党支部委员会研究之后，再提交教职工代表大会讨论，经教职工代表大会通过后由校长签字上报区教育局和财政局，经批复后由教师个人或团队支配使用。区教育局对学校预算执行情况进行监督和检查。

二是学校建立并逐步健全财务管理制度，对经费使用的报批、报账、审核等进行制度化管理。特别是涉及重要项目建设、大额资金使用等“三重一大”项目时，必须经党支部委员会集体讨论才能做出决定。学校成立的校务委员会、教职工代表大会等对学校经费使用进行决策、监督。区教育局依法制定科学合理的监管程序，减少审批和干预。

三是学校同时实行校务公开制度，有关教职工权益的重要事项、财务收支情况是校务公开的内容之一。从预算制订到经费使用的全过程均公开，学校对经费使用情况做到一月一公示、一季一汇报。

同时，区教育局每年还委托第三方审计机构对学校财务收支及其有关经济活动的真实性、合法性、效益性独立实施审计。

“两自一包”改革实施五年多来，新的管理模式得到教师的广泛认同。就经费包干而言，武侯区也在实际操作过程中不断完善、改进经费包干的相关制度，从而更好地为“两自一包”学校的发展服务。

## 05 督导评估，护航简政放权之后放管结合的落实

招什么人，学校说了算；工资怎么发，学校自己决定；学校怎么

“办”，还是学校自主研究……人权、事权和财权下放后，除了确保办学方向，教育局又如何对学校做到放管结合，真正促进“两自”健康发展？

如果说来自政府职能部门的“管”是直接促进力量和刚性力量，那么有没有一支来自专业领域的柔性力量来对“两自一包”改革实践的健康发展护航甚至是导航呢？

这就不得不提到武侯区在教育督导上专项护航“两自一包”改革实践了。

2013年，武侯区印发《关于成立武侯区人民政府教育督导委员会的通知》，成立了“武侯区人民政府教育督导委员会”，由区政府分管副区长任主任，教育、规划、发改、编办、人社、卫计、公安等22个区级部门为成员单位，明确单位职责和任务分工，统筹协调推进教育督导工作。

2014年，武侯区印发《关于贯彻落实〈中小学校责任督学挂牌督导办法〉的通知》，成立“武侯区责任督学挂牌督导领导小组”，由区政府分管教育的副区长任组长，区政府办、区教育局主要负责人任副组长，形成全区层面统筹抓、分管领导直接抓、成员单位重点抓，一级抓一级、层层抓落实的挂牌督导工作格局。此后相继制定了《成都市武侯区中小学校责任督学挂牌督导工作实施方案》《成都市武侯区中小学校责任督学挂牌督导工作实施细则》，明确规定了责任督学的职责、权力和义务，细化了规范检查、考核、评估等工作程序；印发了《成都市武侯区中小学校责任督学挂牌督导工作规程》《武侯区教育督导重大问题问责机制实施意见》，建立了挂牌督导整改、问责和结果运用机制，对责任督学的履职情况，被督导学校的配合、整改等情况进行考核评价。通过一系列制度建设和政策引领，有效促进了督导方式的科学化、规范化，为武侯区督导队伍建设、督导工作质量提升夯实了坚强基础。同时，将全区教育系统省市区党代表、人大代表、政协委员纳入专、兼职督学队伍，广泛收集区域教育、学校发展意见建议，推动教育工作落地落实。

在对“两自一包”学校进行综合督导评估时，武侯区以促进学校发展为导向，坚持教育督导“以提高教育教学质量为中心”的原则。

2018 年，督导室对 2015 年的督导评估方案进行了全面的梳理、修订和完善，使修订后的方案更加凸显现代学校治理体系的建设与实施情况和教育综合质量评估。一方面，分学段从党建与办学方向、依法治校与民主管理、学生全面发展、干部教师队伍建设、课程和教学改革、校园环境建设 6 个方面综合评价学校现代学校治理体系的建设与实施情况；另一方面，持续深化“1224”教育质量综合评价改革，实施教育质量绿色评价，从学生品德发展、身心发展、兴趣特长养成、学业发展水平 4 个方面进行中小学教育质量综合评价，并在评价过程中坚持“实事求是、客观公正”的评估原则。

从评估结果来看，川大附中西区学校自成立以来，其综合督导评估同学段排名从第 8 名（2015 年）逐渐上升为第 3 名（2018 年），其中质量评价同学段排名从第 7 名（2016 年）上升为第 1 名（2018 年）。龙江路小学武侯新城分校综合督导评估同学段排名从第 20 名（2015 年）逐渐上升为第 7 名（2018 年），其中质量评价同学段排名从第 17 名（2016 年）上升为第 9 名（2018 年）。龙江路小学中粮祥云分校综合督导评估同学段排名从第 32 名（2015 年）逐渐上升为第 8 名（2018 年），其中质量评价同学段排名从第 18 名（2016 年）上升为第 11 名（2018 年）。从目前可对比范围来看，“两自一包”学校的综合督导评估成绩和办学质量均在稳步提升。

事实证明，在促进教育事业发展的过程中，国家必须合理地行使对教育事业发展的监督权与评价权。因此，必须强化国家教育督导，充实、加强督导机构和督导力量。但是，国家教育督导须与管理相分离，保持相对独立性，提高专业性，以保证督导评估制度向着更加科学、公正、客观和专业的方向发展。相对独立不仅包括机构设置上的相对独立，更强调在做出判断、出具报告、提出建议和意见等工作过程中坚持自己的独立性和客观公正性，真正发挥监督和问责作用。此外，政府督导的职能主要体现在以管理和宏观评价为主的督政、教育督导评价政策的制定、评价标准和指标指导方针的制定上。而这，是今后武侯区推进教育管办评分离、促进区域教育综合改革的重点。

## 06 发挥纪律监察员作用，构建“两自一包”风清气正良好运行生态

2015 年 2 月，根据中共成都市武侯区委办公室《关于印发〈落实党风廉政建设党组、党（工）委主体责任和派驻纪检监察机构监督责任的实施意见（试行）〉的通知》（武委办发〔2014〕17 号）精神，为了深化教育系统党风廉政建设，加强执纪监督力度，武侯区在各直属事业单位、公办中小学、幼儿园设立了纪律监察员岗位，并随之制定出台了《成都市武侯区教育系统纪律监察员岗位制度（试行）》。

制度明确了纪律监察员的职能是“履行监督责任，确保基层‘微权力’公正、公平、公开、透明运行”，并制定纪律监察员的三大职责。

一是监督。具体指：（1）列席学校相关会议，监督学校贯彻执行民主集中制情况、“三重一大”制度执行情况；（2）监督学校各类询价、比选和招投标会；（3）监督学校“三会一课”的落实情况；（4）监督学校“微腐败”专项治理，不作为及“懒散拖”专项整治，形式主义、官僚主义问题专项整治，“赌博敛财”问题专项整治等工作开展情况；（5）积极做好纪检监察部门交办的其他监督工作。

二是党风廉政宣传。具体指：（1）督促学校开展党风廉政建设宣传工作；（2）督促学校完成“一报两刊”（《中国纪检监察报》《中国纪检监察》《党风廉政建设》）订阅指导数；（3）报送党风廉政建设宣传工作情况、相关经验材料、“纪检人·镜头”图片、“好风传家”活动、网评文章等；（4）按要求完成中央、省、市、区纪委宣传部网上舆情引导任务；（5）积极做好纪检监察部门交办的其他宣传工作。

三是警示教育。具体指：（1）督促学校开展党风廉政警示教育相关活动（参加警示教育讲座、参观廉洁教育基地、通报典型案例、观看警示教育片等），并报送相关图文资料；（2）积极做好纪检监察部门交办的其他警示教育工作。

纪律监察员岗位的设置采用动态调整机制，原则上是两年一个任期，由学校（幼儿园）民主推荐产生，报教育局和纪检监察组备案。

纪律监察员除了承担本学校的监督工作，还要被抽调参与全区教育

系统在招生入学、职称评审、评优选先、基建维修、政府采购等方面的监督工作。

“两自一包”学校在人事安排、经费管理上的内部自主性更强，因而更需要纪检监察员在人、事、经费三个方面的监督。

“两自一包”学校也主动将学校管理置于纪律监察员监督之下，充分构建风清气正的良好运行生态。

2019 年 6 月，区教育局党组、区纪委监委驻区教育局纪检监察组按照党的十九大对坚定不移全面从严治党提出的新的更高要求，结合近年来的实践总结，对制度进行了完善，出台了《成都市武侯区教育系统纪律监察员岗位制度》。

到目前为止，武侯区教育系统 81 所学校（含幼儿园）全部设立了纪律监察员岗位，按照“忠诚、干净、担当”和“德才兼备、优中选优”标准，选政治素质好、党性观念强、作风正派的“正、勤、实”干部担任纪律监察员，实现基层监督全覆盖、无空白。



## 07 时代先声

区域教育是国家整体教育的一部分，是一个地方的教育现代化水平以及一方政府和教育管理部门的教育治理能力和水平的外显。

党的十九大以来，教育质量和教育现代化水平成为教育相关部门深切关注的核心。一些有作为有担当的区域教育局主动寻求提升区域教育品牌的改革行动，这是教育人投身新时代、贯彻新思想、呈现新风貌、展现新作为的时代心声。

然而，怎样作为，是当今教育主管部门面临的一场“大考”。

考察当今区域教育，不能不说，许多教育主管部门在“新作为”的自我激励下，大多勤政管教，但正因要体现“新作为”，而加大了“管”的力度，学校文化要管、学校特色要管、学校教学工作要管、学校课程实施要管，学校人事更要管……结果是“管”约束了学校本身的发展，“管”得过多，搞得学校身心俱疲。

“管理”之道，正“管”重“理”。

所谓“正‘管’”，除了正确地“管”之外，就是正视施管者与被管者之间互为主体的事实，切不可以施事者与受事者的关系来界定管理双方的关系。因为，“管”的目的是促进事业的发展，促进被管方主动积极地展开工作。

所谓“重‘理’”，除了提供被管理方达成综合性目标所需的条件外，本身就包含了管理双方的关系理清问题，同时，更侧重于管理方如何评价管理之效、被管理方实施之效。

教育管理本身是一种管理文化和管理智慧的演绎。

随着社会文明进步的不断提质，管理文化也必然相应升级，这考验着教育管理部门的管理能力和水平。

武侯区“两自一包”学校管理体制改革本身体现的是一种管理文化的时代先行，那就是，真正将管办评分离的辩证关系处理得恰到好处，使管、办、评三方都能真正专业地完成自身身份的确认，使三者在发挥作用时达到关系和谐、各司其职、各尽其责，共同为教育惠民的目标服务。

2015 年教育部颁发的《关于深入推进教育管办评分离 促进政府职能转变的若干意见》（以下简称《意见》）最后一条明确指出：“开展改革试点。为确保工作稳步推进，鼓励有工作基础的地方积极开展改革试点，为全国深入推进教育管办评分离积累经验。有关情况请及时报送。”

武侯区在 2014 年底以川大附中西区学校为试点进行的“两自一包”学校管理体制改革，在管办评分离改革上积累了三点经验：其一，“管”的方面，简政放权，厘清政校关系；其二，“办”的方面，建立现代学校制度，依法治校，共同治理；其三，“评”的方面，强化对学校管理的监督和规范。通过三方面的工作，武侯区真正做到了《意见》倡导的“进一步落实和扩大中小学在育人方式、资源配置、人事管理等方面的自主权。建立符合学校特点的管理制度和配套政策，克服行政化倾向”。

《意见》发布已有 5 年，事实上，真正的管办评分离改革在很多地区尚处于空白状态。而武侯区“两自一包”学校管理体制改革萌生于《意见》提出之先，可以说彰显了武侯区教育敢为人先的改革精神，唱响了时代先声。

真正的教育改革，必须反映教育内部各个层面方方面面的改变。

2015年2月27日，习近平总书记主持召开中央全面深化改革领导小组第十次会议时强调："把改革方案的含金量充分展示出来，让人民群众有更多获得感。"

一个县（区）级区域在教育的点位上伸出教育改革的触角，可为者在基础教育相关层面，可行者在也在于此。

当基础教育各个层面以学前教育、小学教育、初中教育、高中教育（含职业教育）和社区教育五个方阵展示出教育改革带来的良性变化时，区域教育改革就取得了显著成效。

武侯区坚实推进"两自一包"改革，正是以异彩纷呈的状态，展示了教育改革带给人民群众更多获得感的丰硕成果。

# 第四章 坚实推进中的异彩纷呈

DISIZHANG
JIANSHI
TUIJIN ZHONG
DE
YICAI
FENCHENG

如果说川大附中西区学校的改革试点是武侯区教育综合改革的一颗钉子，已经深入破解时代教育难题的层面，那么2016年8月30日，中共成都市武侯区委办公室、成都市武侯区人民政府办公室联合印发的《成都市武侯区在新建公办中小学（幼儿园）推行“两自一包”学校管理体制改革实施方案（试行）》（武委办发〔2016〕75号），则标志着武侯区教育综合改革以“两自一包”学校管理体制改革为抓手，全面破冰而起。2018年2月，武侯区围绕“两自一包”改革再次召开常委会会议，研究并最终制定了《成都市武侯区在现有公办学校深化“两自一包”管理体制改革试点的实施方案》，随即印发《关于在我区现有公办学校深化“两自一包”管理体制改革试点的通知》（武委办发〔2018〕17号，以下称《通知》）。根据《通知》，武侯区将选择2至3所现有公办中小学、2至3所现有公办幼儿园进一步进行改革试点。本着自愿申报原则，武侯区教育行政部门对提出申请的学校开展民意测评，在全校95%以上的在编教师同意的基础上，经综合评估后实施。实施改革的现有公办学校通过锁定编制身份、签订聘用合同、强化岗位管理、完善评价方式等措施展开改革试点。

这标志着武侯区教育综合改革以“两自一包”学校管理体制改革为抓手，进入全面深入实践阶段，最终形成以北京第二外国语学院成都附属中学（以下简称“北二外成都附中”）代表高中，川大附中西区学校代表初中，成都市沙堰小学、成都市龙江路小学中粮祥云分校、成都市龙江路小学武侯新城分校代表小学，成都市第三十一幼儿园（以下简称“三十一幼”）代表幼儿园的涵盖幼儿教育和基础教育各学段的改革试点全面展开，形成了基础教育四个方阵的教育改革劲旅。

改革实验以来，各实验学校以不同方式切入，也自然地体现出异彩纷呈的发展态势，但都以实绩呈现了“两自一包”改革给学校带来的快速变化和质量提升，彰显了“两自一包”改革的机制先进性，代表了敢于改革的武侯区基础教育在各学段都有高质量发展趋势。

这些学校大多地处武侯区西部新城区城郊接合部，基础相对薄弱，通过改革，它们与老城区的优质学校一起，共同形成了区域教育真正优质均衡发展的时代格局。

还是晋阳片区。

2017 年 9 月，武侯区沙堰小学建成并投入使用。校长是武侯区教育科学发展研究院小学所所长、四川省特级教师李国惊。

李国惊可以说是四川小学语文教育界名家，他编写的《小学语文学业质量标准》和《怎样上好群文阅读课》对当今小学语文教学都有极强的指导性。

2017 年 1 月，局党工委领导找李国惊谈话，要李国惊去领办一所区域教育体制改革试点的小学，并告知该学校将承担“两自一包”改革的实验任务，同时抛给李国惊一个词语：专家办学。

2017 年 5 月，参照川大附中西区学校的做法，李国惊组建了来自区内的 4 名带编干部组成的团队，开始了办学规划。

那时，沙堰小学还是一片建筑工地，团队成员中除李国惊外，其他 3 人都还在原单位上班。他们的会议场所大多是“借”旁边的川大附中西区学校的会议室，有时更因为成员下班后才能参加，便选在某个简陋的茶坊一隅。

从办学顶层设计到自主招聘教师，从自主管理教师到校内民主氛围形成，从研究学生到基于多元智能测评的校本课程开发，短短 3 年多来，李国惊带领一群平均教龄不足 3 年的团队，不仅有质量地办起了一所新学校，更让年轻的沙堰小学不断创造奇迹：教师获得国家、省、市、区各级赛课奖；学生参加各种赛事获奖 200 多人次，在国内知名诗刊《星星》发表诗作，等等。

探究沙堰小学如何充分利用“两自一包”机制优势，可发现其有效自主探索体现在七大方面。

**一是办学的自主设计上，以“专家办学”为轴心，统筹学校前沿的办学理念、优质的办学规划、尊重教育规律的校本课程设计及实施、校本化教育科研规划等，使沙堰小学在办学之初就有较高的办学起点。**

基于对“两自一包”的深刻领悟，李国惊和管理团队深知，学校办学要走出一条充满自主性的康庄大道。2017 年整个暑期，李国惊和沙堰小学管理团队除开展学校招生等一系列工作外，更多地以集体研究的方式，围绕“办一所什么样的学校”进行办学蓝图设计。

他们先后以“培养什么样的人”“招聘什么样的教师”“提供什么样的教育”“学校怎样快速健康发展”“怎样为区域教育优质均衡发展提供‘两自一包’小学实践范例”等问题为线索，展开群策群力式讨论，逐渐明晰了以“培养有‘坚实底子、纯真情感、灵动思维’的‘现代小公民’和时代新人”为学生发展目标，提出了“一年规范、三年窗口、六年一流”的“突破式”发展及全面高效办成“新一流小学”的学校发展目标，提出了“研究儿童、发展儿童”这一尊重教育本质规律的办学思想。尤其是在解答“提供什么样的教育”和“怎样为区域教育优质均衡发展提供‘两自一包’小学实践范例”两大问题上，沙堰小学主张，在真正研究儿童、发展儿童的理念指引下，对学生进行多元智能测评，促进学校在教学方法上因材施教，在学校课程建设上因学生需要开发校本课程。为此，沙堰小学专门为管理团队和后来招聘的每位教师配买了多元智能理论的创立者和倡导者霍华德·加德纳的相关书籍，并通过曲折的渠道，与霍华德·加德纳取得了联系，获得了相关测评资料。

李国惊和沙堰小学管理团队在认真研读了加德纳的测评资料后，针对中国儿童实际情况进行了本土化设计：放弃加德纳多元智能测评中的“自省”和“存在”两项智能内容，利用开学时间，对沙堰小学入学儿童在语言、数理逻辑、空间、肢体运动、音乐、人际、自然探索七个方面的智能进行全面测评，并研究了情境化测评方式。

于是，学校开办之初，沙堰小学的家长们就看到了这样的情境：新入学的孩子们在教师的带领下进入一个个充满情境的教室，当孩子们根据情境做出反应时，测评老师就会记下相应的测评结果。

比如，在进行音乐智能测评时，音乐老师在给孩子们打过招呼后便开始弹奏曲子，有的孩子会随着节奏跳舞，有的孩子会双手舞动节拍，有的孩子会随着音乐转圈……音乐老师就会根据每个孩子的表现打上相应等级。

在对孩子们进行测评后，沙堰小学会将测评结果汇总，形成测评报告。

与此同时，为了验证学校设置的测评的效度，学校还向每位家长发放一份调查问卷，以了解孩子在家长心目中的特质。然后，学校再将调查问卷与测评量表综合，分析出每一个孩子的潜能和不足。

接着，沙堰小学会召开专门的、家长参与的多元智能检测报告会，向每一个家长发放定制的孩子优势潜能清单，呈现每个孩子 2 至 3 项优势潜能。

“这样做的意义，在于让家长消除‘差生’概念，让家长首先相信自己的孩子有自己的特质，然后在家庭教育中，配合学校进行相应的辅助指向。”李国惊说。

当然，这只是多元智能测评的第一次价值运用。

有了多元智能测评数据，沙堰小学以此为依据，由学生发展中心牵头，针对测评结果进行校本课程设计，比如，针对肢体运动能力差的，学校就开设跳绳课程，以促进学生运动节奏的平衡。

“事实上，为了确保学生的各种潜能开发都有校本课程支撑，我们在开学之初就设计了 10 多门课程。”李国惊后来把这些课程分为三大课程体系：人文素养、科学素质、艺术修为。“在家长收到的优势潜能清单之后，附有学校的校本课程，家长可以依据清单上提示的孩子的潜能优势，自由选择学校校本课程。有选拓展潜能的，有选弥补孩子明显不足的。学校在校本课程管理上，则完全尊重家长的选择。”

一时间，沙堰小学的校本课程在李国惊强调“全科发展”的前提下，有效开展起来。

尝到了检测评价的“甜头”后，沙堰小学积极大开“脑洞”，教学与课程研究中心主任刘芳在开学后不久向李国惊提出：学科教学测评是否也可以研发工具，进行相应的“全科测评”？

李国惊大喜，鼓励刘芳研发测评标准和测评工具。

由此，以“非智力因素指数”“学科关键能力指数”“综合测评指数”三项指数构成的沙堰小学“全科测评”工具，成为学校独特的学生学业阶段考评工具。学校还以此激励教师的教学转变，促进家长对孩子学业的了解。

沙堰小学正是在“研究儿童、发展儿童”的基础上，先置测评，做到了对学生基于科学了解的、有针对性的教育资源提供，使学校教育本身演化为学生生命发展历程中的教育资源的针对性供给，既彰显了学校办学的自主，使沙堰小学在"两自一包"机制的激励下，充分开展自主性强的办学探索，也使得沙堰小学在开办之初就有较高的办学起点。

**二是在学校自主管理上，建立了以四大中心为主体的校本管理格局，促进了学校管理扁平化、学校治理民主化、学校工作共治化。**

"两自一包"赋予了学校自主管理的权力，学校同样将权力再度下放，以建立各种形式的中心来形成新的权力主体。沙堰小学建立了以学生发展研究中心、教师发展研究中心、教学与课程研究中心、资源与保障研究中心等为主体的管理体系。

学生发展研究中心实际上包括传统小学的德育处、少先队大队部，负责在多元智能测评的基础上，从智能维度展开对在校儿童的了解和研究，同时实施教学与课程研究中心开发的相应活动课程。按照中心主任乔宁的说法，沙堰小学学生发展研究中心的工作展开分为三条线：一条是对学生进行一日常规教育和课堂常规教育与评价，以及对班级在校园生活中的常规行为进行评价，为学生在校日常生活提供教育资源；一条是一年校园生活的四季成长课程，按照时令、纪念日，与常规传统节日相结合，让学生在年度内获得关键节点的教育资源；还有一条是学生六年的生活节点成长课程，比如新生入学仪式，加入少先队的入队仪式，从儿童到少年的转折的十岁生日庆祝仪式，走向中学的小学毕业典礼，旨在将这些时间节点演化为学生对自我的认知与成长体验。

以一日常规教育为例，沙堰小学学生发展研究中心要求以班为单位，以班主任为核心，班级共同体教师与学生一起展开班级建设：打造理想教室、为班级命名、建设班级文化、共享班级美好氛围等。

为建立学生自主管理模式，沙堰小学学生发展研究中心更别出心裁，在学生一日常规教育中，由少先队大队部组织学生志愿者成立"校园 520"小组，对环境卫生、文明礼仪、日常行为等进行"救助式"帮扶督导。

教师发展研究中心则主要负责教师教学指导、专业培训、教研、评价等相关事宜，类似于传统学校管理中的教学管理，但又有所创新。尤其是在教师自主管理方面，沙堰小学教师发展研究中心创新探索了教师专业发展的共同体建设和积分制评价。

教学与课程研究中心则负责学校课程实施，包括国家课程的校本化实施和校本课程开发。按照中心主任刘芳的介绍，目前沙堰小学校本课程开发分为三类：第一类是人文素养课程，包括语言学科、道德与法治等；第二类是科学素质课程，包括数学、科学、信息技术；第三类是艺体修为课程，包括音体美国家课程以及延伸课程等。

资源与保障研究中心相当于传统学校管理中的后勤处，但强化了后勤工作的性质，同时负责在“经费包干”的前提下，保障教师月薪及其他合法报酬，做好年度经费的合理配置，侧重做好各共同体和项目经费的审计并提交“五会”审议。

中心是一个中间组织，之上是学校党组织、学校发展委员会、校长办公会、教师代表委员会和家长委员会，中心之下则设立共同体。如：学生发展中心之下有年级共同体、班级共同体、科研共同体、家校共同体，教师发展中心之下有学习共同体、师徒共同体、互助共同体，教学与课程研究中心之下有学术委员会、备课共同体、教研共同体，资源与保障研究中心之下有安全管理共同体、服务共同体等。中心规划、管理、评价所关联的板块，由共同体具体承担相应项目，并相互协调，形成人事、经费组成的实体。

由此，沙堰小学形成了“五会—中心—共同体”的扁平化管理格局，促进学校事务管理的最优化实施。

共同体作为一个具体事务组织，以责任共同承担、利益共同分享、成长过程共同经历，来形成凝聚力和向心力，并最终推动各项工作的落地和落实，促使学生发展受益。

何××，一位留守儿童，父母外出打工，把他和他的小弟弟留给爷爷奶奶照顾。他们租住在狭窄的小巷子里，爷爷为了补贴家用，在茶馆里打工，端茶倒水。何××呢，虽然知道自己已经是小学生了，但是完全没有学习的概念，更没有每天回家要完成家庭作业的意识，学业成绩一直不好。

校本课程“手动阅读”课上，小朋友们在乔老师的带领下，认真地朗读着，而何××却在玩自己的小橡皮；乔老师教大家批注勾画相关语句时，他已经沉浸在自己的世界里，拿着两支铅笔，舞弄玩耍；乔老师说，把自己喜欢的书中角色画一画，写一写，他茫然不知所措。他根本不知道老师在让他干什么。

班级共同体的教师没有放弃他，也不能放弃他。

班主任张晋蓉老师就先从他的听课习惯抓起。放学后，空荡荡的教室里，一个老师，一个学生，学生端坐如钟，老师循循善诱，一边补上课内容，一边夸奖其良好行为。孩子都是喜欢听故事的，张老师便与何××约定好，每天表现好了，就奖励听一个故事。何××的眼睛里在放光。上课时，他极力地克制自己躁动的身体，目不转睛地盯着老师，放学后就跑到办公室向张老师讨"故事"。张老师一边讲故事，一边把想要对孩子讲的道理藏到故事中，不说破，也不点出，让孩子慢慢领悟。

学科老师则有意识地多在课堂上请何 ×× 回答问题。慢慢地，何××向着所有老师期待的方向变了，从专心听讲，认真指着书朗读，到积极参与手工制作，还把自己折的窗花交给上课老师评价。科任老师早得到张老师的授意，立马大肆表扬这孩子。

孩子脸上笑容多了，自信的样子让他似乎变了个样。

而后，这孩子融入了其他孩子中，变得开朗大方起来。最重要的是他爱上了读书，在书中寻找故事，享受故事带给他的快乐。

这就是共同体的力量。

**三是在自主招聘教师上，基于岗位需要，注重应聘教师的教育情怀和体制与学校认同，确保优质教师招得到、留得住。**

由于"两自一包"在人事上赋权学校，沙堰小学在选聘教师方面可根据岗位需要自主选聘教师，同时在确保选聘的教师"能来""能战"的前提下，创新选聘渠道。其中，"跟岗教师"就是沙堰小学在自聘教师方面的创举。

为确保选聘的教师"能来""能战"，沙堰小学采用分类分层的人才引进办法，特聘有共同教育情怀的区内优秀管理干部及教师组建行政班子，精挑符合学校办学愿景的各类人才组成教师团队。针对刚毕业的大学生、1 ～ 5 年教龄老师、6 ～ 10 年教龄老师及 10 年以上教龄老师采用不同的标准招聘。

沙堰小学对优秀应届毕业生采取的聘任方式为“跟岗教师”招聘，随时可以引进优秀人才。所谓“跟岗教师”，就是沙堰小学向社会发出招聘信息，凡有意向、有教师资格证的大学生，经过学校对个人信息的审查，符合教师从业条件，且有一定专长者，可以先到学校“跟岗”实习，由学校骨干教师担任指导教师。在指导教师认可的前提下，“跟岗教师”可以尝试给学生上课，同时指导教师组织学科教师、管理团队参与观摩、议课。“跟岗”时间为三个月。“跟岗教师”在指导教师、学科团队和学校管理团队认可的前提下，可参与当年学校组织的统一招聘，且在同一条件下有优先被聘的权利。

“‘跟岗教师’与‘实习教师’的区别在于，‘跟岗’者定‘岗’学习，而‘实习’则无‘岗’。当然，‘跟岗教师’之‘岗’，并非实实在在的教学岗位，但‘跟岗’者必须要有‘岗位’意识，否则，他就不能在‘跟岗’期间获得满意的评价。”李国惊在对“跟岗教师”的概念做解释时，特别强调岗位意识。

那么，沙堰小学在自主招聘教师环节试行“跟岗教师”有什么独特意义？学校最终又怎样评价“跟岗教师”呢？

按照教师发展中心朱玉琴的说法，沙堰小学在自主招聘教师环节试行的“跟岗教师”招聘，有三大独特意义：一是能够较长时间考察“跟岗教师”的基本情况，杜绝了传统招聘中“一见钟情”式观察带来的弊端，真正招到有信仰、有思想、有情怀、有能力的教师。“三个月时间，无论这个应聘者怎样在特定环境中‘约束自己’，道德、性格、才能都会真实展现。”二是能够全面深入考察“跟岗教师”的专业基础，杜绝了传统招聘中有准备的“闯关式”招聘的弊端，真正招到有专业实力、有岗位意识的教师。三是能够使应聘者在入职之前对“两自一包”办学模式和跟岗学校产生认同感，杜绝了入职后不适应的情况，真正招到敢于挑战的教师。

沙堰小学对“跟岗教师”的最终评价主要有三点：第一是对“两自一包”模式和学校的认同感，第二是教育情怀和师德，第三是综合素质和学习能力。“相对来讲，我们不会太看重经验，因为经验都会有，并且经验常常会制约教师适应现代教育背景下的个人专业再发展，因而我们有几次都放弃了看似比较成熟的教师。”李国惊解释说。

正因为如此，办学三年来，由于不断新增应届毕业生，沙堰小学的教师平均教龄不足三年。

**四是在自主管理教师上，做实四大工程，促进人人有为、人人争为的氛围形成。**

教师是教育发展的第一资源。沙堰小学充分利用“两自一包”的制度优势，在自主管理教师方面，做实四大工程，营造了人人有为、人人争为的氛围。

第一是教研引领工程。学校在“专家办学”理念的引导下，结合已形成的教研氛围，以课题研究为引领，促进教师自主管理和专业发展氛围形成。沙堰小学积极参加了武侯区“‘两自一包’体制学校的青年教师成长路径的研究”课题，并开展了校本微型课题研究“学校教师发展情况调研及个案分析研究”。学校从整体上全面调查教师发展基本情况，梳理全体教师发展的普遍需求，并对个别教师进行跟踪观测，努力探索为教师“量身定制”的培训计划，为落实教师个人发展的“教师个人蝶变计划”奠定基础。

第二是人文氛围营造工程。沙堰小学坚信“好的学校不是‘管’出来的，而是‘人文’化来的”管理理念。管理团队给予每个人充分的尊重和人文关怀，给予专业发展的自由和空间，营造良好的氛围，促进每个人最优化成长；激励教师大胆革新，帮助教师实现自我的人生价值。管理团队注重由传统的行政化向服务型转变，除注重教育情怀、研究态度、工作作风上的以身示范，还以工作生活化、会议互动化、评价激励化、指导目标化、激励主人意识等管理特点，让每位教师有深深的被需要感，增强了管理中的民主氛围。

2017 年，在某区一学校工作了三年的贾亭来到沙堰小学。迎接新学生，开始课程教学……原以为一切都应该水到渠成，却不承想，新学校的新体制，以及学校对教师教育教学提出的新要求，让她使尽浑身解数还是应接不暇。她说：“因为以前带过一年级的小朋友，所以对付新入学的孩子经验尚可。可是，每天不知什么时候坐在后面的各位领导让我有点喘不过气来。领导们听完课后给的评价几乎都是教案主题不够明确，这个教学环节设计得不够清晰，没有足够的思考导致不能照顾所有的孩子，应该多表扬小朋友以激发他们对学习的积极性……”一系列不被肯定的评价让这个骄傲了三年的年轻女教师崩溃了。她想起李国惊说的那句“学校是你们的家，有任何的不舒服和不满都欢迎你们来办公室找我倾诉，我就是你们的垃圾桶”，于是她鼓起勇气，来到校长办公室，诉说着开学以来不到两个月间的种种压力。看着这个原本爱笑的年轻女孩，李国惊以表扬和激励开始交流，他告诉贾亭，人生没有一帆风顺，你既然舍弃了原来舒适且熟悉的工作，来到新的学校，就必然要经历这样一个成长的过程……李国惊长达 2 个小时的安慰让贾亭看到了希望。她也知道，以前基本上是靠组长，现在谁也靠不了，唯一的办法就是让自己强大。从那一次在校长办公室的促膝长谈后，她意识到自己还需要努力地成长。此后的工作中，她不断地去听有经验的优秀老师的课，不论数学、语文还是其他学科。她学着分析好课的原因，寻找好课具体好在哪些地方。她会请“师父”吴潘主任给她评课，认真听同事们议课并详细记录。除此之外，每个寒暑假，学校都会给老师们推荐一本与教育教学有关的读本。她会在校领导推荐的当天就去买，在寒暑假里去阅读和研究。除了《给教师的建议》《育人三部曲》等教育类书籍，她还看教育心理学类的书籍、数学类的专业书籍，希望通过看书学习，能更好地读懂孩子们的心理、提升自己的专业能力。总之，只要是能够在教育教学上帮到她的书，她都会拜读。

通过一年多时间的不断学习和努力提升，贾亭不再害怕教室最后那一排熟悉的“大朋友”，她已经能沉着应对自己的每一堂课了。2018—2019 学年度上期，在数学教研员邱莹老师的指导下，贾亭在“国培计划”优秀青年教师研修班老师们面前给孩子们上了一堂别开生面的公开课。自此，贾亭身上便不再有曾经的组长的影子了，她就是她自己，她的课堂已经有了她的思考、她的特色。

在沙堰小学，经常可以看见这样的场景：教师在课余时间找到李国惊说，“校长你不要表扬我了，我没你说的那么好”。李国惊总是笑着说："那你争取做到那么好。"还有教师对校长说："你表扬得我都不好意思了。看来，我只有做得更好，才对得起你的表扬啊。"李国惊就会就呵呵一笑，对教师竖起大拇指。

相比于传统学校，这样的人文关怀在沙堰小学格外突出。可以说，在沙堰小学，人文情怀弥漫学校，人人争为的氛围充盈校园。

第三是共同体建设工程。沙堰小学以学术研究为平台，组建各类共同体，强化教师团队意识。学校相继分层分级建立了学科研究共同体、班级教育共同体、年级教育共同体、科研共同体、家校共同体、师徒学习共同体等团体或亚团体形式的专业共同体，营造团结协作的氛围。如师徒结对，"师父"（多为行政干部）对"徒弟"各方面发展进行帮扶。扶上马、送一程、看着跑，"师父"时而指引方向，时而启发思考，时而教授具体做法，甚至以身示范，让"徒弟"快速成长，逐渐独立完成教育教学任务。再如建立"沙堰新手群"，引导和启发新教师研究问题，总结反思，积淀教育教学经验等。沙堰小学一边强化共同体建设，一边强化校本行动研究，用研究的思维解决教育教学工作中出现的各种问题。同时，将教师个人考评与共同体考核捆绑起来，在促成教师个体优秀的同时，大力促进团队整体优秀。

沙堰小学体育学科研究共同体

正是因为这样的管理与激励并重，沙堰小学各种共同体活动才能自发开展且生机勃勃：语文组教师外出学习，语文学科共同体自发为其学习主题研讨到深夜；数学组老师外出学习归来，将飞机上的垃圾袋变成了研究素材；年轻教师为了请教问题，对老教师穷追不舍……沙堰小学不断以"两自一包"体制优势，提升教师自我期望。原来连参与赛课的勇气都还欠缺的年轻教师，在团队"一对一""多对一"全力打造、精心帮扶下，获得了区级教学设计比赛一等奖；体育教师李璨阳废寝忘食研究教学，主动请专家帮扶，获得赛课及技能比赛区、市两级一等奖。

2017 年 10 月 27 日，张晋蓉老师携对比阅读课“明月寄情”参加武侯区 2017 年小学语文青年教师课外阅读优质课竞赛活动。她引导学生对比阅读两篇同类异质的文章，通过共读、共议、共享，认识到作者所处的时代背景、人生境遇对情感表达的影响。该堂课获得了武侯区一等奖的好成绩！一个曾在传统小学代课三年的老师，从未参加过区级平台的课堂大赛，在曾经的工作单位也是默默无闻，却在走进沙堰小学短短两个月后喜获这样的佳绩，是什么原因创造了这样的奇迹呢？ 2017 年 7 月，在火热的重庆，张晋蓉应学校之邀，在校长李国惊、校长助理朱玉琴的带领下，参加了全国群文阅读种子教师培训。她静静地听，默默地思考，初步认识了群文阅读，对群文阅读教学有了“浅表性”感受。她说，自己还从未如此近距离地接近群文阅读教学研究，虽然没有“真刀实枪”地进行群文阅读课堂教学，但是这种沉浸式、体验式的群文阅读研修也让她学到了群文阅读教学设计的基本流程和方法。2017 年 9 月，武侯区举行群文阅读教学设计比赛，张晋蓉老师第一个报名参加学校初赛，第一个上交自己撰写的群文阅读教学设计。根据参赛教师的主动性、积极性和教学设计呈现出来的水平，学校学术委员会一致推荐张晋蓉老师参加武侯区的比赛。在确定代表学校参加区级比赛后，她立刻向朱玉琴和刘芳老师请教，而朱玉琴和刘芳老师感动于其诚挚和努力的态度，也自然不遗余力地指导和帮助。作为其“师父”的校长助理朱玉琴，是历届群文阅读种子教师培训特聘导师，具有十分丰富的群文阅读教学经验，因此学校确定由她对张晋蓉老师进行一对一的跟踪式指导和帮扶。朱老师带领张晋蓉老师再一次走进群文阅读，先学习议题的确定、文本的选择、文本的解读，再学习学情的分析、目标的明晰，最后才指导其精心进行教学设计。在教学设计中，特别引导其充分预设学生学习的各种情况，有针对性地设计适应相应情况的学生活动。张老师在这样的指导下，一步步扎扎实实地实践、摸索，很快掌握了备课的基本流程和基本规范，备课水平有了显著提升。据她本人说，在来沙堰小学之前，由于其代课老师身份，她几乎没有参加比赛的机会，也没有受到过像这样的一对一精细指导，对该怎么有效备课一直都是懵懵懂懂的。而今，这样的指导和帮扶给了她全新的认识和系统的备课思路，对她今后的常态语文教学的启发都十分大。

而后的好些日子，在放学后的校园（她所教的是一年级，她说她首先得把自己当下的工作做好），在深夜的家里（她的孩子才刚刚满一岁，等把孩子安顿好睡下，她才能开始备课），她都在刻苦钻研、反复琢磨，不断内化导师对她的指导，并把自己没有理解清楚的地方做上记号，第二天追着导师请教。在这样一次又一次的精细、深度思考后，在学校校长、全国群文阅读教学专家的指导下，她对群文阅读教学有了一些真切的认识，懂得了教书不是埋着头勇往直前，而需要抬头看路，并不断反思自己的方向是否正确，也需要不断提醒自己，语文教学到底教什么，群文阅读最核心的是培养学生什么，课堂应该怎样组织才能激发学生思考……那些日子，张老师被这些问题纠缠着、敲打着、折磨着，而这样的磨砺也让她的教学设计毫无悬念地取得了武侯区群文阅读教学设计大赛一等奖。

第四是制度共建工程。沙堰小学自办学以来，遵循学校"既要建章立制，以制度规范教师教育教学行为，又倡导制度共建共遵守"的原则，打破了传统制度自上而下的建立过程，彰显了制度文化的民主性。

2017 年 6 月 28 日，在招聘到第一批教师后，沙堰小学召开了第一次全体教职工大会。会上，校长李国惊就向全体教职工征集学校办学目标、理念，学校各方面工作的规章制度，要求全体教师一起约定未来的行动方式和规则。

李国惊向教师们提供了思路：学校所有人的初心是什么？学校朝着怎样的目标发展？对标一流学校，参照一流学校的教育教学工作要求，个人理想中的教育教学有哪些特征？同时，李国惊还向教师们推荐了山东省潍坊市广文中学校长赵桂霞撰写的《建设一所新学校》一书。李国惊最后说："大家不要想着这些都是校长的事情，其实，我们都是学校的主人，都需要谋划未来学校发展方方面面的工作。"

2017 年 8 月，学校规章制度制定研讨活动如期集中举行。每个部门都拿出初步拟定的制度，并进行详细的解读；全体参与人员逐字逐句斟酌，提出修改意见。通过全体行政团队的共同努力，学校各方面的重要制度被拟定出来了。随后，组织全体教师学习，提出修改意见，最终经全体教师通过，形成全体教师的在校行动纲要。

正是因为全员全程全面参与沙堰小学的制度建设，沙堰小学每一个教师都从一开始就参与学校管理，认同学校制度，明确各自应该遵守的规约。

不难看出，沙堰小学教师自主管理的四大工程沿袭了川大附中西区学校的共治内涵，同时又有创新，充分体现了“两自一包”在教师管理上的生动性和可借鉴性。

**五是在教师专业发展引领上，自出心裁，提出“教师像大学生一样修学分”，将教师的学习惯性演化为自发学习动力，提升教师专业发展。**

四川知名教育专家姚文忠教授曾到沙堰小学调研。在听取了学校管理团队的解说，观察了课间学生自然状态下的表现，考察了学校办学文化及其管理模式，浏览了学校取得的成果后，姚文忠赞不绝口，声称难以想象，一个平均教龄不足 3 年的教师团队取得如此多的成绩，绝不仅仅是因为管理团队的“能干”。对此，李国惊不讳言：是“两自一包”机制带来了跨越式发展。

在“两自一包”的“自主管理”实践中，沙堰小学把教师专业提升放在极其重要的位置，建校之初就制定了《成都市沙堰小学教师提升行动计划（2017—2022）》，把“有理想信念、有道德情操、有扎实学识、有仁爱之心”的“四有”教师作为教师专业发展的核心标准，并配合学校各类制度建设，提出了“学教研培”的积分管理办法。所谓积分管理办法，是将教师外出教研、培训学习、阅读与习作、师徒（同伴）结对、自主研修（包括科研工作及继续教育总体完成情况等）等方面的工作作为积分基础，将教师完成相关任务的所有努力都纳入积分范畴，对教师积分情况进行不定期公示，并就积分情况与教师对应研讨，促进教师建立发展信心，形成比学赶超的浓厚氛围。同时，利用“两自一包”自主的薪酬待遇发放办法，在学期末根据每个教师的“学教研培”积分予以专项奖励。

早在 2017 年暑期，朱玉琴就提出，既然我们招聘教师可能倾向于应届毕业生，那我们何不延续他们的学习经历，以“让老师像大学生一样修学分"来激励教师们走专业发展的道路。就这样,"让老师像大学生一样修学分"成为沙堰小学教师专业发展的"行动纲领"。凡教师自主学习,给学校提供了读书笔记、读后感的,教师发展研究中心根据学习质量加学分;教师执教观摩课、展示课、示范课和竞赛课获奖的,给予相应加分;参加教研活动积极发言,并有一定质量的,给予加分;参加校外培训,并回校主动汇报分享的,给予加分。

教师专业发展积分制极大地刺激了教师学习积极性,让"书香校园"成为沙堰小学的一种常态。为了多给教师提供学习展示机会,沙堰小学还不断创建教师学习展示平台。例如,"逢会聊书"的会前十分钟"学润小讲堂",教师在自愿前提下,可申报在学校会议召开前分享自己的读书心得或汇报外出培训学习收获,教师发展研究中心根据教师的交流汇报质量予以计分。再如,期末同读一本书专题分享活动,学校根据教研实际,每学期为每一位教师购买同一本教育专著,教师在期末教研会上展示自己的阅读批注,分享体会,宣读心得,教师发展研究中心根据交流情况进行专项考核评分。

"很多时候,当教师得知学校要开集体会议,就有教师在会前找到我,要求在会上交流汇报外出学习心得。那种积极性,真正让人欣喜!"李国惊说。

在沙堰小学,"学习型学校""书香校园"在"两自一包"机制优势激励下,无须经历反复动员,而是通过教师自愿的学习就建立起来了。

在沙堰小学 2018—2019 学年度积分统计中,贾亭老师以高达 93 分的分数成为全校分数最高的教师,而这个高积分正显示了贾亭的成长历程。

这一年里,她参加了大大小小的比赛十余次。

2018—2019 学年度上期,学校收到相关单位下发的第十二届全国中小学创新课堂教学实践观摩活动比赛通知,贾亭第一个报了名。名是报了,可是该怎么做呢?她陷入了困境。比赛需提交视频资料,而此时距离提交资料的截止日期仅剩 2 周了。她开始琢磨,先是在网上寻找类似的比赛视频并下载观看。后来偶然得知一年级经验丰富的谭老师曾获得过这个活动成都市一等奖的好名次,于是她兴奋地去向谭老师借看获奖视频。从视频的格式到视频内容的规范，再到录制视频的着装和手势等，每一个小细节，她都不放过。这次视频录制、剪辑的每一个环节，她都一一参与，并把剪辑完后的成品一遍一遍地看，不断修改，不断完善。后来，这节让她熬夜奋战到凌晨4点、付出巨大心血的微课没有辜负她，最终获得了武侯区一等奖。

像贾亭老师这样，在“两自一包”自主管理模式下，因积分激励方式而激发专业自主发展的教师，绝不是个案。

**六是在“经费包干”的基础上，探索出“因需设培”的教师培训机制，增强了学校自主经费管理的科学意识，使教师培训经费既有保障又有针对性和有效性。**

沙堰小学深知，教师的专业发展，除个人努力学习外，专业培训在拓宽视野、提供经验、凝练方法、提供案例等方面起着重要作用。

沙堰小学除了将教师专业培训纳入“学教研培”积分项目外，更为重要的是，在教师参与怎样的培训、怎样让培训成为教师专业成长的必需等方面，提出了“因需设培”的教师专业培训原则，做出了切实可行的教师专业培训机制方面的探索。

首先是实行“因需设培”的校本培训方式。

沙堰小学认为，教师专业培训的主阵地是校本培训。因此，学校充分利用包干经费，在节约和有效使用相结合的前提下，鼓励各部门根据当下上级部门教育文件解释和学校发展及教师发展需求，开展校本培训活动。

例如，新版语文教材的使用，就需要全体语文教师参与培训，学校会组织参与过区、市、省级培训的教师担任校本培训主讲教师。再如，许多教师在解读教材、设计教学时，对教学目标把握不准，学校就会开展“教学目标哪里来”主题校本培训，会针对当下教师目标拟定不准确、表述不明确、目标意识淡薄等教学问题设置专题培训。再如午餐课程研究，会针对德育常规训练要求开展。校本培训的主讲者可以是部门负责人，也可以是学校优秀教师代表，或者是另聘一线优秀教师、专家担任。

其次是根据学校当下的教学研究主题或教师个体在某一方面进行视野拓展的需要，有选择性、有针对性地外派教师参加培训。

沙堰小学深知，如今的教师培训五花八门，各类培训机构纷纷向学校发出各种培训通知。凡是接到这类通知，学校会根据培训机构的合法性进行筛选，由教师发展研究中心审计、登记，然后向教师公示。凡教师主动申请，同时符合学校外派培训规则的，教师发展研究中心将教师外出培训申请书交学术中心进行审议，报校长办公会讨论，如此既尊重了教师合理的自我发展意愿，又符合教师培训经费使用规则，使教师培训经费用得当、用得值、用得规范。

当然，对外派培训的教师，学校有刚性规定：一是有具体的人次规定（包括一次外派人数、个人学期外派次数等），二是有培训前的功课准备（如对相关主题的信息收集和初始认知记录）、培训过程中的学习要求（如发布参与培训的照片）、培训后的交流汇报（要求有汇报的PPT）等规定。

三年来，在“经费包干”机制下，沙堰小学既精打细算，又充分扩大外派培训面，累计外派教师接受培训 400 余人次。

沙堰小学正是以校本培训为重点，以外派培训为辅助，促进了一批年轻教师积极参与教研，并在教研中快速成长。

语文老师徐小玉在 2018 年秋季应聘到沙堰小学后，看到同伴年纪轻轻就有让人羡慕的业绩，感觉只有 3 年教龄的自己太落后了。她找到刘芳倾诉时，眼眶含泪，十分难过。李国惊知道后，自然要鼓励一番。让李国惊吃惊的是，2019 年 10 月，徐小玉在参加武侯区教研活动时上了一节研究课，得到现场专家高度评价。“更有趣的是，这个活动的报道称，徐小玉课堂上‘面对学生生成，随机应变，体现了执教老师教学功力深厚……’要知道，徐小玉整个任教经历不足 3 年，在沙堰小学也才任教 1 年。并且，徐小玉的课堂实录被整理出来，发表在《时代教育》杂志上。”

李国惊说，像徐小玉这样的年轻教师在沙堰小学快速成长，不是个案。

**七是真正凸显了“专家办学”优势，建立了基于校情和学生成长规律的校本化课程实施体系，为现代学校课程建设提供了典型范例，最终让学生受益。**

办学之初，李国惊提出“研究学生、发展学生”的核心理念，本身就是以实事求是的态度构建学校办学思想——“研究学生”是“实事”，“发展学生”就是“求是”。

学校以什么发展学生？就是课程。

沙堰小学深知，任何学校在课程实施上都必须首先确保国家课程的全面实施，这是教育的国家意志。同时，深谙教育规律的李国惊更是明白基础教育各课程对儿童发展的重要性，因此，沙堰小学在建校之初就提出“全课程”观念，要求教师不折不扣地执行国家课程的全面实施。

在此基础上，沙堰小学充分依托“两自一包”改革优势，瞄准课程建设关键环节，强化课程管理、内容建设、课程实施，将“两自一包”优势转化为课程建设的动力和活力。目前，学校建成特色校本课程35个，基本形成了促进学生成长、教师发展、特色奠定的课程体系。

在课程的把握上，沙堰小学以国家课程促进全面发展，以地方课程强化补充发展，以校本课程促进优势发展，即以学生为中心，构建“人文素养”“科学素质”“艺体修为”三大课程体系，结合学校实际，优化实施国家课程，开放引入地方课程，综合建构校本课程，以多元智能测评发现学生，构建促进学生优势发展的动态课程体系。

其课程建设特点体现在以下几方面。

第一是活用“两自一包”组织架构分权、赋权，形成课程管理活力。

沙堰小学把分权、赋权理念贯穿于课程规划、建设和管理全过程，建立起岗位、责任、成效、酬劳相匹配的管理办法，让学校课程管理活力得以释放。其重点在于：

形成系统的课程建设理念。学校把“两自一包”的统筹权赋予学校团队，强调共同参与，形成了以学生发展为根本、以教育质量为核心、以教师活力为基础的课程建设理念。如培养有“坚实底子、纯真情感、灵动思维”的“现代小公民”和时代新人的学生发展目标，就是集体研究的成果。强调学生全面发展、优势发展和个性发展，“全员、全面、全规律”课程观的形成，也是经多次研讨产生的。

形成有效的规划牵引机制。沙堰小学努力将“两自一包”的办学自主权落实到学校发展战略中，从学校设立开始，就树立以战略眼光看待办学、以规划策划提升办学理性的意识。在学校开办之前，筹备组提出了详细的办学规划；开办后第1年，就制定了后续6年的办学战略与规划，提出了建设“新一流小学”蓝图。这个规划包含办学目标、学校文化、教育教学等“八大体系”，课程建设是其中的重要组成部分。

按部门负责制建设课程团队。学校依据“两自一包”赋予的管理自主权和经费包干权，探索性地设立了以学生发展研究中心、教师发展研究中心、教学与课程研究中心、资源与保障研究中心等为核心的部门组织架构，强化研究式工作和综合性推动，以部门负责制促进课程建设的团队参与。学校依托教师自聘权，选聘有爱心、专业底子好、上进心强的教师，尊重教师的课程建设参与权、建议权、监督权，激发了教师的积极性、主动性和创造性。如通过自主招聘进入学校的香港大学研究生，将多元智能测评课程体系纳入学校课程建设，为学校结合多元智能测评建构具有延续性的校本课程体系提供了重要依据。

第二是活用“两自一包”探索性、实验性赋能，形成课程内容创建活力。

“两自一包”赋予了学校探索、实验的空间，因此，学校鼓励大胆探索，包容各种尝试，使部门和教师在课程内容创建中的动力、活力得到释放。其重点在于：

形成“三个维度”的内容建构。学校努力发扬民主，在课程内容的建构上强化全员参与，形成了尊重学生成长规律、强化关键能力培养，包括“人文素养”“科学素质”“艺体修为”等“三个维度”的课程内容。“三个维度”都强调生活化、创生性和体验感。比如，学校鼓励学生发展研究中心群策群力，形成了以三个时间轴为主线的养成教育课程体系——一日规范、四季成长、六年序列课程；支持吴潘老师优化数学课堂结构设计，每节数学课都设置“挑战5分钟”的思维训练；少

“校园520”活动，赋权学生参与共同治理

先队大队部设置了“小手办校园”“校园520”活动课程等等。

形成“三个层面”的内容把握。学校强化集思广益，努力落实“两自一包”的赋能，构建起了全面落实国家教育方针、政策的“三个层面”课程，分别是：优化实施国家课程、开放引入地方课程、综合建构校本课程。比如语文学科的“1+X单篇群文整合”阅读教学，英语学科从起始年级开始每周开设的“3+1”课程，体育学科的“2+3个1”课程，美术学科把教材内容重组形成的结合地方特点的主题式教学等，都是相关教研共同体全体教师反复学习、研讨后形成的学科课程实施举措。

以多元智能构建课程特色。学校尊重教师科研成果的转化，把科研组的应用性研究转化为学校的课程特色路径，落实“成就不一样的我”的办学理念，促进学生优势发展和个性发展。主要方法是，以学生入学智能测评为基础，强化学情研判，并与家长一起形成培养方案，建构起学生“全面发展+优势发展”的校本课程体系。

系统建构养成教育课程。学校通过促进不同课程研发团队间的对接和融合，将德育为首落实为综合推动。在学生的养成教育和社团建设上，形成了全过程、全学科社会主义核心价值观建设，以及课程育人、文化育人、活动育人等“六个育人”方法和路径。特别是“学生一日常规”视频，实现了养成课程可视化；新生入学仪式、少先队入队仪式、十岁生日活动、毕业一课及“校园520”督查队评选活动、成长星积分兑换等，培育了儿童的自我管理意识、参与热情和快乐情怀。

第三是活用“两自一包”开放性、创造性期许，形成课程实施活力。

“两自一包”体制对学校工作有更多的开放性、创造性要求和期待。学校在课程实施中，通过教师及部门的联动与协同，通过开放性调控和实施中生成，提升了课程的实施活力。其重点在于：

以课程评价提升课程实施效益。学校教学与课程研究中心在刘芳主任、吴潘副主任的带领下构建了课程评价体系——注重科学性、开放性、客观性，通过强化评价体系构建，以平时测评反映过程性状态，以专项检测反映阶段关键能力水平，以期末检测反映学期学习效果。平时测评强调过程性评价，引导老师重点关注学生成长的非智力因素发展状况，促进了全方位、全过程关注儿童；专项检测帮助教师把握学生的关键能力形成情况，以便于开展有针对性的教学施策；期末测评考察学生的综合能力。其中，对于非语数学科期末检测，学校引入第三方命题，客观反映教学质量，并建立学科数据，引导师生、家长完整把握学生学习状况，确立学校及家庭教育的策略、方法和路径，有效引导学生成长。

形成四级课程实施体系。学校架构了发展委员会、校长、四个中心、三类共同体齐抓共管的四级课程实施体系，形成了全员参与的课程实施机制。首先，发展委员会有课程建设上位权，即内容决策权和实施监督权，是学校最高权力机构。其次，校长统揽课程建设，在方向、思路、策略等方面综合把握，确保课程建设落实办学方向，形成优势和特色。再次，学生中心、课程中心负责具体推动，四个中心各司其职。最后，年级共同体、教研共同体、班级共同体围绕课程实施提出各自的工作方案。

引入第三方监督课程实施。学校注重资源整合，重视发挥学生、家长、专家和社会的协同、监督作用，全面收集需求、意见和建议，并努力吸纳各方面资源形成教育教学力量。自开办以来，学校共接受家长、专家及社会人士的课程建设意见、建议 15 条次，形成了“有趣的反动力装置”“学传统，明礼仪”“伟大的祖国”等 22 个由家长实施的课程。

## 02 北二外成都附中：“两自一包”新模式下翱翔碧空的雄鹰

随着“一带一路”倡议的不断推进和实施，区域间的教育互通和人才培养合作日趋深化，国与国之间的交换式留学生逐渐成为核心稀缺人才。而成都，作为国家中心城市、南丝绸之路的起点和北丝绸之路的主要货源地、“一带一路”的重要节点城市、西部国际化窗口城市、教育高地，已有近 20 个国家在此设领事馆。

因此，成都需要更多掌握多门语言的跨专业复合型国际化交流人才。四川省委常委、成都市委书记范锐平在全市对外开放大会上提出“加快建立一支精通国际话语体系的专业人才队伍”的要求。在“一带一路”国家政策指引下，在武侯区委、区政府对教育的重视下，2016 年 9 月

12日，被誉为“外交家摇篮”的北京第二外国语学院与国务院命名的全国高科技文化区——武侯区相遇，时任北京第二外国语学院校长曹卫东与武侯区委副书记、区长林丽共同签署《北京第二外国语学院与成都市武侯区人民政府战略合作框架协议》，决定合作共建北京第二外国语学院成都附属中学（简称“北二外成都附中”）。

历时两年，一所紧贴“一带一路”创新人才培养需求的“两自一包”公办完全中学——北二外成都附中拔地而起。

北二外成都附中校园内的守正大道

2018年2月，武侯区教育局指定原石室双楠实验学校校长何光友组建北二外成都附中筹备组。在筹备组6人第一次聚首时，何光友首先向大家抛出了三个问题：“我们要办一所怎样的学校？”“我们希望培养出什么样的人？”“我们应当怎样培育人？”

大家你一言我一语地谈着自己的看法与设想。

现任北二外成都附中校长助理、曾任武侯区石室双楠实验学校教务处主任的彭洋，阐述了她的想法，她说：“现在越来越多的孩子，从学龄低段到高段，越往上走，眼神变得越来越木讷，越来越没有灵气。我希望将来从我们学校走出去的孩子，每个人的眼睛里都能闪烁着光……”这样一段质朴而发自肺腑的话，成了日后北二外成都附中致力于办“眼里有光、脸上有笑、心中有人”的教育的源头。

类似于这样集思广益的讨论还很多，筹备组6个人常常一聚头便是一整天，深入讨论关于办学理念、办学追求、办学特色、育人目标的诸多问题。“如果我们天天闭门造车，不能完全理出学校文化的头绪，那还不如一起走出去看看，去学习，去主动寻找我们想要的答案……”何光友对筹备组成员说道。

2018年3月6日，北二外成都附中筹备组开启了“赴京”及“寻根”的学习之旅。

第一站便是北京第二外国语学院。在这里，筹备组与“北二外”领导交流了关于成都附中的一些办学思路与初步构想，得到了“北二外”领导的悉心指导和大力支持。

第二站是拜访中国教科院的专家。专家们对北二外成都附中的办学理念、前期筹备情况等给予了充分的肯定，对学校提出的问题与困惑给予了细致的指导。

第三站是到北京的联盟学校——北京第二外国语学院附属中学考察学习，体验其教改特色，感受其育人风貌，学习其管理模式。同时，该校校长付晓洁就北二外成都附中的办学目标、课程设置、特色发展及资源整合等给予了具体指导和建议。

回蓉之后，筹备组马不停蹄地投入到对学校未来发展与长远定位的规划中。在经历数十次的修改后，“办学理念”“办学追求”“办学特色”“育人目标”……一字一句，一切都从无到有，逐渐清晰，被镌刻在了北二外成都附中的历史画卷中。

3 月 12 日是植树节，筹备组 6 人来到还在施工中的北二外成都附中，满怀着仪式感和庄重感，种下了一棵桃树和一棵李树。后来何光友揭示了这次植树的意义：既寄托了对学校未来“桃李满天下”的信心与决心，也寄寓了“桃李不言，下自成蹊”的办学精神。

北二外成都附中筹备组在学校种下桃树和李树

就这样，当年秋季，武侯区一所新办学校，在“两自一包”新模式下启航于美丽的天府之国。

截至 2019 年 9 月，办校一年来，北二外成都附中已招收3个年级，24 个班，1095 名学生。在这一年时间里，学校一边有序推进学校工作，一边高速积淀学校底蕴。

首届“一带一路”小语种创新人才学术研讨会

2018 年 5 月，北二外成都附中成为武侯区首批“未来学校”；2018 年 8 月 22 日，“首届‘一带一路’小语种创新人才学术研讨会”在北二外成都附中举行；2018 年 9 月 13 日，北二外成都附中与成都市全国重点乒乓球运动学校签署合作协议，成为成都市乒乓球后备人才训练基地；2018 年 12 月 29 日，与四川师范大学签署协议，共建“四川师范大学龙狮运动实训基地”；2018 年 12 月，北二外成都附中成为成都市篮球 3×3 项目青少年训练基地学校；2019 年 5 月 20 日，成都市武侯区教育局同意以北二外成都附中为龙头学校，北二外成都附小（成都市百草园小学）、北二外成都附幼和成都市武侯区第五幼儿园为成员学校，组建北京第二外国语学院成都附属学校教育集团；2019 年 5 月 24 日，四川省教育厅同意北二外成都附中面向全省自主招收初中毕业生，组建 1 个小语种人才早期培养实验班；2019 年 6 月 14 日，与芬兰塞纳约基市教育代表团建立友好合作关系；2019 年 7 月 4 日，与德国 F+U 萨克森公益教育集团建立友好合作关系；2019 年 6 月，北二外成都附中面向全省自主招收 1 个小语种人才早期培养班，高一年级招生形势喜人，教学实力得到广大学生和家长认可；2019 年 7 月 10 日，北二外成都附中针对第一批高中新生正式入学开展国防素质教育，学校高中部正式开校。

尤其值得一提的是，2018 年开学仅一个月，在一个周一的升旗仪式上，北二外成都附中的学生便自发地、流利地用了“七种语言”（汉语、英语、俄语、德语、法语、日语、阿拉伯语）在国旗下宣誓，呼吁全校学生在第一次月考中要“牢记师长嘱托，不负学校厚望，诚信考试”。

2019 年 3 月 23 日，北二外成都附中的 5 名法语学生，在西南地区“中学生法语活动日”配音比赛中斩获第三名。学校建校后第一次参加比赛便取得了不错的成绩，这对这所创校仅大半年的“两自一包”学校而言，是莫大的鼓励。

而在此比赛的前两日，即 3 月 21 日，北二外成都附中迎来了最美“春分”时刻：中国前外交官联谊会秘书长、曾驻多个国家的前大使——忻顺康先生来校与同学们对话交流，正式开启了北二外成都附中首届“一带一路·薪火相传——前大使对话未来外交家”活动。

是什么原因促使北二外成都附中在建校第一年便走上了发展的快车道？

“北二外成都附中的快速腾飞离不开两只‘翅膀’：一只‘翅膀’是‘一带一路’倡议，其对国际人才的需求，促进了北二外成都附中特殊地位的凸显；另一只‘翅膀’是‘两自一包’学校新模式，其核心是聚焦武侯教育内涵、提升区域教育品质、完善教育综合改革，为北二外成都附中提供了发展动力与区域力量。二者和谐融合、相得益彰，促成了北二外成都附中在短时间内搏击全国名校之林，翱翔教育万里碧空。”何光友这样解释。

那么，北二外成都附中在“两自一包”学校管理新模式下，有哪些独特探索，并以之激发了学校快速腾飞的力量呢？

**一是对“两自一包”的内涵凝练出“权力下放＋共同治理＋学术治校”的个性化、创造性解读，使之适应外国语学校的性质。**

作为区域教育综合改革项目之一，实验学校必须在真正领会“两自一包”内涵的基础上，展开基于自身学校性质的办学实践探索。这不仅是实验学校对改革实验的落实，更是对改革本身的丰富。

北二外成都附中深知，领会“两自一包”的内涵，不是机械地理解其字面意思，而是要将其与学校独特性结合起来，比如，作为外国语国际学校该怎样独特解读“两自一包”。

正是基于这样的理解，北二外成都附中将“两自一包”创新解读为“权力下放＋共同治理＋学术治校”。

北二外成都附中认为明确学校办学性质是第一位的。

“两自一包”实验学校的办学性质是“公办性质”，这决定了学校的办学方向，保证了学校是在党的领导下坚持社会主义办学方向，培养目标是“培养德智体美劳全面发展的社会主义建设者和接班人”。公办性质还保证了政府对学校的投入，既能使学校在经费充足的情况下专心办学，保证办学质量，还能不受“私立学校”运营压力影响，而以符合规定的最低收费办最高质量的“让人民满意的教育”。为了将学校党组织把握办学方向、推动学校健康发展的职能落到实处，学校明确规定：凡属“三重一大”范畴的事项必须经学校党组织集体讨论决策。

同时，北二外成都附中还有自身的办学特点，那就是作为国际学校的基本特性，在今天表述为：为“一带一路”培养具有中国文化基础、国际竞争力的人才。正是基于此，学校将“守正如初，创新不止”作为校训，意在训诫学子守中华文化之正，守爱国初心，同时以创新精神拓展国际视野。为了强化校训对学子们的教育，学校还辅以“为中华之崛起而读书”“为世界之繁荣而奋斗”的理想来增强学子们的国家情怀和世界胸怀。

在具体的教育过程中，北二外成都附中也将爱国主义教育作为学生时时处处必须修的课程。比如国庆来临，学校就会隆重举行“我和我的祖国”主题升旗仪式，以及国庆装扮校园、国庆书法比赛等系列活动，进一步培养师生的爱国情怀，增强道路自信、理论自信、制度自信和文化自信，增强对建设更加强大的祖国的信心和使命意识。

明确了“公办”这一办学性质之后，就必须深入理解“两自一包”改革本身的性质。

北二外成都附中认为，“两自一包”的本质是由传统的教育管理向新时代的“放管服”转型，一言以蔽之，就是“权力下放”。这需要学校管理者在充分获得政府、教育主管部门“权力下放”的基础上，进行校本化“权力下放”，最终在学校内部管理上形成教育民主氛围。只有这样，传统学校的行政部门才能转化为服务部门，学校才会形成这样的管理理想：教研教学主导地位凸显，学术被充分尊重，活力被充分释放，教师的主人翁意识和责任感增强，学术治校和共同治理成为学校自主管理的根本体现。

因此，“两自一包”最终形成“权力下放 + 共同治理 + 学术治校”办学理想机制和学校运行机制。

这，就是北二外成都附中对“两自一包”的创新解读。

**二是在“自主管理”的探索中，凝练出“扁平化 + 分布式 + 项目制”学校管理特点。**

在充分、独特解读“两自一包”性质的基础上，北二外成都附中探索并建立了相应的管理体系，形成了独特的管理特点。北二外成都附中将之凝练为“扁平化 + 分布式 + 项目制”。

扁平化管理的核心是减少管理层级、提升管理效率。

北二外成都附中因为其国际学校办学性质，必须实行小班制教学，而教育局又在教师配置上对“两自一包”实验学校有根据学生人数按比例配置教师的要求，因而教师与教学班之间出现了不匹配的矛盾，这就需要压缩行政团队，充分配置教师，确保小班制教学。

何光友校长经过缜密思考、不懈探索，提出了“向管理要编制”的大胆创想，硬是将同规模学校需要的约20名行政干部压缩成了6名，“节省”出了英语教师编制，变传统公立学校管理体制下的“不可能”为“两自一包”模式下的“现实”。

那么，仅有6名管理人员的管理团队又怎样运行呢？

这就需要借助扁平化管理，同时辅以分布式和项目制管理来实现。

在管理结构上，北二外成都附中建立了“五会议事—三部门、六中心—项目制”的管理层级。

五会议事是指学校设立了校长办公会、学术委员会、教职工代表大会、家长委员会、行政会五会议事制度。学校所有重大事项，必须由五会集体决策。比如学校的《行动纲要》《五年发展规划》，就是由五会集体讨论制定。

三部门是指教导处、办公室和总务处。三部门的职责分工简洁明晰、无重叠，使各部门能各司其职：办公室负责宣传、行政、工会、党务、人事、档案、会务、督导、对外接待、招生工作；教导处负责教务、教师培训、教学评价、实验教学、德育、艺术与体育、团委、学生会、社团、安全、学生资助、生涯规划、家校共建工作；总务处负责财务管理、宿管中心、食堂管理、物业管理、资产管理、基建工作。三部门分别从办公、教务、后勤三大方面为学校和教学服务。比如学校某班级实行操行量化非常成功，教务处就负责总结这些经验，制定操行量化手册及操作方法，然后让其他班级借鉴，这就体现出教务处的服务职能。

六中心是指国际中心、诊断中心、宿管中心、信息中心、项目中心和脑科学中心，是为了适应时代发展，以学术等诸多方式，分别从不同方面为教育教学一线提供专门服务的部门。六中心不设专职人员，分别由懂专业或有余力的老师、行政干部等兼任，既能为学校排忧解难，又能发挥所长。比如信息中心主任就由年轻的信息老师兼任，既解决了学校智慧校园建设中的许多问题，又使自身的专业得到了发展，还节约了人力。

同时以年级为单位，设立年级主任。而对于需要部门协调完成的工作，则由分管副校长安排，部门协同完成。

这样的扁平化管理，增强了教育教学的目的性，使管理本身变得灵活、敏捷，富有柔性和创造性。

分布式管理是管理扁平化后的必然结果。

北二外成都附中的分布式管理体现在：让各个管理单元（即学部、年级组、班级）逐层下放权力，层层自主管理，人人参与管理，从而提高了积极性，增强了责任感。学校每位教师承担三项管理职责，实现人人都是管理者。一项是行政管理职责，承担人为行政干事、工会委员、年级主任等；一项是学术型项目管理职责，承担人为教研组长、备课组长、基于问题学习的项目负责人等；一项是具体的育人职责，承担人为班级导师、生涯顾问等。

实际上，在探索权力下放的过程中，何光友校长就充分意识到学校的很多工作是校长和行政部门管不了、管不好，也不应该去管的。他说："你只有不管才管得好。"这真正道出了分布式管理的奥妙所在。所谓"不管"就是赋予教育教学一线充分的自主权，在教师工资职级制、班主任职级制、学科组长职级制、行政干部职级制的基础上，实行教师双向聘任。校长只管学部和年级主任的聘任和考核，至于学部和年级组管理过程中的教师招聘和使用、利益分配、教学资源管理与使用、教育教学安排等都由他们自己说了算。正是这种充分的放权，让学部和年级组充满了责任感和主动性。年级主任负责对科任教师和班主任的聘任，年级教师的工作岗位、工作目标、工作考核均由年级主任负责。班主任负责对班级导师的聘任，班级导师的职责分工、质量考核待遇报酬等由班主任负责。正是这种层层下放，使学校的教育教学管理最终变成了一个个充满活力、能实现自我良性管理的细胞式小组。这些小组通常只有几个人，因为良好的人际关系，他们往往仅依靠心灵默契就能良好运行。众多良好运行的细胞式小组，使学校的整个机体充满了活力。

比如班级管理中常会出现这样的矛盾：班主任忙不过来，科任老师有余力却因为不是班主任而不能为班级管理出力。为了解决这个问题，学校要求班主任聘用科任老师为班级导师，协助班级管理，且每个月给予班级导师固定费用。班主任可以聘用 1 名及以上班级导师，并有权决定班级导师费用的分配和以后是否继续聘用班级导师。当然班主任也可以不聘用班级导师，自己承担相关工作，这样自己得班级导师费用的一大半——之所以不将全部班级导师费用给班主任，是因为学校原则上鼓励班主任聘用班级导师，以利于班级管理。实行班级导师聘任制后，学校的班级管理更加有序，管理成效上了一个新台阶。实际上这种方法就是将班级管理者由“孤家寡人”变为分布式管理小团队，解决了班级管理中班主任“心有余而力不足”的问题。

但是学校仅靠三个行政部门、六个中心以及学部和年级组来解决问题是远远不够的。在教育教学中，在学校发展中，在教职工生活中，还会出现很多实际困难和问题，并且是在传统管理体制下难以解决的。比如创作校歌，具有很强的专业性和艺术性，需要懂音乐、懂文学的专业人才合作完成，这就需要用项目制的方法来解决。

项目制管理既解决了学校的各类需求和问题，又让认领项目的老师人尽其才，得到实现自我价值的舞台。2019 年学校就共有 42 个项目，分为创生型、幸福型、研究型三类，其中创生型项目涉及校园美化及精神文明建设等方面，幸福型项目涉及提升教职工精神文化素质、满足娱乐需求等方面，研究型项目涉及教育教学方面。比如，为增强教职工归属感，加强教职工间的交流和团结，学校在“‘一带一路’在成都校园微博物馆”里设置了可以免费喝咖啡、看书、交流的文化沙龙，因为需要为教师煮咖啡，学校设立了“咖啡调制”项目。有位喜欢手磨咖啡的老师就申请管理该项目，既能施展手艺，又能服务老师，还能为自身创造一定收益。

**三是在自主招聘教师上，采取四级聘用制，促进教师聘用满足岗位需求。**

北二外成都附中在招聘方式上与其他“两自一包”学校一致，但在自主招聘教师时，更看重岗位与教师的匹配关系。

为在自主前提下精准招聘教师，北二外成都附中采取了四级聘用制。

一是校级聘用，指校长负责聘任各中心部门负责人和年级主任。

何光友知道，学校实行的是扁平化管理，因而三部门、六中心和年级主任相当于传统学校的中层干部，但同时，扁平化管理又赋予了这些干部更大的权力，这就必须由德才兼备的人担任。

“两自一包”破除了传统管理模式中学校中层干部由教育管理部门委派或任命的弊端，有利于校长在熟知的已聘教职员工中发现匹配岗位的人才。因而，在扁平化管理的基础上，北二外成都附中三部门、六中心和年级主任的聘任流程是：由校长发现，提请五会审议通过，最终由校长任命。

受聘干部全权处理中心、部门和年级的教育教学、科研、财务、人事安排等事务，对上直接对校长负责。

二是年级聘用，指年级主任根据本年级的教学工作聘任班主任、备课组长、年级项目负责人。不同的年级，所设定的分布式管理模式略有不同。例如，七年级设有巡查小组、质量小组、信息小组、活动小组和学法小组，那么七年级的年级主任在聘任班主任和备课组长之后，还要聘任各小组的负责人，即明确小组负责人的岗位职责，依据老师们的岗位申报情况进行双向聘任。在这种方式下，可能会出现同一个老师隶属于不同的小组，同时又隶属于学科教研组和班级组的状况，这将会在一定程度上快速提升教师的专业水平和教育管理水平，也会在经济上体现多劳多得、优劳优酬，极大地激发老师的内驱力。同时，不同年级组所设置的项目也会有所不同。如高一年级设置了五个年级项目：学生素养发展项目、教学质量发展项目、课题研究项目、信息助理项目、教师发展项目。年级主任在聘用班主任和备课组长之外，还会聘任各项目负责人，项目负责人再聘任项目组成员，且一个老师可以受聘于不同的项目组。

三是班级聘用，指对班级导师的聘任。北二外成都附中规定，每个行政班级配备 2～3 名导师，由班级科任教师和家长担任。每个班级至少聘用 1 名、最多聘用 2 名科任教师担任班级导师。每名科任教师原则上只担任 1 个班级的导师。家长导师由班级家委会主席兼任。班级导师由班主任自主聘用，聘用时明确班级导师的职责与待遇。多名班主任聘用同一科任教师时，由年级主任统筹协调。按照"谁聘用，谁负责"的原则，班级导师由班主任进行管理，年级组负责指导、监督。

班级导师有明确的岗位职责，包括：每周承担班级部分日常管理任务（两个半天，即班主任教研活动时间和校本教研时间），每周至少参与 1 次大课间活动；在班主任的指导下负责学法指导、生涯规划、心理健康等具体工作，每周检查 1 次（周一除外）学生"时间清单"（原"周计划日清单"）落实情况及特殊学生的思想教育情况；在班主任的指导下负责班级学生综合素质评价工作，管理学生成长手册，协助班主任做好学生评优选先、推优入团等工作；参与班级大型活动的组织管理；每学期至少承担 1 次主题班会课（或组织 1 次主题班级活动），协助班主任承担 1 次校本展示交流活动；班主任因公外出期间承担其全部日常管理工作（工作补贴以每半天为时间单位单独计发）。家长导师（班级家委会主席）也有明确的岗位职责，包括：协助班主任管理好班级家委会，统一思想、统一认识，组织本班家长积极参与学校和班级的各项活动；每周星期二下午全校教职工例会时间（下午第 3、4 节课）安排家委会成员（或家长代表）到校参与学生常规管理工作；每学期组织家委会至少承担 1 次主题班会课（或组织 1 次主题班级活动），每学期为全年级学生开设 1 次专题讲座（职业体验、技能培训、学术报告等）；积极参与班级建设和管理（特别是重大活动），向学校推荐优质教育资源（专家、活动及场所等），为班级建设和学校发展分忧解难。

四是项目制的聘用。北二外成都附中将事权分解为项目，所有教职员工都可以根据自己的兴趣和特长参与学校、年级、部门的不同项目。总体来说，北二外成都附中的项目有三类，即围绕教育教学开展的“研究型”项目，围绕学校发展开展的“创生型”项目，围绕丰富生活开展的“幸福型”项目。研究型项目涉及一切与教育教学有关的工作，属于教师教育教学本职工作。如小组合作项目、目标教学项目、时间清单项目、赏识卡项目、直升年级整本书阅读项目、数学竞赛项目、信息学竞赛项目等都属于此范畴。此类型工作被认定为项目的依据为项目发布的成果得到推广应用，学校项目评审委员会会根据推广应用的范围来购买项目成果（可以是个人成果，也可以是团队成果）。创生型项目需要由具备相应特长的教师来完成，所以此类项目产生的费用由学校支付，教师在项目中做出的成果经过第三方评定或服务对象评定，记发相应奖励。幸福型项目是为提升教师的幸福感而设置的与生活相关联的项目类型，如摄影、阅读推广、经典电影欣赏、烹饪、烘焙、旅游、健身、绘画、书法等，所有有专长的老师都可以申报，申报成功后将获得相应的项目经费；如项目规模逐渐扩大并有一定的成果，将会额外获得成果推广经费。这在很大程度上激发了教师参与的积极性。

由于项目管理有一定周期性和专业性，在项目聘用方面，北二外成都附中采用自愿申报与学生中心审议相结合的实施办法。具体聘用由项目组长负责。

**四是在教师和学生管理上，凝练出“赏识管理 + 自信教育”模式。**

有了好的管理的体制，还得靠状态好的人去执行。学校注重通过“常识管理”这样“和风细雨”的方式，让师生们以最好的精神状态去工作和学习。

赏识管理的核心是让每个人都被尊重，使师生充满自信。北二外成都附中的“赏识管理”分为对学生的“赏识教育”和对老师的“赏识肯定”。

在学生层面，基于育人理念和“培养自信的人”的育人目标，学校推行了赏识教育，通过“赏识卡”和点赞式班会对学生进行积极评价。班主任、科任老师、后勤人员、家长都有数量不等的“赏识卡”，当发现学生哪方面有闪光点时，可以自主向其发放。学校每个月对获得卡片较多的学生进行表彰并颁发荣誉证书。“赏识卡”还可兑换成星级评价的积分。每周的点赞式班会上，每个老师要围绕“这一周本班同学身上有什么亮点”发言，汇总后以文字、图片的方式展示在教室里，发布到班级微信朋友圈、公众号。

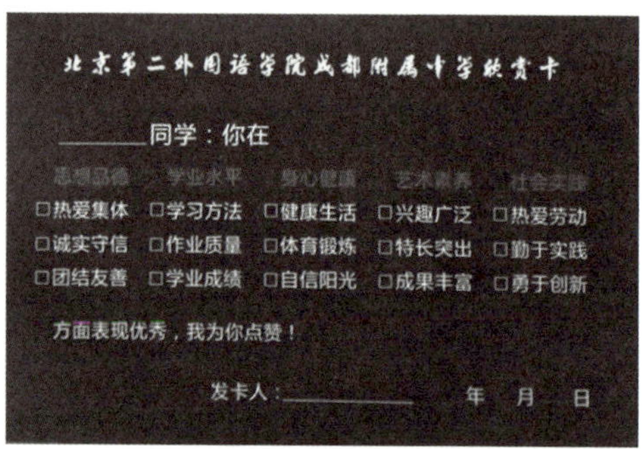
北京第二外国语学院成都附属中学欣赏卡

______同学：你在

| 思想品德 | 学业水平 | 身心健康 | 艺术素养 | 社会实践 |
| --- | --- | --- | --- | --- |
| □热爱集体 | □学习方法 | □健康生活 | □兴趣广泛 | □热爱劳动 |
| □诚实守信 | □作业质量 | □体育锻炼 | □特长突出 | □勤于实践 |
| □团结友善 | □学业成绩 | □自信阳光 | □成果丰富 | □勇于创新 |

方面表现优秀，我为你点赞！

发卡人：__________ 年 月 日

赏识卡

学校对老师也是给予充分赏识与肯定。如两周一次的点赞式质量例会，所有行政干部、备课组长都要轮流发言，主题也只有一个：这两周听了哪些老师的课，发现了老师身上哪些亮点。这些亮点会被汇总后在全校推广。学校还会让一线教师分享好的做法，让所有的创新、改革自下而上生长。何光友说，老师也是在被欣赏的过程中不断变得更优秀，最好的校本教研就是找到身边的榜样，最有效、最简单的教师培训方式就是让他们来分享。

正是通过赏识和肯定教师，学校极大地激发了教师爱生如子的职业情怀和爱校如家的敬业精神。

学校有位日语老师有两个感人的故事。一是有一名选修阿拉伯语的学生非常想再多学一门日语，她知道后就主动每天义务辅导他学习，最后这名学生居然以优异的成绩把日语和阿拉伯语都过了级！她诲人不倦、大爱无言、默默奉献的精神，让大家十分感动！另一个故事则展现了她“顾全大局，铁面无私”的一面。当时，她作为学校的日语老师负责面试应聘人员。来面试的众多人中有两个人最优秀，一个是来自清华大学的应聘者，另一个是来自日本某著名大学的应聘者。她权衡再三，告诉领导，两位都同样优秀，但是考虑到清华的品牌更有助于学校的发展，她决定选聘来自清华的那位。做出决定后，她居然大哭了，这让其他人都不明所以。后来大家才知道，那个来自日本某著名大学的优秀应聘者是她的男朋友！

**五是在促进教师专业成长上，提供多种平台，促进教师专业学习与自悟成长。**

有了优秀的教师队伍，如何稳定教师队伍也是亟待解决的问题，为此学校为教师的专业成长搭建了更宽广的平台，来提升教师的专业发展。

为了全面提升教师综合素质，北二外成都附中充分利用成都教育资源，把专家“请进来”，把老师“送出去”，利用各种时机给老师们充电补能。

2018 年 10 月，学校组织高中老师到成都七中跟岗学习了三个星期。他们看到，七中老师精心备课，认真上课，潜心研究，细心批改作业，耐心辅导学生、指导学生参加各种竞赛，把每一处教育细节都做得精心精准，这才造就了七中学生的优异，打造出了七中教育品质。去学习的老师一致认为，这些才是老师该做的“正确的事”。这些成功背后的辛苦付出也让老师们懂得了：课堂效率要提高，就得大胆创新，勇于实践；有效备课是提高课堂教学效率的前提，有效提问是提高课堂教学效率的关键，指导学法是提高课堂教学效率的保障，及时反思是提高课堂教学效率的保证，增大容量是提高课堂教学效率的途径。

2019 年 3 月，学校为老师们争取到了去北京十一学校学习的机会。正所谓“眼界决定高度”，该校的办学理念、硬件设施、教师素养、课程设置、学生管理等等都让前去学习的老师们大开眼界，直呼原来教育还可以做到如此完美。老师们也懂得了：尊重生命成长，回归教育本真，应是教育人一生努力的方向。

另外，区教科院是老师们学习收获最多的地方，每次到这里听取专家的讲座都使老师们受益匪浅。在这里，多年教学生涯造就的老师们常常会觉得自己只是一个典型的“教书匠”，仅熟悉本领域的教学内容和教学程序。在这里的学习——不管是“高考论坛会”“教学分析会”，还是“诊断分析研讨会”“网络画板”，都让老师们感叹知识的博大精深，从而生发对知识的无限向往和学习研究的热情，而专家们的指点和引领则让老师们感到醍醐灌顶、豁然开朗。

通过跟岗学习、外出培训和专项研讨，老师们极大地丰富了业务知识，更新了教育理念，掌握了更多教学方法，消释了很多疑虑，有效地

提高了业务水平和科研能力，提升了个人综合素养。

与“两自一包”办学机制相适宜，北二外成都附中还特别注重教师团队合力培养。

例如，针对高考的特点，北二外成都附中在分析 2017 年和 2018 年考纲、理清考纲要求时，就充分依托学校集体备课的方式，凝聚学科组团队智慧，对照考纲要求，对近四年的高考试卷进行细致分析，对每一种题型、每一个考点进行统计、整理，确定重点题型、重要知识点，摸清高考题型规律和分值分布，制定有针对性的教学措施和方法，最大程度实现教学目标。

办学一年来，北二外成都附中不断给教师们提供多元化成长平台，促使教师专业成长的路径越来越多样，教师的教育激情和学习热情也被唤醒和点燃，自我成长的动力与质量也不断提升，并最终回报学校和学子的发展，由此形成一个良性的循环。

**六是在办学特色上，初现基于外交人才输送的特色化发展。**

“两自一包”的独特机制极大地激励了北二外成都附中教师的主人翁意识，释放了创造活力，锻炼出了敢想、敢做、敢拼的教师队伍。一年多来，北二外成都附中初步形成了学校自己的办学特色。



第一是“外交人才培养基地”特色明显。

作为四川唯一一所开设 6 门小语种的公办高完中，从初中开始，学生就可以在英语之外选学一门第二外语（阿拉伯语、德语、法语、俄语、日语、西班牙语），每周有四节“二外”课程。甚至在每周三下午的选修课上，学有余力的同学还能选修第三门外语。

学校以为“一带一路”交流、发展培养“自信阳光善表达、具有全球胜任力”的外交人才为目标，致力于打造小学、初中、高中、大学“一贯制”连通培养模式，让热爱语言的孩子们拥有更好的发展平台。学生在第二门外语学到高中阶段时，就可以申请专业的语言考试，其中优秀的学生可以在高三提前去往北京第二外国语学院深造，还有机会通过第二外语参加高考，或者是选择第二外语的国家出国留学。独特的培养模式，给了孩子们更多的选择，也为普通工薪家庭提供了更多机会去实现梦想。

学校为学生搭建了许多多语种学习、提升、交流平台。比如，每年都会举办“一带一路”小语种创新人才培养研讨会，邀请北京第二外国语学院的专家学者、各国驻成都领事馆领事、中国驻外大使来到学校，与师生现场交流、分享。又如，每学期会邀请相关高校多个语种的外教、老师或留学生进校园，同孩子们上课、做活动，为孩子们创造更多的语言环境。

2019 年 3 月，外交部前驻津巴布韦、纳米比亚大使，中国前外交官联谊会秘书长忻顺康先生来到北二外成都附中，就人格培养、国际交往等与同学们分享了自己的人生经历，并鼓励同学们在任何时候都不要放弃开创自己历史的学习机会，今天的一切都是在为未来做准备。他还告诉同学们，要时刻担负起增强民族自信的责任。

2019 年 6 月，来自东京的吉田多香子老师和来自俄罗斯的四川大学俄语外教丽迪亚（Лидия Глебовна Золотых）教授走进校园。吉田老师身着白色和服，详细解释了日本和服的历史、分类和特点，并鼓励同学们有机会都去日本工作、学习和生活，接触不同的文化，为自己打开一扇新的未知的大门。吉田老师跟在场所有同学进行了一对一口语练习，讲到了在初次与人交流时的注意事项（如看着对方的眼睛、和对方握手、友好地微笑等）。由此，每一位同学都有了第一次与日本人近距离接触的经验。

丽迪亚教授有着丰富的教学经验，她幽默的语言、充满乐趣的肢体动作及灵活的互动方法深受学生喜爱。围绕着友谊的主题，外教创设了生动真实的交流情境，并简单介绍了俄罗斯的相关文化。活泼有趣的课堂活动和词汇的运用拓宽了学生的思维。

每年寒暑假，学校会为学生提供海外游学的机会，本校小语种教师也会全程陪同指导。2019 年 8 月，俄语老师带队前往白俄罗斯游学，日语老师带队前往日本游学，学生来到当地语言环境中，与师生们交流，更加深入地了解这些国家的风土人情、历史文化。

学校还举办了各种丰富多彩的活动、比赛，如语言节配音大赛、杜甫诗多语种朗诵比赛、多语种书画比赛。在艺术节、迎新晚会上，孩子们表演了多语种节目，包括歌舞、配音、话剧等等。

2019 年 4 月，沐浴着明媚的春光，北二外成都附中的“小小外交家”们走出校门，相约锦里，一起探寻天府文化的踪迹，学习多语种文化表达，展现了北二外成都附中学生的国际风采。

学校还为准高一学生在暑假提前开设小语种课程，帮助他们更快地进入语言学习的环境。

在 2019 年 8 月的国防教育训练营中，高一新生们在军训之余，开始了对小语种的了解、学习。

第二是英语“小班＋分层＋雅思”教学有亮点。

“听说领先，读写跟上”，北二外成都附中的英语小班化教学，每堂课学生人数在 22 ～ 25 人，充分保证了每个学生在课堂上的英语对话、阅读时间。“适合的就是最好的”，每两个班分成 A、B 两层，由两个老师共同承担两个班的教学任务，针对不同层次的孩子，分层教学，“对症下药”。在分层教学运行一年以后，A、B 两层孩子的英语成绩平均分相差已经微乎其微。

学校吸引了一大批国内外名校毕业的高学历英语教师，还有从高校、其他名校来到北二外成都附中，对教育充满情怀、理想的老师。英语组组长张清珍老师就是这样一位已经退休，但因依然热爱教育事业而又重回讲台的成都名师。在她的带领下，北二外成都附中英语组充满活力，他们发挥集体的力量，在一年的时间内，使课堂模式基本形成了自己的特色，使每位教师迅速成长，学生也在其中受益。

同多语种组一样，英语组也开展了丰富多彩的活动。

2019 年寒假，英语组李萌老师带队开展了澳洲访学活动。在访学的日子里，学生体验到了各种各样的课程：英语课、体育课、科学课、数学课、美术课、历史课、计算机课、音乐课、小语种课等等。

英文语言课堂上，老师执教 ESL 语言课程，提升孩子们的英语听说能力。轻松愉快的语言课堂上，孩子们勇敢开口，积极与老师交流互动，学习地道的英文表达，并分小组练习口语。

进入澳洲全真课堂，跟着各自的学伴，同学们进行了不同种类的全真课堂学习，国际化语言与思想的交流如火如荼。

活力舞蹈课堂上，同学们体验了激情四射的 Zumba（尊巴）舞及澳洲本土交际舞。在专业老师的指导和带领下，同学们渐入佳境，跟着音乐节奏欢快地舞蹈，满头大汗也乐在其中。

领导力拓展课堂上，师生一行来到超级体育中心（Sports Super Center）进行领导力训练活动。该活动中心是众多国家奥运选手备战的训练地，同学们在这里展开了一场团队合作的趣味活动。多种多样的益智拓展活动，培养了他们的团队合作能力、个人领导能力，增强了同学之间的默契与友谊。

在不久的未来，高中英语将增加雅思课程，给更多普通家庭的孩子铺就通过语言学习实现“留学梦”的路。

第三是演讲与口才专门强化。

要成为自信、阳光、善表达、善交际的未来外交官，必须具备过硬的演讲能力与口才，因此学校在许多场合都想方设法培养学生在众人面前“破胆”演讲的能力。比如，每节课的前三分钟，便是学生的“自信三分钟”演讲时间。学生为了准备这三分钟的演讲，需要提前确认演讲主题，反复练习后，再展现给老师和同学们。演讲时，学生需站到讲台中央脱稿演讲，并抬头挺胸，在演讲的过程中一次次地建立自信。因为每个学科每节课都有这个环节，所以每学期每个同学都有多次机会站上讲台，挑战自己。

“自信三分钟”演讲比赛

为了鼓励学生积极参加演讲、锻炼自己，在 2019 年 4 月，首届“自信三分钟”演讲比赛拉开帷幕，各个学科都有多名同学通过班级内初选进入决赛。精彩的比赛赢得了全体师生的一致好评。10 月，“小小演说家”演讲比赛再次来临，学生的表现一次比一次精彩，一次比一次自信。

为了给予学生更多专业指导，学校专门邀请了校外专业老师，设立了每周一节的演讲与口才技巧课程，对全员进行指导。学校鼓励学生站到更大的舞台，去表现、去展示。利用周末，老师们带着学生来到成都钟书阁的展演区，让学生在市民面前自信演讲。

在每一次的校园大型活动中，小主持人们都能够全程用双语主持，展现标准、地道的发音，自信、果敢的口才，体现出这所多语种公办学校的独特优势。

第四是数学班主任＋单班教学。

从初中到高中，所有的班主任都是数学老师？而且还是单班教学？这在其他学校几乎是不可能的事情，而在北二外成都附中却已经落地实施。在“两自一包”模式下，这种“不可能”变成了可能。

数学，一直以来都被认为是中考、高考的“尖刀”学科，“得数学者得天下”。“数学也是所有自然科学的基础。”何光友校长在谈到为何要这样配置班主任时说，“尤其在这样一所以语言为特色的学校，我们更要强调数学的学习。”数学老师当班主任，并且只教一个班，老师们可以把精力放在每一个孩子身上。时间多了，孩子们想不学好数学也难。

不仅如此，数学组还设立了“数学挑战班”，为孩子们查漏补缺，让孩子们在一次次的挑战中爱上数学、学懂数学。

建校一年多来，学校坚持并彻底执行该项举措，效果显著。

学校用更多的关注度促进每一个学生的数学发展，不管初中、高中，每一天都会在合适的时间做数学过关训练。

每个班级都要求所有同学做好“学霸笔记”。“学霸笔记”的要求：“三记”——记拓展知识，记典型例题，记易错题；“两写”——写解题思路和步骤，写错题经验和教训；“一画”——画思维导图。

通过每天的数学过关训练，大多数学生夯实了数学基础，比传统的回家做作业更高效、更有针对性。同时，留下部分时间给学生讨论、自主订正、评讲，锻炼部分学生的组织和表达能力，增强学生的自信心。通过每天坚持记“学霸笔记”，培养了学生内化数学知识的能力，让他们在错题中发现问题，在反思中提高效率。

每周，班主任会找有偏科倾向的学生谈话，帮助其合理制订学习规划。对于某个阶段的各科成绩分析，用“极课大数据”说话，发现学生的优势学科和薄弱学科，指导其科学、自主地培优补差。

数学老师当班主任，能让每一位同学都重视数学这门学科。同时给学生以科学的规划和学法指导，学生必然会取得比较好的学习效果。学校的初中在学年末的统考中，数学成绩进步很大；高中月考中，数学成绩超过预设的数学平均分 10 多分。

北二外成都附中自办学以来，在“两自一包”机制激励下不断探索，在教学成绩、招生、社会认可等方面均取得了极大成效，尤其是在特色小语种、开办高中方面取得显著成效。这就表明“两自一包”模式对于包括高中在内的基础教育学校是非常有效的，是值得推广的学校教育管理的改革经验。

## 03 幼儿园方阵的五彩缤纷

幼儿教育一直是我国区域教育尤其是城市教育中的难点。曾经有人感慨：求一个幼儿园学位比求一个大学学位都难。

而幼儿教育除了学位稀缺外，更为稀缺的是优质幼儿教师资源。

武侯区深知，破解区域幼儿教育的难点，除了有序建设幼儿园点外，关键在于从数量和质量两方面发掘幼儿教师资源。

武侯区经过“两自一包”机制在高中、初中、小学的成功实践，认为“两自一包”的自主招聘机制，能够破解因编制限制出现的幼儿教师数量不足难题，同时，“两自一包”的自主管理机制，也能激活办学活力，充分破解幼儿教师质量不足难题。

2017 年，武侯区选择了成都市武侯区第五幼儿园（以下称“区五幼”）和成都市第三十一幼儿园（以下称“市三十一幼”），开始在幼儿教育中试点实践“两自一包”。

两年多来，“两自一包”机制在实验园所生根、发芽、绽放，使武侯区幼儿教育呈现出异彩纷呈的格局。

**◆ 区五幼——党建引领、制度共建、教师自治，绽放“和谐乐观、团结向上”幼教文化之花**

区五幼开园于2017年，正值“两自一包”改革成果推广应用阶段。筹办之初，区五幼就紧盯“中西部教育现代化核心区”目标任务，并坚持“以党建为引领、以党员为先锋、以育人为根本”，针对幼儿教育特点，提出“初晓世界，心有远方”的幼儿教育目标和“小手玩快乐、小嘴问世界、小头梦未来”三个环节育人程式，凝练出“三范引领、三环链接、一个目标”的“三三一”工作机制，并以此进行“两自一包”管理体制改革探索。

两年多来，区五幼逐渐形成了“两自一包”机制下自身的特点。

**一是将党建融入学校治理，呈现出人人创优争先的管理活力。**

习近平总书记在全国教育大会上提出的“九个坚持”之首，即“坚持党对教育事业的全面领导”。作为新办幼儿园和“两自一包”实验幼儿园，区五幼认为，党建工作是幼儿教育工作的“定音一锤”，发挥党建工作在幼儿教育工作中的核心作用，发挥党组织在学校治理中的战斗堡垒作用，发挥党员先锋模范作用，是区五幼实行“两自一包”机制的工作基础。

建园之初，区五幼还没按照党的基层组织标准正式建立党组织，但是身为党员的园长刘春率先垂范，处处体现出党员干部冲锋在前的模范作用。为了帮助“分离焦虑期”的孩子们顺利入园，缓解家长的“焦虑”，她每天早上都会在门口晨接，时间持续一个多小时。不到一个月，她就能叫出所有孩子的名字，认识每个孩子的家长。好几个内向的孩子，每天看到她，都必须抱抱他们最爱的“园长妈妈”，对她说：“园长妈妈，你好漂亮！”……开园两年多以来，只要没有特殊情况，每天早上晨接和下午离园，她都会在园门口接送孩子。这极大地鼓舞了区五幼党员的先锋模范精神。

副园长何静也是党员。幼儿园筹备之初，所有物品全堆放在音乐教室，100多平方米的房间，堆放了满满一屋子，而且整个房间布满了灰尘。开园前，何静带着老师，一点一点地把物品抬出来清洗干净，并有序摆放在室外、库房。那天，大家忙到晚上八点过。在整理完库房后，他们用自己黑黢黢的手拼成一个象征团结的星形，并拍照片发到幼儿园群里。看到这样的照片，幼儿园老师莫不精神振奋，干劲十足。

园所安保队伍中有一位姓袁的保安，大家都叫他“袁师傅”。每天老师们下班时，袁师傅总会给大家敬一个标准的军礼。每一次有家长前来咨询，袁师傅总会不厌其烦地做各种详细解释。他也经常主动找到园长，提出各种建议。面对老师、家长的表扬，袁师傅说：“我是从部队转业的，多做一点没关系，我是党员！”

年轻党员教师帅柳，在平凡的岗位上时刻以党员的标准要求自己，对待工作满腔热情，努力让自己成为智慧教师。正是她对工作的一丝不苟、严于律己，让她在年轻教师中树立了良好的榜样。2019 年，帅柳老师担任小七班的班长老师，面对刚刚入园哭闹不休的孩子，她每天都耐心地安抚。她们班有一个小女生特别爱哭，从入园可以一直哭到离园，而且声音还很大。她常常边哭边喊“妈妈”，帅柳老师便告诉她：“在幼儿园，我就是你的妈妈。”她每天给这名孩子无微不至的关心，吃饭喂、睡觉陪，现在孩子每天都能高高兴兴地在幼儿园生活。除了照顾这些新入园的宝贝，帅柳老师还是教研组长，也是幼儿园的纪律监察员、党支部成员，肩上的担子非常重，可是每当有新的任务交给她，她总是竭尽全力。有一次，同年级的另一个班级在管理方面出现了一些问题，园长找到她，希望她能够多去帮助这个班级。帅老师当即告诉园长：“我已经和年级组长商量了，我没有带班的时候，都到那个班去蹲点指导，帮助他们快速进入正轨。”园长对她说“辛苦了”的时候，她对园长说：“没事，我是党员，应该做好党员示范作用。”

幼儿园团支部始终鼓励广大团员向帅柳老师学习，积极向党组织靠拢。

区五幼党团员教师的先锋模范事迹也极大地鼓舞着非党员教师的爱岗敬业热情。

曹双老师班上有一个性格比较内向的孩子，家长在外面给她报了舞蹈训练班。有一次，孩子闹情绪，不想继续学习。这时爸爸骗她：“你好好练习哦，曹老师也会在外面看你练得好不好。”孩子一听到爸爸这样说，便相信了爸爸的话，进入了舞蹈厅开始练习。随后，爸爸马上拨通曹老师的电话，告诉了曹老师事情的经过。这时已经是晚上 7 点多钟，并且曹老师刚刚下班连晚饭都没有吃，但曹老师二话不说，立即赶到孩子学习舞蹈的地方，一直等到孩子下课，高兴地拥抱孩子并鼓励孩子继续学习舞蹈。这件事曹老师并没有告诉任何人，而是孩子的爸爸在幼儿园公众号留言写下来，幼儿园才知道这件事。园长问曹老师："为什么为孩子做了这么多的事都不告诉我们呢？"曹老师只简单地说了一句："我觉得这是我应该做的。"

2018 年 10 月 17 日，区教育局党工委党建工作综合检查第七组对区五幼的党建工作进行了全面检查并给予了高度评价。谭英雄组长特别指出："虽然你们幼儿园没有党支部，但完全按照支部的要求开展了工作。"

区五幼丰硕的党建工作成果

2019 年开始，区五幼成立了党支部，并开展了一系列的工作。

**二是活用"两自一包"机制，共建制度，严肃执教。**

按照"两自一包"机制工作程序，区五幼首先制定了办园章程，作为园所管理蓝本；其次在教职工全员参与的情况下，制定了工作管理制度，涵盖园务管理制度、保教工作管理制度、财务管理制度、安全管理制度等四大类。

每种制度之中又包含部门与岗位的、集体与个人的详细日常工作规则规章。比如保教工作管理制度既有教师保教工作日常规定，又分别制定了教养、保育岗位的工作规定；既有教师园本研培制度，又分别制定了园内、园外培训规定，教研、科研工作规定；保健工作制度又按照园级与班级进行了不同的规定。

经过一年多的运行，区五幼发现之前制定的请假制度已经不适合实际情况，于是在 2019 年 3 月，区五幼向全园教职工发布消息，推举教职工代表参与制度的修订。老师们踊跃报名，形成了三个汇集行政人员、教养老师、保育员、保健医生等各种岗位的制度讨论小组。园所将请假的各种情况罗列出来，再按小组发到教师代表手中，大家在各自的小组中进行讨论。由于幼儿园工作的特殊性，第一次会议是在所有孩子离园后集中进行的。小组成员在第一次小组讨论中发表自己的意见，一直讨论到晚上 7 点多，才形成初步的讨论结果。随后小组各成员拿着初步讨论出的结果挨个去征求其他教师的意见。在三个小组完成讨论后，幼儿园组织全园教职工听取了三个小组的讨论结果。每个小组推选出一个汇报人，制作了精美的 PPT，通过列依据、摆事实，在考虑绝对大部分教职工利益的基础上，将小组制定此请假制度的原因条理清晰地告知所有人员。其中有一个组在代表汇报完后，组内其余老师也都发表了意见。一个代表说：“以前我听行政（部门）讲要有大局意识，我始终不明白什么叫作大局意识。这一次，我通过参与制度的制定，明白了大局意识就是要站在幼儿园的立场，要站在绝大部分教职工的立场去思考。”这样的领悟，是老师在真真正正共同管理园所时得出的最朴素的认知。接着，在幼儿园行政扩大会议上，所有参会人员对小组讨论的结果进行商讨，制定出《武侯区第五幼儿园请假制度》（试行版）。随后，将试行版制度发放到幼儿园每一个教职工手里，由年级组长组织大家共同学习，解答疑问。最后，大家共同签字认可制度的实行。在后期工作开展中，幼儿园发现试行版请假制度有不合适的地方，也会按照这样的方式，广泛征求所有教职工的意见，进行修改。

园所各部门还组织教师解读幼儿园工作管理制度，并制定出细致的《幼儿园岗位工作标准》，对各岗位工作内容提出明确要求，并附有工作行为加分与扣分标准。比如，针对保育老师有班级清洁卫生标准、班级物品消毒标准、儿童护理工作标准等；针对教养老师有文案书写标准、计划制定标准、教案设计标准、环创设计标准等。

**三是在教师招聘、管理上，探索“共同治理”理念下的“教师自治”。**

“两自一包”体制下，什么样的人事体系更能吸引来、保留住优秀教师？区五幼探索“共同治理”理念下的“教师自治”，并依托“教师自治”建立起聘任、评价、晋升等涉及教师利益的公正、公平、透明的人事体系。

首先是建立“教师聘用工作小组”，由5位骨干教师与2名中层管理人员组成。经过研讨、实践，目前形成了“四维”招聘模式：拟定招聘制度、确定聘用流程、选定观察人员、制定评议标准。招聘制度中明确规定了教养、保育老师等各岗位的聘用条件、聘用流程与考核标准。在聘用流程中，推行“四步定”，旨在考察全面、甄别公正。第一步，专业面试，即通过谈话考察应聘者的职业认同、思想品质、基本素养；第二步，试岗一月，即安排应聘者在一个月的时间内经历保育、配班、班长三个岗位的试工作，在这个过程中工作小组会指定3名观察人员对其在岗表现进行观察与记录；第三步，专业考核，即试岗者须设计教案和组织实施儿童活动，考核组教师听课并评分；第四步，小组评议，即聘用工作小组按照评议标准，结合日常试岗表现与专业考核得分，对试岗者进行最后评议。

其次是建立“教师评议工作小组”，由5名教师与3名行政人员组成。该工作小组负责教师教研比赛、评优选先、职称晋升、教师教学安全级数评定。通常教研比赛评议的工作流程为：第一步，设计比赛评分标准或民意测评问卷；第二步，计算比赛得分或开展民意测评；第三步，综合评议并记录评议过程与结果；第四步，园内公示评议结果。教学安全级数评议的工作流程为：第一步，复核教学安全事件记录；第二步，依据制度评定安全事件级数与扣分值；第三步，工作小组代表约谈教师；第四步，工作小组期末组织开展“教学安全反思会”。

最后是建立“年级自治”机制。具体包括：

班组自建，和谐发展。两教一保，三人一体，是学前班组教师构成的特点。年级组采用匿名问卷和个别访谈两种方式调查教师就班组团队构成的想法。新的小班班组人员构成首先交由年级组长、教研组长、保育组长从专业强弱、教龄长短、性格特点三个角度议论并初定。保教处在此基础上从优化组合、均衡发展两个角度和年级组长们再次研讨，确定各班组教师组成。

年级自理，人人发展。幼儿园充分赋予年级组权力，既解决了行政岗位缺少的问题，又激发了年级组的活力。年级活动、考核、绩效、家长会，还有个别班级出现的问题，都会在年级组层面讨论、分析，找出解决办法。具体而言，一是扩大决策权。年级的主题活动或班级的主题活动，甚至班级家长会的主题，由年级组教师自行协商，形成方案后，只需在保教部门进行报备，只要活动不与园内活动相冲突，由年级组自行决策。二是增加管理权。由于幼儿的年龄段特点，对各个年级组的考核标准和制度不能一概而论。每个年级组可以就本年级提出建议，加强对园所制度的建立、完善。三是赋予财务权。期末某些绩效以年级组为单位进行考核，绩效资金发放给年级组，由年级组自行分配。

现在的大班组是最早开始尝试“年级自治”的年级组。她们打响的第一炮就是开学典礼活动“天府文化——耍娃吃成都”。她们认为，新入园的孩子有新生入园仪式，那其余年级也应该有仪式感，要让孩子们感受到开学的快乐。于是该年级的老师自己商定方案，自己准备材料，举办了富有教育意义和仪式感的开学典礼，点亮了儿童开学第一天。小班组策划了“新生入园典礼”，隆重的仪式让儿童得到极大尊重，让家长安心喜悦。就这样，各个年级根据年级特点，开展了各种各样的活动，如中班的“爱在重阳”、小班的“喜迎新年”等。通过这些活动，区五幼不仅加强了家园合作，让孩子增长了认识，同时也丰富了幼儿园的节日课程、生活课程。

任务自愿，结队发展。园所将某些教育教学工作“打包”成“任务包”推出，由年级组、教研组或教师自主结队，自由选择承担任务。教师可以打破年级、岗位界限，自主结队抱团，自愿承担任务，在合作中相互激励、共同学习、共同发展。园所的微型科研就是以“任务包”的形式交给年级组，由年级组自己设计、实践。目前两个年级组的微型科研课题均在区级立项。园所和北师大、《幼儿画报》开发教学视频的任务也交给年级"任务组"完成，目前两个教学视频版权已被《幼儿画报》购买，并作为优质资源进行传播。

"两自一包"机制放权于园所，让园所敢于打破传统模式，探索创新现代幼儿园治理体系。区五幼已经形成了"和谐乐观、团结向上"的园文化，教师的专业自信越来越足，保教工作原生性成果越来越多，敢于承担重要工作的能力也越来越强。

**◆ 市三十一幼——权力稀释引发幼教质量"静悄悄的革命"**

如果说"两自一包"的核心是政府对学校下放权力，那么学校也应对管理层级甚至教师层级下放权力。这样的权力"稀释"，必然会带来自下而上的积极主动作为。

2017 年秋季，市三十一幼正式开始"两自一包"机制实践，其标志性事件是在 10 月制定了《成都市第三十一幼儿园章程》（以下简称《章程》）。

市三十一幼自开园始，即在"两自一包"机制引导下，推行扁平化管理，设园区负责人 1 人，中层干部 4 人。行政事务，由园区负责人对接行政人员，完成保教、后勤、办公室、卫生保健工作；年级事务，由年级组长作为园区年级管理的主要力量，园区负责人对接中层干部和年级组长；保教业务，由园区负责人直接对接中层干部和教研组长，减少管理的层级，教师、班级幼儿的事直接进入决策层面。年级组长对年级的全面工作负责，教研组长对保教质量负责。幼儿园管理的层级明显减少，有效提升了园所工作效率。通过分权治理和民主监督，规避了决策失误或某方面权力的过度膨胀，保障了整个管理工作公开透明且高效，管理的重心从"事务性管理"向"专业性管理"转变。

两年多来，市三十一幼在"两自一包"机制激励下，主动下放权力，呈现出独特的发展活力。

**一是"人权"下放，人人得到发展。**

首先，"两自一包"的机制优势使市三十一幼聘得到优秀教师。根据《章程》第三十九条规定：幼儿园实施全员聘任制，招聘工作由幼儿园组织，通过报名—资格审查—笔试—面试—体检—岗位试用—签订劳动合同六个程序进行，并进行严格的岗前培训，规范新教师招聘和上岗培训。在开园之前，园所筹备小组根据《章程》制定了《成都市第三十一幼儿园招聘制度》和《成都市第三十一幼儿园新教师培训制度》。2017 年 5 月，园所成立招聘小组，面向全社会发布招聘公告。当时计划招聘教师 9 人，结果投递简历者近百人。招聘小组根据招聘公告进行资料审查，先后确定了进入笔试和面试环节的人员名单。面试遴选出来的应聘者参加为期 2 个月的跟岗实习。这期间的新教师培训内容涉及师德师风、班级管理、专业技能和专业知识，培训形式有听课磨课、讲座研讨、技能比赛、专业阅读和笔试测评。跟岗结束后，招聘小组对其进行综合考评，经考评合格的教师与幼儿园签订劳动合同，于 9 月正式上岗。这样的招聘、跟岗为新园区的正常、高品质运转储备了力量。如今，棕南园区 29 人，全部和单位签订了聘用合同。因为采用全员聘任制，大家都没有编制这个特定的身份，人与人之间是平等互助的，所以园所的管理和各项工作推进得顺利而高效。

这样的招聘制度，确保了市三十一幼选到适合的人才。一批发自内心热爱幼教事业，有强烈的责任心，认同“两自一包”办园机制，拥有幼教专业素养、专业知识的教师进入了市三十一幼。市三十一幼的招聘分为三个层次，第一个层次是成熟型主任。如保教主任张永红，在到市三十一幼之前，有公办幼儿园 8 年保教管理经验。她到市三十一幼后，真切感受到在“两自一包”机制下工作轻松且纯粹、简单，因而焕发出新的工作热情。第二个层次是优秀应届大学生。像朱志康、杜小溪、胡丽等就是招聘的优秀应届大学生。杜小溪后来说：“来到市三十一幼，是很意外的事。应聘的时候，强手如云，我一个农村姑娘，没有奢望能够来这里工作。考核时，我的竞争对手不是所有老师，而是应届毕业生，而且我充分地展示了我的优势——会讲故事，于是我成为幸运儿。”第三个层次是经验型保育教师。王芳、朱学容就是招聘的具有丰富保育经验的教师。

其次，“两自一包”的机制优势让市三十一幼留得住优秀教师。第一是以待遇留人。市三十一幼严格按照《章程》中按劳分配、按岗取酬、绩优酬高、薪随岗变的分配原则，突破了传统带编教师“死工资”的现状，以月为单位进行考核，月末根据每个岗位的工作完成情况进行工资发放，实现多劳多得、优质优酬。同时，依据《章程》规定了保育教师享有与配班教师同等的权利，保障全员全岗依法享有的合法收益。保育教师王芳的体会是：“在这里，努力付出的回报是看得见的。”由于其积极进取的态度、扎实的保育经验，王芳老师在聘任保育教研组长的过程中赢得了这一岗位，园所在每个月会结合考核结果发放保育教研组长岗位津贴给王芳老师。第二是以氛围和文化留人。市三十一幼充分运用“两自一包”机制，使每一个教职员工都在园所体会到家的味道、家的温暖。同时，在全员参与制定的《成都市第三十一幼儿园教师行为规范》中，明确规定教师“五个规范”，包括：一个表情，即微笑；两种习惯，即阅读、研究；三个动作，即点头、鼓掌、蹲下身；四种语言，即接受任务——“马上”，鼓励幼儿——“你真棒”，安慰幼儿——“下次一定能做好”，批评幼儿——“这样做对吗”；五大品质，即感恩、勤奋、热情、正直、自信。园所倡导“构建简单的人际关系，创设浓郁的学习氛围，践行积极的研究行为”。开园两年来，全体教师把规范转化为行动，形成了特有的幼儿园教育行为文化。2018年年终，胡丽在个人述职时说：“之所以会选择来这儿工作，是因为这里充满着民主、平等的氛围。这里有家一样的温暖，安定了我忐忑的心。这个团队让我感觉到很安全、很踏实。班主任教给我很多为人处世的方法，保育教师刘小丽像我的妈妈，给我生活上很多关心。”润物细无声的文化氛围，在这里浸润着每一位教职员工和幼儿。

最后，“两自一包”的机制优势能让市三十一幼教师发展得更好。在专业素养提升方面，市三十一幼为全体教师提供全方位的学习机会，助推教师专业成长，增强教师的安全感和归属感。如以“请进来”的方式，先后邀请上海华东师范大学教授李季湄、成都大学副教授王雨露、益人书院院长刘猛、宁谊幼教专家何红梅、四川大学华西幼儿园园长陈岚等专家入园进行指导；以“走出去”的方式，先后外派教师和行政团队到上海、深圳、北京、南京等学前教育发达地区观摩学习。有15年教龄的刘敏老师，曾经是某私立幼儿园的中层干部，现在只是一名一线教师。到市三十一幼后，她说："来市三十一幼两年的时间，我获得的专业成长比在私立园所待五年获得的还多。我是奔着全方位的学习机会来到这里的。仅仅两年的时间，我已参加微型课题研究并获得区级奖励，论文在省级刊物发表，被评为校级优秀教师，这些是我原来想都不敢想的事情。"配班教师杜小溪在2018年"年度生命（生活）叙事"中写道："'两自一包'对于我个人而言带来了更多的机遇。在这里只要你有能力，那么你就一定会有一方舞台。在这里不仅有强大的专业引领，更有全方位的展示平台。大家肯定会想，作为一名刚工作一年的配班老师，一年下来能有多大的教学成就和个人专业成呢？我可以自豪地说，经过一年的努力与实践，我获得了成都市第十四届教改论文评选的三等奖，2018年成都市武侯区幼儿园优秀论文评选活动的二等奖，武侯区首届家庭教育微课程大赛的一等奖，2017—2018学年度校级名师优师……这一个个荣誉背后除了自我努力外，更多的是'两自一包'带来的机遇。这里不看年龄，不看资历，看重的是你的个人才能。"在市三十一幼，每个老师都有均等的机会，只要肯干事，一定会有展示的平台。在保障教师专业学习之外，市三十一幼还积极打通教职员工晋升渠道，让教师们"有盼头"。中层干部的任用采取聘任制，构建了阳光透明、公正和谐的选人用人新机制；打破了身份、职级、学历、职称等限制，按需设岗，个人申请，双向选择，实行"好中选优、优中选适"，让想干事、能干事的教师有职业上升的通道，进一步增强他们的职业荣誉感。男教师朱志康老师就是因工作优秀而被聘为办公室助理一职，进入园所的管理团队。程晨老师在开园时是一名主班老师，2018年3月成功申报了教师微型课题"幼儿园小班情境性体能游戏的设计与实施"，作为课题负责人的她带领着整个团队一起钻研、实践、观察、记录、分析、反思……在对课题不断打磨后，2018年9月，在园领导的指导下，程晨老师带领教研组成功申报了区级规划课题"幼儿园情境性户外体能游戏的设计与实施"，其扎实的专业知识和能力赢得了大家的认可。在2018年9月保教助理的竞聘过程中，她凭借自己的实力，被聘任为成都市第三十一幼

儿园保教处保教助理。

**二是“事权”下放，事事得到落实。**

在“两自一包”机制优势激励下，市三十一幼在“共同治理”理念下以“项目制”的方式推动幼儿园事务性工作的开展。2019 年开学初，园所进行功能室打造，年轻老师胡丽成为科探区负责人，她高兴地说：“作为一名配班老师的我，有幸成为科探区的主要负责人，内心既欣喜又倍感压力。欣喜的是能够得到大家的信任，承担本次科探区的打造任务；倍感压力的是其他功能室负责人都是主班老师，而我只是一名配班老师，很担心自己不能很好地完成任务。”俗话说，有压力才有动力，那么在项目制下的功能室是怎样创设的呢？第一步，园所发布项目内容，教师自主申报担任项目负责人，并自主聘任团队成员。第二步，项目负责人设计功能室创设方案，经项目组讨论通过后递交行政会审议，审议通过后开始实施。第三步，采购材料。在材料的采购上面，项目组需报备材料的材质、数量、价格，并交由部门负责人、后勤服务处、园务管理层逐级审核。第四步，结合功能区创设方案进行功能区创设。在创设过程中，园区领导会给予过程性指导，确保功能区创设适宜幼儿发展。第五步，园所根据功能区的创设情况进行结果评比，并通过园级层面的荣誉证书发放、实践经验推广、每月绩效考核等评价手段进行成果物化。教师胡丽说：“经过这一次项目承包，我不仅提升了自己的专业知识与能力，还提升了管理能力。”

从开园典礼、年级组活动到节日庆典等特别事务，都是依靠项目制来推进，这让很多老师成为项目负责人，调动了全体教师参与园所事务的积极性，使每位教师成为园所建设的主人翁。很多老师感慨，走进幼儿园，一草一木，一物一景，处处浸透着自己的心血和智慧，幼儿园就像自己的家一样，熟悉而亲切。

在“两自一包”机制优势激励下，“人人都是管理者”在市三十一幼成为现实。继续教育管理、图书管理、园级社区活动组织……真正做到人人参与管理、人人都有事做。

“两自一包”机制强调教代会在重大事项决策上的管理作用。市三十一幼的教代会成员包括园级干部、中层干部、教师代表、后勤代表等，他们在各项规章制度的制定、重大事项的决策中发挥了重要的作用，如制定工资分配方案、期末绩效考核方案、教师招聘方案等。同时，教代会的工作开展也有明确的步骤：（1）教代会成员广泛搜集意见，通过行政会研究制定出讨论稿；（2）以纸质文档或电子文档形式公布讨论稿；（3）征询并汇总意见；（4）召开教代会讨论决策。凡学校的重大事项，特别是涉及工资分配的，没有经过以上四个步骤一律不讨论、不表决。这样的举措唤醒、落实了教代会的职能，使老师们参与学校事务的主人翁意识加强，有了归属感。

“两自一包”机制强调日常事务管理中的自愿作为。2018 年 6 月，面对图书室书籍杂乱的现状，园所发布了图书管理员征集令，要求教师自主申报担任管理员，优劳优酬。征集令发布后，一线教师杜小溪非常激动地递交了申请书。在教代会审议、面试过程中，杜小溪老师说：“作为一名刚毕业的大学生，自己工作积极、认真，拥有大量的空余时间，非常希望能够参与到图书管理中。这一方面是为了提高自己的工作能力，另一方面是出于自己对书籍的喜爱之情。”

“两自一包”机制强调各类制度建设中的群策群力、共建共享和共同遵守。市三十一幼坚持全员参与制度建设，对于不科学的制度，教师可以共同商议，重新制定；对于新出现的问题，教师可以共同协商，制定相应制度来解决。在全员参与的过程中，制度的执行力度得到有效提高了。2017 年 11 月，园所刚建成时，办公室杂乱不堪，并且教师没有随手关灯、关电的习惯。该怎样改变这一现状呢？直接进行考核？园所没有这样做，而是把决定权交给了老师们，让老师们自己来制定办公室管理制度，并通过自己制定的制度来约束自己的行为。随后，老师们制定出了《成都市第三十一幼儿园办公室管理制度》，且从那以后办公室每天都是干净整洁的，再也没有出现过不关灯、不关电的现象。可见，制定制度的过程也是教师将制度内化于心的过程。

短短两年时间，市三十一幼取得了良好的成绩：2018 年在武侯区综合督导评估中获得优秀等级；2018 年 10 月承担了区域小组教研现场会；2018 年 12 月承担了武侯区首届教师微型课题阶段成果展示会；2019 年 3 月承担了四川省幼儿园后勤管理工作实操培训，接待了来自简阳、绵阳以及区域内多所幼儿园同行的入园参观；家长美誉度和好评度不断提升。同时，教师在教改论文评比、教玩具评比、微课比赛中获得了可喜可贺的成绩，设计制作的《有趣的七步洗手法》在武侯区首届家庭教育微课程大赛中荣获一等奖，多篇论文在省、市、区获奖，等等。

如今，行走在市三十一幼，随处可见挺拔的棕树、软软的沙地、绿绿的菜园、多彩的绘本，像是走进了《绿野仙踪》的童话乐园。

童话世界般的园区

◆ **市十幼——集团护航，“两自一包”机制激发两个园区幼教事业生动发展**



成都市第十幼儿园（简称“市十幼”）是武侯区教育局所属的公办幼儿园，有“四川省示范园”“成都市一级园”等多种荣誉。2017年，市十幼教育集团应运而生，有广厦（原十幼）、丽都、碧云三个园区，其中丽都园区为政府回购园区，碧云园区为新建园区。

成都市第十幼儿园碧云园区、广厦园区、丽都园区

丽都和碧云两个园区因特殊原因，面临的最大问题就是教师资源和办园质量两方面的问题，如何保证母体“输血”但不“贫血”？如何带领两所分园高起点、高标准发展？

市十幼选择在丽都和碧云两个园区开展“两自一包”改革实践，由集团选派优秀管理团队和教师融入两个园区。

为促进教师对“两自一包”机制的认识，2017 年 11 月 16 日，丽都和碧云园区展开了第一次开放式深入讨论——叩问“两自一包”改革。围绕“什么是‘两自一包’改革”“我们可以怎样改革”“怎样促进教师发展、儿童发展和园所发展”等问题，市十幼对相关机制和路径做了深入思考。两年多来，“两自一包”机制不仅解决了市十幼提出的问题，更促进了两个实验园区生动发展，体现出如下特色。

**一是在“自主管理”机制下，以共建“管理文化”保障改革有序、高效开展，并真正实现了“管理出效益”的局面。**

首先是共建团队文化，增强办园合力。市十幼在集团办园的价值取向引领下，在实验园区构建“开放包容，协作共赢”的团队理念，着力打造一支“思想过硬，业务精湛”的教师团队。同时，为确保工作有序开展，市十幼还以全员参与的方式加强办园制度建设。如建立章程时，提出了“我是十幼人，共建十幼”的原则，经过了教代会起草、行政会修订、家委会审议、律师审定、全园教职工通过、园务公示六个环节，确保在章程拟定过程中做到“人人参与、人人献计、事事合规”。2018 年 4 月，丽都园区、碧云园区相继建立了科学的章程。

其次是共建管理文化，催生办园内力。市十幼注重在扁平化管理模式的推行过程中寻求管理文化的创新，实行“三统一独立”（统一法人、统一管理、统筹师资、独立经费），以共谋、共建、共进、共享理念，实现三个园区协调、高品质发展。同时，集团大胆使用管理干部和优秀教师，打破园区界限，成立“四联管理中心”，以管理下移促进发展。

“四联管理中心”的第一个中心是“管理联营中心”。

按照“牵头与统整”管理模式，在集团园长全面负责制下，三名副园长分别负责三个园区的具体管理工作。同时，三名副园长还分别负责幼教体系中相关要素的统整工作，具体是：碧云园区副园长统整集团保教、科研工作，丽都园区副园长统整食堂、卫生保健、国际化和未来学校等工作，广厦园区副园长统整安全、基建、人事和督导工作。各园区副园长之间既有分工又有合作，这就既能保证集团整体工作的稳步推进，又能保证各园区工作的有序开展。

由于各园区园情差异，事权、财权的管理实行“两公开＋自主经费管理”模式。

“两公开”指全员预算公开和经费使用公开。全员预算公开，即两个实验园建立细化到每个部门、每个岗位的全员预算方式，由教师个人或教师团队提出预算申请，报幼儿园经费管理小组审核，并经教代会、家委会讨论通过后，由教育局拨付给申请者，以保障经费的知情权和支配权。经费使用公开，即集团对经费使用情况一月一公示，一季度一汇报，并在区教育局委托的第三方审计机构的审计监督下，确保资金依法使用、合规使用。

“自主经费管理”指各园区 5000 元以下的经费使用，经过园区行政班子讨论后可自主安排。这样既减少了流程，也充分实现了“两自一包”机制下的“管理自主”。

“四联管理中心”的第二个中心是“研训联体中心”。

其具体职责是针对三个园区共性与个性并存的现状，通过共同定计划、共同搞科研、共同做培训、共同学评赛等研训举措，合力为集团的发展、教师的成长出谋划策。目前，集团有在研课题 9 个，新申报市级课题 1 个、区级立项课题 2 个、教师微型课题 3 个。

“四联管理中心”的第三个中心是“课程联创中心”。

其职责是构建集团课程体系。目前，广厦园区已构建“童心课程”完整的园本课程体系。课程联创中心在指导丽都园区和碧云园区构建课程体系时，遵循“传承一种思路，构建一个框架，借鉴一种模式”的思路，促使丽都园区初步构建了“快乐阅读，多元表达”特色课程，碧云园区初步构建了“小篮球，大世界”特色课程。

广厦园区以科研牵头，在探索出“五自主 + 两固定”（即自主选择玩伴、自主选择区域、自主选择材料、自主选择玩法、自主管理和评价，固定时间、固定教师）的混龄自主游戏课程实施原则基础上，尝试进行该课程的评价探索。老师们通过在游戏中观察幼儿的社会交往能力，逐渐整理出幼儿社会交往能力的评价量表，以帮助更多教师在观察中及时了解幼儿社会交往能力当前所处阶段以及下一步发展方向。

丽都园区在“快乐阅读，多元表达”的特色发展思路指引下，构建了“四乐”（即乐童画、乐童剧、乐童谣、乐童行）特色课程，开展了“童剧节”“童画节”等活动。同时，丽都园区广泛挖掘社区资源，利用武侯图书馆等资源，坚持每学期带领幼儿在行走课程中走进图书馆，开展不同年龄段的活动，并坚持以阅读活动为载体，围绕“四乐”促进幼儿语言表达、艺术表现、舞台表演、创意展示等多元表达能力的发展。

碧云园区根据“小篮球，大世界”的特色发展思路，在专家的引领下，拟定了“爱运动，守规则，善合作，乐创造”的篮球特色课程目标；尝试开展了每周一次的篮球体能课程，每周两次的篮球活动大游戏，每期一次的篮球自创主题活动以及亲子游戏活动；初步搭建起包括“篮球体能课程”“篮球游戏课程”“篮球主题活动”的特色课程框架。

“四联管理中心”的第四个中心是“资源联通中心”。

“资源联通中心”的首要功能是充分发挥集团办园的优势，在人员配置、平台管理、事务管理、物资设备等方面，力求实现资源共享。集团成立以来，作为龙头园的广厦园区输出管理干部 7 人、骨干教师 4 人，分别派驻丽都园区、碧云园区，为两所新园区注入了强大的中坚力量。同时，两所新园区也先后选派教师 70 余人次到广厦园区学习、交流。资源联通中心通过对集团优质资源的有效整合，为教师们搭建了优质的成长平台，极大地提升了集团人、财、物各项资源的利用率及工作效率。

同时，资源联通中心也重视用好家长的监督作用。家长是幼儿园实施教育的重要合作伙伴。在市十幼教育集团的统一要求下，三个园区认真落实家长工作制度，通过“常态＋动态”监督，深入探索家园治理。常态：坚持每学期一次的家访月、每月一次的膳委会，请家长参与行政会，开展家长试吃等活动。动态：家长不定期参与幼儿园“三重一大”事宜的商议，膳食委员不定期参与食材的验收、厨房的检查。在家长参

与监督园务管理的过程中，幼儿园不断增进家长对园所的了解、对新教育观的认识，提供儿童发展需要的支持，建立起良好的“家园携手，合作并进”的关系。在此过程中，幼儿园也将家长引入课程建设当中，充分运用每周五开展的“家长进课堂”活动，为孩子的成长发展搭建平台。

**二是依托“两自一包”机制中教师管理的灵活性，充分激发教师的潜能，快速提升教师专业发展质量。**

依托集团优势和“两自一包”机制优势，市十幼不断激发管理人员的潜能。例如，创新干部内聘机制。2019 年 2 月，区教育局党工委将碧云园区主持工作的副园长戴璐提拔到区内另一所幼儿园主持工作，碧云园区便暂时缺少主持工作的副园长。集团在选拔补缺过程中，经过行政会、支委会等多方讨论，向区教育局报备后，实行内聘办法，启用师德、专业和创新意识过硬的保教主任范颖，让 90% 的园聘教师看到了晋升的希望。又如，创新干部管理机制。在年轻干部经验缺乏的情况下，为了不断提高办园质量，三个园区的副园长采用“轮岗制度”，每个副园长每周有半天定时轮岗到另外两个园区进行管理，以达到共同梳理问题、共同学习落实、共同反思进步的目的。再如，创新中层干部选拔制度。确定中层干部时，采取“自主申报＋组织推荐”的方式，打破编制束缚、年龄界限，既尊重集团实际，又尊重申请教师的自身需求。48 岁的普通教师吴丽菁，通过竞选，从广厦园区来到碧云园区做保教副主任，她这样说道：“我 18 岁就进入十幼，与十幼共同成长。在机制改革下，在幼儿园发展下，我毅然决定在自己 48 岁时，选择从一个普通老师转变为一个中层管理人员。我的想法是：第一，我愿意给大家服务，为十幼贡献余热；第二，是给自己一个交代，证明自己通过努力也可以做得比原来更好；第三，也想给我的女儿做一个好的示范，让她认识到工作的历程即一个人成长的经历。作为一名教师，如果能影响一个孩子，影响一个人，就是我的成功之处。在经历了 20 岁的彷徨、30 岁的无助、40 岁的不放弃后，我终于迎来充满期待的 50 岁。我要感谢机制改革，让我带着十幼的使命走到新园中去历练自己。同时，我愿意改变自己，我敢于走出来，我敢于去承担，敢于去胜任，敢于做最好的自己。”

市十幼深知，“两自一包”机制最大的优势是激发一线教师的潜能。通过“项目制”的实施，两年来，丽都园区支配项目经费 39.6 万元，涉及项目 37 个，196 人次教师参与；碧云园区支配项目经费 32.4 万元，涉及项目 31 个，174 人次教师参与。

同时，市十幼实行“3+3+3”教师培训模式，从专业发展上激发教师潜能。

“3+3+3”教师培训模式是指：3 个层面的教师、3 个版块的内容、3 条培训路径。

“3 个层面”指集团按照教师的工作时间和经历，将教师分为入格期、合格期和风格期 3 个层面，依据三个层面的不同要求，有针对性地开展教师专业培训。

“3 个板块”指参照《幼儿园教师专业标准（试行）》，按照“专业理念与师德”“专业知识”“专业能力”三个维度划分教师专业素养，并根据三个层面的教师的需求拟定具体的培训内容。目前，已经初步形成了新教师培训课程，其中包括《3 ～ 6 岁儿童学习与发展指南》与《幼儿园教育指导纲要》的学习、新教师入职须知、幼儿园文化建设、怎样实施园本课程、如何写好教学计划、怎样编排班级早操等多方面内容。

“3 条路径”之一是共性与个性相结合。在集团化发展模式下，三个园区有各自不同的教师发展现状和需求，因此在培训中既有集团统一的培训内容，也有各园区的内容。例如，集团每月会针对所有新教师开展两次集中培训，而各园区又会再结合园所特色和需要开展相关培训。“3 条路径”之二是规范性与灵活性相结合。三个园区的教师虽然都具有大专、本科及以上

教师研讨现场

的学历，但在实际工作中理论与实际的结合仍有所欠缺，因此园区为每位教师建立了个人成长档案，根据集团教师分层培训计划，认真拟定个人发展规划，明确发展目标。目前幼儿园形成了园级、年级、班级、个人四个层面的园本培训体系。“3 条路径”之三是园内与园外相结合。在集团内，开展师徒结对，帮助骨干教师与青年教师自主结对，进行一对一的帮扶；通过观看推门课、活动研讨、指导教案书写等多种内容和形式，促进骨干教师引领青年教师成长。同时，集团也经常聘请专家来园指导，从常规教学、教育科研等多方面开展培训，不断开阔教师眼界，提升教师专业素养。2018—2019 年，集团外派保教、厨房、卫生保健等岗位 30 余人次到美国、丹麦以及上海、北京、南京、苏州等地培训。教师们在学习中不断刷新认知，转变观念，提高自身专业能力，体验到了教师职业幸福感。

两年来，集团不仅承办了区、市两级重大会议 15 次，还承办了全国学前教育年会分会场活动，承接各级观摩交流活动 30 次，获得各级新闻媒体正面报道 20 余次；在研训联体中心的指导下，36 名教师、保育员获得各级各类荣誉称号，教师论文获得各级奖项 16 人次。

## 04　小学方阵之龙江路小学武侯新城分校和龙江路小学中粮祥云分校：改革催生发展活力

如果说川大附中西区学校、成都市沙堰小学、北二外成都附中、区五幼、市三十一幼和市十幼（丽都、碧云两个园区）都是在新办学校展开“两自一包”改革实践并取得成功的话，那么，在已有办学历史的学校，能否实施“两自一包”改革？

2018 年 9 月，龙江路小学武侯新城分校和龙江路小学中粮祥云分校以传统公办学校身份进入“两自一包”改革实践方阵。一年多来，两所学校的改革实践改变了学校原有风貌，再次以实绩证明，“两自一包”改革同样适宜于基础教育传统学校。

### ◆ 龙江路小学武侯新城分校——从保稳定到快发展的华丽转身

龙江路小学武侯新城分校开办于 2012 年，属于成都市名校龙江路小学的集团学校。

由于地处武侯新城，学校周围高档社区林立，家长对教育的重视度也相当高。2015 年秋季，有家长自发组织一大群人到龙江路小学本部参加相关活动，以此比较龙江路小学武侯新城分校与龙江路小学本部的办学差异，这在当时成为一个不小的事件。

2015 年秋，龙江路小学本部副校长刘檩受命担任龙江路小学武侯新城分校执行校长。学校当时的综合质量在全区小学段相当靠后，其中最为突出的问题是教师资源的严重缺乏——由于编制限制，当时在编教师仅占 30%，70% 的教师都是"校聘"教师，也就是传统意义上的"代课教师"。由于没有编制的保障，许多教师一旦在龙江路小学武侯新城分校获得发展，要么通过"考编"进入有体制保障的其他学校，要么流失到收入不菲的私立学校。"刚到的时候，我不得不花大把时间和精力，来保障教师的稳定。"刘檩说。

然而，"保稳定"实在是一个被动的应对方式，并且无论怎样"保"，关系到教师个体的切身利益和事业发展时，教师选择去或留，都是无可厚非的正当诉求。与此同时，刘檩还发现一个奇怪的现象：大多数教师的教龄并不长，然而在本该充满活力的队伍里，抱有养老心态的年轻老师还不少，尤其是在编教师。

更让一心振兴龙江路小学武侯新城分校的刘檩感到失落的是，学科领军教师严重缺乏。

2017 年秋，在刘檩使尽了浑身解数的情况下，龙江路小学武侯新城分校还是流失了 7 名教师。

2018 年春季开学不久，区教育局党工委通知刘檩到教育局，刘檩发现，同时来的还有龙江路小学中粮祥云分校的校长。

局领导对两位校长说，教育局其实很了解两所学校的实际情况，希望两所学校利用"两自一包"机制来突破困局。局领导最后说："'两自一包'改革实践需要学校、教师自愿参与，教育局绝不强行安排，如果你们已经有意愿，必须召开全体教师会议，保证在超过 95% 的教师集体同意的基础上，按照相关文件要求提交申请。必须做好教师对‘两自一包’机制的认知工作，在这个前提下，才能确保工作的启动。”

对组织上的谈话，刘檩并不感到突然。刘檩也曾经想到过以“两自一包”机制来破解学校困局。

但“两自一包”目前只是在新办学校实施，传统公办学校还没有实验过，没有经验可以依循。

不容置疑的是，就当下的情况，唯有实施“两自一包”机制，才能发展学校。

刘檩在反复思考传统公办学校与新办学校实施“两自一包”机制的差别后，做出了“稳中求胜”的行动定位。

龙江路小学武侯新城分校的“两自一包”机制“吹风会”一召开，立即引来轩然大波。

反对最为强烈的是一批在编教师，他们大多人到中年，在体制保障下，只想求得生存的稳定，认为“两自一包”一旦实施，就意味着自己的编制被“锁定”，会失去体制的保护。

其中就有音乐教师刘倩。这个本就因为在私立学校没有体制保障，才一心通过公招考试，层层角逐，过关斩将，最终获得编制的教师，一想到自己公招考试路上的艰辛，以及好不容易获得的编制就可能被“封”了，自然表现出强烈的反对。在“吹风会”上，刘倩表示，要么学校不要实行“两自一包”，要么请学校出面帮助她调入其他学校。

刘檩当然能够理解像刘倩这样的教师的心理。

好在，动员工作还有时间。刘檩知道，当前最重要的是让所有教师真正去了解“两自一包”机制。

接下来的时间里，刘檩对“什么是‘两自一包’”“‘两自一包’学校与私立学校的区别”“实施‘两自一包’后，在编教师怎么面对”等问题，以各种方式对教师进行了说明，还专门邀请区教育局人事科长到学校对“两自一包”机制的人事问题进行了专门解释。

在此基础上，刘檩与刘倩的交流有了一个基本的共识，那就是“两自一包”学校不是私立学校，于是交流就比预想的轻松了。

刘檩首先告诉刘倩，自己可以向教育局提出申请，帮助她调入非“两自一包”学校。但紧接着，刘檩又说，武侯新城分校需要刘倩。

刘倩自从公招获编就进入刚刚开办的武侯新城分校，并参与了学校开办之初的艰难创建和后续的发展，对学校充满了感情。因此，刘檩还没有做出更多的解说，刘倩已经表示支持学校实行“两自一包”机制，并愿意留在即将实行“两自一包”机制的武侯新城分校。

就这样，龙江路小学武侯新城分校在全校教师100%同意改革的基础上，开始全面实行“两自一包”机制，并于2018年4月完成方案拟定，提交全校教师讨论。此后，根据每个人对方案提出的修改建议，修改后形成讨论稿，再次上会讨论；8月提交教职工大会讨论，并全票通过。8月底，学校对办学章程进行修订，并制定和通过了相关配套制度；实施全员岗位竞聘，在编教师全体签订了锁定身份合同。

2018年9月，龙江路小学武侯新城分校正式踏上了“两自一包”机制实践之路。

一年来，龙江路小学武侯新城分校“两自一包”机制实践取得了三大成效。

一是克服了传统学校管理的低效，形成了扁平化管理高效运行机制，有力证明了“两自一包”机制在“管理出效益”上的突出优势。

龙江路小学武侯新城分校利用“两自一包”机制优势，倡导在“自主管理”理念下的学校单元管理自主，打破了传统管理“自上而下、一元、单向”的行政管理结构，建立了“共同参与、协调互动、多元主体”的共同治理模式。学校构建了党领导下的“六会四中心”治理体系，即以党支部委员会、校务委员会、教职工代表大会、学术委员会、校长办公会、家长委员会六会为轴，以由原有中层机构改组而成的教学与项目服务中心、学生服务中心、教师服务中心、支持保障中心四中心为线，明确了相关的权责利，形成了以扁平化管理为特征的现代学校治理格局。

学校建立和完善了《薪酬分配办法》《学术委员会管理办法》《项目管理办法》等配套的试行制度；坚持团队考核与个人考核相结合，坚持工作量和工作质量相结合，坚持累积性贡献和阶段性贡献相结合，坚持定量为主、定性和定量相结合；建立了以评价为导向的，分布式、项目制管理相结合的，共同参与的治理新体系。

二是以问题解决思维挖掘传统学校实施“两自一包”的创生点。

“两自一包”是为走出现实困境而产生的新型模式。传统学校和新建学校面临的既有共性问题，也有个性问题。试点学校肩负着在“两自一包”深入推进、攻坚克难阶段，解决问题，进而探索建立新机制、凝练新经验的使命。试点以来，学校着力推进以下举措，形成“两自一包”新的创生点：首先，打破学校和社区共同治理屏障，建立学校学生评价体系与社区公益积分体系互认互通机制。学校与锦城社区建立了党建引领下的评价互通机制，学生的校内评价积分可到社区兑换体验课程、奖品，学生在社区参加公益服务所得积分可兑换为校内评优选先中“社会好公民”板块的积分。其次，破解在编教师职称定终身问题，建立弱化职称、强化实效的分配机制。经协商，在新的分配体系中，在编教师原职称月绩效在新方案中按原标准的50%定，突出实际岗位承担和工作实效部分。最后，破解学校改革酝酿阶段矛盾调处决策难问题，建立改革中的民主协商决策机制。针对改革酝酿期利益重新博弈中的复杂问题，确立了大局优先、少数服从多数、民主与集中相结合的决策机制。

三是真正激活了办学活力。在“两自一包”机制激励下，学校充分激励教师专业发展和创新教育教学，教师全员、多渠道探索现代课程开发与实施，最终促进教育质量的快速提升。

从关乎教师切身利益的角度讲，“两自一包”机制首先破除了传统学校“干多干少一个样”的格局。在按劳分配、多劳多得的机制激励下，教师在管理单元（如年级组、班级、项目组）内的个人表现与集体效果都纳入考核范畴，极大地刺激了教师对学校整体工作的参与度、自主性和主人翁意识。过去一些“学校发展与自己无关”的想法，在“两自一包”体制下再无存在的理由。

周昕昕老师，2017年参加工作，这个只有4年教龄的教师，一直向往的就是当自己教学有一定经验后，通过考编，进入体制内，然后过好稳定而有保障的生活。2018 年学校实行“两自一包”后，不断抛出各种项目，周昕昕一开始觉得自己教龄短、经验缺，不敢参加，但看着同事在参与项目中不断获得发展，便鼓着勇气，申报了一个项目，没想到竟然被吸纳进入了项目组。工作热情被激发出来的周昕昕经常加班，深度参与项目，在项目中获得了专业发展，能力得到学校和同事的认可，被选为学校教代会成员。

“‘两自一包’彰显了机会面前人人平等、能者为先的公平竞争机制，让我感觉到追梦的同时也有现实的收获。”周昕昕说。

从专业促进和职业认知的角度讲，“两自一包”化传统学校的被动发展、时间积累为机制刺激、主动发展，因而使教师专业发展更加生动与主动。

刘倩老师留下了，她说，自己留得值。

作为音乐组长，刘倩以前总是被“上面”考核，现在她需要独立进行全组教师考评。对于教师在教学中的表现，哪些细节需要打分，打多少分，都促动着刘倩重新审视自己的专业技能。拿刘倩自己的话来说，自己必须把既有的专业技能“回炉”，才能为全组教师的课堂表现打出一个有公信力的分数。

而参与课程和项目，更使刘倩的专业能力不断提升。像学校的活水园课程，刘倩不仅要投入音乐专业知识，更要做到各个学科的整合，才能真正利用课程资源，指导学生发展。这就促进了刘倩跳出学科教学，参悟课程教学和课程整合的专业高度。

如今，实行“两自一包”改革实践才一年多的龙江路小学武侯新城分校，已构建了以“六乐”（乐道、乐学、乐体、乐艺、乐群、乐新）为育人目标的课程体系。学校获得了国际单簧管学会示范学校、中国教科院综合改革项目实验学校、全国少工委“小小志愿者”实验学校、四川省环境友好型学校、成都市优秀少先队集体、四川省中小学生艺术节一等奖等荣誉。学生美术及音乐作品在捷克文化交流周上展示。2018 年学校获奖增至 51 项，同比增长 2 倍多。2018 年教师获奖增至 175 人次，同比增长 3 倍多。学生获奖数为 656 人次，同比增长 106.2%。

学校教学质量大幅提升，虽地处三环外，但在2018年区域学业水平测试中居小学第8名。家长满意度显著提升，2018年教育教学质量实现零投诉。

教师队伍更是从“保稳定”变到“快发展”的专业提速快车道上。

此外，学校办学业绩受到人民网、中国文明网及《科技日报》《四川日报》《华西都市报》《成都商报》等媒体关注报道。

**◆ 龙江路小学中粮祥云分校——“两自一包”机制下，以“协商”管理实现效能最大化**

龙江路小学中粮祥云分校始建于2013年7月，现有26个教学班，在校生总数1111人；教师77人，其中在编教师25人，校聘教师52人，本科学历达100%，研究生8人，平均年龄29.4岁。教师队伍“结构年轻化、校聘占比大、团队稳定性差”等现实问题，成为制约学校快速发展的困境。

龙江路小学中粮祥云分校

2018年3月，武侯区委、区政府关于深化“两自一包”改革的意见为学校带来突破困境和实现转型的希望。自现有公办学校改革试点文件印发以后，学校开始申请并筹备实施“两自一包”改革，2018年9月，正式成为武侯区“两自一包”改革试点学校。

一年多来，中粮祥云分校从管理思想重构出发，培育参与“协商”的议事精神，形成了“学生出彩”“教师出色”“学校出新”的学校发展格局。

为促进学校行政班子学习和理解“两自一包”改革理念和要领，学校成立了“两自一包”改革理念学习和领导小组，组织行政班子深度学习，逐步理解“两自一包”改革的必要性和重要意义，以及学校参与改革的基础条件，认识到了“两自一包”改革的内涵和学校转型发展的机遇。

当行政班子全体成员对“两自一包”改革达成一致认识后，学校逐步开展教师的思想沟通工作，广泛宣传“两自一包”改革的理念、思路，以及学校所面临的发展困境和机遇，让教师认识到“两自一包”改革是学校转型发展的机遇，也是每一个教师个人成长的机遇。学校还征询了教师们对“两自一包”改革的意见、想法，逐个与对“两自一包”改革有抵触心理的教师进行一对一沟通，并循序渐进地做好他们的思想工作。最终，教师们对“两自一包”改革达成了一致的认同，全部在编教师签订了自愿参与“两自一包”改革协议书。这不仅提高了他们在推进工作中的参与度，也为全面深化落实“两自一包”改革做好了准备。

在学校行政班子的带领下，学校拟定了《成都市龙江路小学中粮祥云分校“两自一包”综合改革推进工作方案》，明确改革任务和时间节点，全面展开实施“两自一包”办学体制改革。学校着眼于人、稳中求进，在武侯区教育局的领导和学校办学理念的引领下，砥砺前行，积极探索推进现代学校综合改革的实践，逐步呈现出稳健向上的发展态势，为学校未来的长期发展奠定了扎实的基础。



为顺利推进“两自一包”机制的实施，龙江路小学中粮祥云分校从“协商”的政治体制中生发灵感，以“协商治理”推动学校治理格局的构建。学校一方面加强了学校治理制度的建设，完成了协商治理模式的初步实践；另一方面完善了由党组织领导、校长负责、全校协同、教师参与的学校治理机制，迅速提高了学校治理的自主化、民主化、法治化、专业化水平。

一是系统加强学校管理制度建设。学校把修订学校章程作为深化学校教育综合改革、推进新时代现代学校制度改革的重要内容和载体，组织教师参与章程会议讨论 10 次，专家指导 8 次，校务委员会讨论 6 次，最后报全体教师大会审议通过。学校以章程建设作为改革的切入点和规章制度系统集成的载体，制定了学校层面的各项管理制度，各中心、各部门配套的岗位职责及制度实施细则，明确了监督事项，规范了议事程序，通过了《成都市龙江路小学中粮祥云分校制度集（汇编）》。

二是逐步完成协商治理模式构建。学校将党建与制度建设融合，引领学校改革，筑牢学校发展“四梁八柱”。成立“一办四中心”，即综合改革推进办公室、教师发展服务中心、学生发展服务中心、课程服务中心、资源服务中心，强化协商治理，实施扁平化管理。初步形成“六会议事”的分权治理结构，杜绝决策失误或某一方权力过分集中或过度膨胀。通过竞聘新发展中层干部 4 名，中心副主任 7 名；选举产生第二届党支部委员会成员；选举产生第一届教代会成员、校务委员会成员、学术委员会成员；各级家委会也完成换届选举。

三是通过推行项目负责制，激发了教师的内驱力。为做好项目负责制的顶层设计，学校制定了《项目负责制实施细则》《项目管理资金使用制度》《项目结果评价制度》，实现了全过程项目管理。教师通过“项目管理”，主动申请专项工作，构建了一个开放、竞争、高效、自主的“学校现场”。例如，学校有两位在编老师在改革之前还有许多顾虑，工作积极性不够高，不主动；改革之后，主动性明显增强，一位老师在全区群文阅读赛课活动中获得一等奖，另一位老师在全区微课现场制作比赛中获得一等奖（全区仅有三个），同时获得四川省微课大赛一等奖（全区唯一），并代表四川省参加国家级评比获奖。

2018 年 9 月，学校全面展开了“两自一包”改革的推进工作，全面激发学校办学活力，逐步收获了改革创新的首期红利。

如今，龙江路小学中粮祥云分校通过“两自一包”改革探索，收获了“学生出彩”“教师出色”“学校出新”的改革红利。

“学生出彩”：学生体质健康检测各项数据逐年提升，2018 年学生近视率较 2017 年有较明显下降；学校教学质量取得较大进步，2018 年 6 月区级监测中，学校语数学科位列全区第 12 名，较前一年提升 8 名；2018 年学生参加由政府、教育行政部门组织的各类比赛，获区级及以上奖项 700 余人次。

“教师出色”：2018 年学校有 54 名教师参加区级及以上教学比赛并取得了优异成绩。其中，英语老师白岚参加市、区小学英语教师说课大赛均获一等奖；语文老师苏茂茜作为武侯区唯一代表参加了成都市第二届小学语文青年教师优质课竞赛活动，并获一等奖；数学老师贾冬作为武侯区唯一代表参加成都市小学数学课堂教学大赛获一等奖。2018年全校教师区级及以上获奖达175人次，较2017年增长96%，是2016年获奖数的6.5倍。

“学校出新”：学校植根于龙江路小学“愉快教育”品牌文化，在发展中形成独具特色的“祥云文化”和“上善教育”办学理念，构建了“云彩课程”体系；学校被评为“成都市现代学校制度建设试点学校”“全国品格教育联盟学校”“中国现代化教育技术人工智能实验基地学校”等，并荣获各级各类教育教学奖共计45项。

小荷才露尖尖角，早有蜻蜓立上头。

改革，催生出了新事物，必然引来人们的关注。

武侯区“两自一包”学校管理体制改革在媒体的大力宣传下，受到了区、市、省内外的持续、广泛关注。

这些关注，既有专家的取样与肯定，也有同行的学习与赞扬；既有互动与交流，也有借鉴与推广。

这正是：

荷风送香气，竹露滴清响。
两自一包制，筑巢引凤凰。

# 金巢铸就后的有凤来仪

DIWUZHANG

JINCHAO

ZHUJIU HOU

DE

YOUFENG

LAIYI

由于有区委、区政府和教育局的坚强领导，有充分的改革准备，有坚实的政策和理论支撑，有有效的顶层设计，有正确的选点实验，有有序的梯级推进实践，有及时的督导评估导向，“两自一包”学校管理体制改革从武侯区教育综合改革的 39 个项目中脱颖而出，迅速成为区域教育改革的先导性案例，受到国家、省、市各级领导的高度重视，以及各级教育管理部门的密切关注。

与此同时，全国不少地区的党委政府、教育局、教研系统和学校在看到媒体报道后，纷纷来到武侯区，或考察调研，或学习借鉴。自此，武侯区“两自一包”由改革经验输入转变为改革经验输出，由“摸着石头过河”转变为教育改革实践方法论的凝练与提升，由得到各级领导同行鼓励转变为受到各级领导同行赞赏……并成为一个极具时代特征的改革品牌。

## 01 媒体引发的广泛关注与社会影响

任何一个有影响力的事件，都离不开媒体的宣传。

武侯区“两自一包”改革输出的信息，可以说是持续不断。一个最基本的事实是，在网络上“两自一包”词条信息已达 5070 余万条。究其原因，起码有两点：一是教育改革本身牵动着社会的每一根神经，二是武侯区“两自一包”改革本身具有创新价值。

从 2016 年 3 月开始，有关武侯区“两自一包”改革的报道便在各类媒体上持续不断地涌现。这一进程大致可以分为五个阶段。

**一是提案首发，引发关注。**

2016 年 3 月 6 日，在全国两会上，时任全国政协委员、成都市武侯区分管教育的副区长杨建德提出“实行中小学教师工资总额动态包干，学校自主分配”的提案，以武侯区正在川大附中西区学校试点实施的“工资总额动态包干，学校自主分配”改革为例，建议设立教师工资指导线，建立适合中小学特点的教师工资制度，实行学校经费包干制，扩大学校办学自主权，提高教师的实际收入，增强教师对职业的认同感。

3 月 8 日，《华西都市报》以《老师的工资怎么发？学校和校长自己定！》为题对该提案进行了报道，随即引起东方网、腾讯大成网、今日头条等十余家媒体的关注和转发。

这是武侯区“两自一包”改革的第一次媒体亮相。

**二是借势引导，整体回应。**

一石激起千层浪，各级各类媒体纷纷向武侯区教育局打听这新奇的教育体制机制改革模式。

为引导与促进媒体进一步深入了解川大附中西区学校改革试点情况，2016 年 3 月 15 日，在区委宣传部的支持和指导下，武侯区教育局在川大附中西区学校召开了学校管理体制改革新闻通气会，邀请了《四川日报》《成都日报》《教育导报》《华西都市报》《成都商报》和新华社、人民网、中国网、腾讯大成网、国际在线等十余家新闻媒体参加会议。本次新闻通气会上，武侯区在川大附中西区学校的改革试点有了正式的名字——“教师自聘、管理自主、经费包干”学校管理体制改革，简称“两自一包”改革。会议介绍了川大附中西区学校通过“教师自聘、管理自主、经费包干”构建现代学校制度的具体实践以及武侯区破解公办学校“三权”困局的探索和实践，获得在场媒体高度评价。媒体人纷纷表示：“这项改革太让人惊喜了！很多学校都面临师资缺乏、办学活力不足的现状，我从武侯区的‘两自一包’改革中看到了希望。武侯区勇敢跨出的这一步不容易！”“破冰教师编制改革本就是一件十分困难的事情，武侯区不仅做到了，而且充分为学校赋权，大大激发了学校的办学活力，实在是一项非常有益的改革和探索。我要为武侯区这样的改革点一个大大的赞！”“守正道、创新局，武侯教育值得期待！”

3 月 15 日、16 日，华西都市报客户端、人民网、中国网、腾讯大成网、四川新闻网、国际在线、四川在线等 7 家网络媒体对“两自一包”改革进行了及时报道，发布新闻报道近 10 篇。

3 月 16 日，《四川日报》《成都日报》《成都商报》等 3 家报纸媒体在要闻版等版面，分别以《武侯区全省尝鲜：教师自聘　管理自主　经费包干》《优劳优酬　激活教师“当家”活力——武侯区实施公办学校“两自一包”改革》《成都公办学校试点“合同教师”》等为题进行了深度报道。

3 月 15 日、16 日，参加新闻发布会的媒体所发布的 10 余篇新闻报道引发其他各大媒体广泛关注，转发报道量超 40 条。拥有约 4 亿用户的网络媒体客户端今日头条转发了《成都商报》、《华西都市报》、人民网、中国网等媒体的报道，并在首页推荐。新华网、中国网新闻中心、央广网、凤凰资讯、网易新闻、新浪网、搜狐网、新民网、湖南教育网、中国攀枝花网、大河网等 20 余家网站纷纷转发新闻，引起社会的广泛关注。

**三是深度追击，扩大影响。**

“这项改革太有价值了！”在新闻发布会后，《中国教育报》驻四川站记者、《教育导报》记者倪秀专访了时任武侯区教育局局长潘虹，采访了川大附中西区学校校长胡平和师生，希望从教育专业报刊的角度深度探寻和剖析改革的具体做法、经验和意义，让社会进一步认识和了解川大附中西区学校教育改革的经验和价值。

2016 年 3 月 22 日、26 日，《教育导报》先后用头版头条和一个整版，对川大附中西区学校的改革经验和成效进行了全面深入的报道。记者在述评中指出：“今年 3 月 5 日，李克强总理在政府工作报告中提出：‘要简除烦苛，禁察非法，使人民群众有更平等的机会和更大的创造空间。’武侯区教育局下放人事权、财权给学校，充分尊重学校的办学自主权，这是在给教育松绑，也是给学校机会，让教育有更多可能。”

2016 年 3 月 29 日，《中国教育报》以《教师自聘 管理自主 经费包干 成都武侯区试点“人财事”权下放学校》为题进行了头版头条报道，并在第 4 版整版报道了川大附中西区学校“两自一包”改革背景，高度评价了武侯区教育改革。同时，中国教育新闻网、中国经济网、中国网、中国社会科学网、四川新闻网、中国江苏网、今日头条等网站也先后发布、转载相关新闻 20 余条。

教育部教育发展研究中心基础教育研究室主任、研究员汪明通过媒体报道了解到川大附中西区学校的改革经验后，撰写了评论文章《给公办学校松绑要解几根“绳子”》。2016 年 4 月 1 日，《中国教育报》第 2 版对这篇评论文章进行了刊发。作者在文中高度肯定并深入、理性分析了武侯区在川大附中西区学校实施的“两自一包”学校管理体制改革，认为武侯区的改革是一个难得的实践样本，值得期待。此后，人民网、光明网、中国网、中国教育新闻网、搜狐网、科教网等网站转载相关新闻 20 余条。“两自一包”学校管理体制改革的武侯经验得到媒体的广泛关注和社会的高度认同。

**四是持续回访，成果喜人。**

2017 年是开展“两自一包”改革实践的第三个年头，试点学校把下放的权力用得如何？“人权”“财权”“事权”的下放是否给学校发展带来了活力？改革在区域层面的推进效果又如何？带着这些疑问和期待，《中国教育报》驻四川站记者、《教育导报》记者倪秀再次深入武侯区进行回访。在川大附中西区学校，记者了解到，对于新学校而言最重要的教师队伍的稳定性和质量，在“两自一包”政策下得到了保障：长短合同制和退出机制让学校“用人很方便，自主选择还能随时补充”，“共同治理”让每名教师都愿意参与学校管理。在“教师对学校满意度”问卷调查中，全校 95.6% 的教师表示愿意长期在学校工作。2017 年，学校招聘教师，在投递简历的人员中，拥有硕士学历的有 106 人，来自重点高校的有 70 余人，其中还有不少放弃本有编制的在职教师。“教师活力被激发了，学校的吸引力提升了，自然能吸引和留住学生。”收获满满的记者又来到武侯区教育局专访了区教育局局长陈兵，详细了解了“两自一包”改革当前遇到的瓶颈和改革成果的推广情况。2017 年 11 月 25 日，记者以《“两自一包”改革再观察——回访成都市武侯区试点下放“人权”“财权”“事权”给学校》为题，在《教育导报》第 2 版进行了整版报道。

2018 年 1 月 9 日，中国教育科学研究院教育发展与改革研究所所长吴霓在《中国教育报》第 5 版“专家观点”中评价道：“成都市武侯区‘两自一包’改革，是基层探索‘管办评’分离很大胆的举措。”他认为这项改革是一项科学的决策，也是名副其实的现代学校制度建设。

武侯区教育局局长陈兵接受《中国教育报》专访

**五是解析内涵，凝练经验。**

2019 年 1 月，中国教育电视台远道而来，拍摄《在习近平新时代中国特色社会主义思想指引下——新时代、新作为、新篇章》专题片，对“两自一包”改革青睐有加。记者们采访了武侯区教育局负责人，并深入已经改革试点了四年有余的川大附中西区学校和改革不满一年的新建学校沙堰小学，记录了他们的改革历程和经验，先后以《“两自一包”打破教师“铁饭碗” 给学校“松绑”》《武侯经验：试点“合同”教师 破解编制难题》为题在中国教育电视台综合教育频道播出。

2019 年 3 月 5 日，《四川日报》以《一条给力的“聘师之路”——成都市武侯区实行“两自一包”政策激发办学活力》为题，报道了“两自一包”改革如何解决编制不足、流动不畅、活力不够的现实难题，认为这条“聘师之路”“不仅创设良性的激励机制，也强化民主意识，让教师真正参与学校管理，促成了良好的工作绩效，教师有自信，办学更有活力”。

2019 年 3 月 13 日至 14 日，教育部、四川省教育厅、成都市教育局门户网站发布《四川省成都市武侯区创新“两自一包”学校管理模式 扩大学校办学自主权》，从“实施管理自主，理顺政府与学校关系”“实施教师自聘，优化用人机制”“实施经费包干，提高资金使用效益”三个方面总结了“两自一包”改革近五年来积累的经验。

媒体的力量不仅营造了武侯区“两自一包”改革的声势，更增强了武侯区教育改革的信心。

## 02 各地的学习调研与高度赞誉

2016 年 3 月 15 日，《华西都市报》以《打破铁饭碗 川大附中西区学校实行“两自一包” 教师“能进能出”》为题，以川大附中西区学校语文老师彭佳为个案，报道了川大附中西区学校“管理自主”下的教师管理机制及其效果。两天后，川大附中西区学校迎来了遂宁市教育局考察团的考察调研。

自此，武侯区“两自一包”学校管理体制改革成为媒体和教育管理部门、学校参观访问和考察调研的热点。

仅川大附中西区学校，从 2016 年 3 月 17 日起到 2017 年 1 月，不到一年时间里，就接待了十余次外来考察调研。

2016 年 3 月 17 日，接待四川省遂宁市教育局考察团。

2016 年 3 月 25 日，接待成都市青羊区政府考察团。

2016 年 4 月 1 日，接待四川省天府新区管委会教育考察团。

2016 年 4 月 27 日，接待青岛市黄岛区教育考察团。

2016 年 4 月 29 日，接待广东省东莞市政府考察团。

2016 年 5 月 4 日，接待受成都市教育局综合改革处委托前来调研的四川师范大学教育学院院长张烨教授一行。

2016 年 7 月 25 日，接待山东省烟台市政府考察团。

2016 年 9 月 6 日，接待贵州省遵义市新蒲新区教育科技局教育考察团。

2016 年 9 月 6 日，接待深圳市罗湖区委改革办（发展研究中心）考察团。

2016 年 11 月 9 日，接待前来调研的国家教育行政学院许杰教授。

2016 年 11 月 10 日，接待成都市温江区政府考察团。

2016 年 11 月 24 日，接待泸州市龙马潭区委、区政府教育考察团。

2016 年 12 月 6 日，接待前来调研的成都市教育局领导与中国教育学会专家组。

2016 年 12 月 12 日，接待沈阳市浑南区教育考察团。

2017 年 1 月 19 日，接待泸州市政府教育考察团。

随着“两自一包”改革的不断深入，沙堰小学、北二外成都附中和市三十一幼等也相应接待了来自各地的教育考察团。

据不完全统计，截至 2019 年 6 月，武侯区“两自一包”改革吸引了来自北京、山东、浙江、湖南、河北、贵州、黑龙江等地共 135 批次、约 2600 人次的教育考察团考察访问。

这些考察访问体现出如下特点。

**一是涵盖了区外市内、市外省内、省外三个层级，体现了地域上的全面关注。**

区外最早关注“两自一包”学校管理体制改革的是同为成都市教育

强区的青羊区，并且是以政府考察团的形式，对川大附中西区学校改革试点进行了全面考察。

2016年4月28日，“成都市教育系统管办评分离改革试点工作现场会”召开，时任武侯区教育局局长潘虹在大会上做了“两自一包”学校管理体制改革经验交流发言，市委教育工委副书记、市教育局副局长屠火明代表市教育局对这项改革给予高度评价，要求各区学习借鉴。自此，成都市政府、各区县教育系统纷纷开始密切关注武侯区“两自一包”学校管理体制改革。

2016年5月4日下午，成都市委、市政府目标管理督察办公室白帆处长一行到川大附中西区学校调研。2016年6月22日下午，成都市教育局、市委编办、市人社局、市财政局联合调研组，到川大附中西区学校专题调研“两自一包”学校管理体制改革情况。2016年9月12日，成都市教育局、市委编办、市人社局、市财政局联合印发《关于推广武侯区“两自一包”改革经验的通知》（成教办〔2016〕5号）。这标志着武侯区探索创新的“两自一包”学校管理体制改革得到成都市委、市政府的认可并在全市推广。2016年11月24日上午，时任成都市代市长罗强在时任武侯区区长林丽、时任武侯区教育局局长潘虹陪同下，对川大附中西区学校进行了调研。2016年11月28日，成都市政府政研室一行受罗强代市长的委托对川大附中西区学校进行了调研，听取了学校干部、教师、学生、家长意见。

区外市内兄弟区县，如青羊区、成华区、锦江区、新都区、温江区、简阳市、崇州市、新津县、金堂县、天府新区等，利用地域之便，在成都市教育综合改革试点工作推进会之后再次组织考察团对武侯区进行了“加访”。这些兄弟区县与武侯区共望岷山雪、同饮锦江水，面临的教育难题有着极强的共通性。

武侯区作为东道主，大到“两自一包”制度设计和运行，小至教师如何招、经费如何管，都毫无保留地坦诚交流，给各区县教育考察团留下了深刻的印象。在谈及考察感受时，各位考察代表说得最多的两个词就是“科学”和“可复制”。“科学”是指“两自一包”能够从制度供给层面，科学地解决大家目前面临的教师编制不足、办学活力不足、绩效杠杆不灵等共同难题；“可复制”则侧重于“两自一包”在理论和法律层面可行、在操作和推广层面易行，各区县可以结合自身实际进行学习借鉴。

市外省内考察团的来访始于2016年3月，先是遂宁市考察团到川大附中西区学校做专项考察调研，随后广元市、泸州市、西昌市、德阳市、绵阳市、自贡市、资阳市、眉山市、江油市、九寨沟县、汉源县等地也纷纷组织教育考察团，来武侯区学习借鉴“两自一包”改革经验。武侯区作为成都平原教育高地，主动肩负起“主干”引领、率先示范的重任。在武侯区川大附中西区学校办公室的工作日志中，记录着各地市州来访的座谈记录。查阅记录不难发现，各地市州教育同仁最关心的并非如何“移植”“两自一包”，而是如何借鉴“两自一包”改革的思路，推动当地教育理念更新，盘活教育资源存量。诚如自贡市教育和体育局相关干部在考察时所说：“武侯区通过‘两自一包’改革极大地激发了教师的活力，这些活力最终都在课程改革、校园文化、教学质量上得到了体现。我们（自贡）需要学习改革的勇气、创新的思路，推动区域教育实现后发先至、弯道超车。”

省外考察团的来访始于2016年浙江省教育考察团来川大附中西区学校考察调研。我国地域辽阔、历史悠久、民族众多，在长期的发展中，东部、中部、西部教育存在明显的地域差异，发展水平参差不齐，面临的教育痛点、难点各异。5年来，北至哈尔滨，南到广州，东起上海，西到新疆、甘肃，经济、社会、教育发展水平各异的教育考察团纷纷来到武侯区交流学习，这本身就已经说明了“两自一包”改革所取得的巨大成功和影响。仅仅是2018年，除去寒暑假，武侯区平均每周都要接待来自全国各地的考察团3～5个。为了保障正常的教育教学秩序，各校先后成立了由干部和普通教师组成的讲解组，还将“两自一包”宣讲列为项目工作，由无课教师申报认领，以热情的姿态、坦诚的态度，带领远道而来的客人参观校园，并组织座谈、回答提问。山东省济南市教育局一位领导在实地参观了川大附中西区学校后赞叹：“武侯教育人对教育改革认识清醒，思考深入，推行稳妥，希望有更多机会和武侯教育开展深入交流与合作。”

**二是涵盖了区域党委政府、教育主管部门、教育科研机构、学校等不同层次，绝大多数是单位“一把手”带队，体现了对“两自一包”改革的重点关注。**

来自市内、市外省内、省外三个不同地域层级的考察团涵盖了政府、教育主管部门、教育科研机构和学校等不同层次，体现了“两自一包”学校管理体制改革不仅触动了教育系统内部改革的痛点，也切中党政、科研部门的关注热点。

不少地区是由党政领导牵头带团对武侯区“两自一包”学校管理体制改革展开调研考察。例如，2019年6月27日，绵阳市涪城区委副书记、宣传部部长杜正茂带领绵阳考察团到成都市沙堰小学调研。杜正茂一行调研的核心是教师自聘、多劳多得、优劳优酬的薪酬制度怎样激发教师的自主发展积极性、创造性和提升学校办学品质。在交流中，杜正茂肯定了学校部门负责制的设定，称其打破了不让老师参与管理的传统模式，鼓励老师把自己当作学校的主人，实现了人人都是管理者，优化了管理体制，节约了管理资源。再如，2019年3月7日，仁寿县委副书记杨建率县教育和体育局、财政局、人社局等部门相关人员，到武侯区川大附中西区学校和沙堰小学考察调研“两自一包”学校管理体制先进经验和做法，不仅对教育管理进行了调研，还对教育改革关涉的相关部门协作进行了深入调研。

由教育主管部门牵头组织的考察团则为各地考察团的主要形式，如浙江省教育厅、南京市教育局、天津市滨海新区社会事业部、东莞市教育局、自贡市教育和体育局、安岳县教育局等组织的考察团。值得注意的是，这些考察团大多是“一把手”带队，如浙江省教育厅厅长刘希平，南京市教育局局长孙百军，四川天府新区教育体育处处长杨远东，自贡市教育和体育局局长周耘，安岳县教育局党委书记、局长游军等。

**三是虽然各考察团的关注点不同，但均对武侯区“两自一包”改革给予了高度赞誉。**

针对“两自一包”改革经验，各教育考察团的关注点并不一致，这也体现了“两自一包”改革在解决当今教育实际问题上，呈现出可深入探究的多元性。

以 2019 年 2 月南京市教育局考察团到川大附中西区学校考察交流为例，局长孙百军等专注于经费管理与拨付、教师培养与流动、学校内部治理等问题，并就此与胡平进行了热烈的探讨。

以 2019 年的仁寿县考察团为例，其考察目的则是“加快成都仁寿教育同城化发展步伐，推进仁寿教育改革创新和高质量发展”，因而其关注点是“两自一包”教育管理体制的先进经验和做法。

各地考察团在同武侯区深入交流后，对武侯区“两自一包”改革的政策理论、实践路径和取得的成效都给予了充分肯定。

尤其是 2016 年 3 月 4 日下午，在时任四川省教育厅厅长朱世宏、武侯区委书记巫敏陪同下，浙江省教育厅刘希平厅长一行参观考察了川大附中西区学校。刘希平厅长对当时还没有正式命名“两自一包”的川大附中西区学校改革实践给予了高度赞扬，认为“这一改革走在了全国的前列”。

## 03 专家的实证取样与价值深探

从“两自一包”前期设想、改革设计到理论论证、投身实践的整个过程中，来自各级政府、高校、教育科研机构的专家学者给予了重要指导和中肯评价。这些评价并非单纯的褒扬，而是饱含了专家学者对当前中国教育综合改革的思考，对区域教育综合改革有很强的指导性。

“两自一包”改革从“破冰而出”开始，在改革实践的思路上，经历了一个全新的探索过程。

首先，它经历了选点实践的“破冰”行动，那就是川大附中西区学校的首开试点。

其次，它是武侯区教育系统综合改革的 39 个项目之一。

再次，它还是武侯区区域教育体制机制改革的一个科研课题。作为课题，它经历了构想、申报、立项、开题、实践、结题的全过程。

2016 年 3 月，在区教育系统综合改革会上，正式布置了开展课题申报和研究的任务。

2016 年 4 月初，确定由督导室负责将“两自一包”改革申报为省级课题并开展研究，同时负责撰写申报书和研究方案。

2016年4月18日下午，区教科院组织召开了课题申报指导会，邀请到省教科所理论室主任王真东等专家进行指导。会上，督导室负责人就课题申报方案进行了陈述，得到专家们的高度认可。同时，专家们提议以此课题申报当年教育部的重点课题。

2016年4月19日下午，督导室负责人和区教科院院长专程到省教科所理论室王真东主任的办公室，在王真东指导下，将课题题目确定为“区域教育赋权学校的制度供给改革研究”，并按教育部重点课题要求写好申报材料。

2016年7月22日，“区域教育赋权学校的制度供给改革研究”课题被列为全国教育科学“十三五”规划2016年度教育部重点课题（课题批准号：DHA160297）。

2016年10月24日，督导室负责人再次到省教科所理论室王真东主任处，具体研究落实该课题的研究方案、开题报告的撰写、拟聘专家等事宜。

2016年11月9日，在区教育局承办的教育部重点课题“区域教育赋权学校的制度供给改革研究”开题活动中，时任区教育局局长潘虹作为课题负责人做了开题报告，全国知名教育专家及省、市专家进行了点评。专家们对已经命名为“两自一包”的学校管理体制改革的价值和意义，以及试点学校的改革试点实践均给予高度评价。

最后，该项目作为武侯区教育综合改革的一个重要构件，因有具体的实践案例支撑，同时有区教育局全面的改革谋划，因而有别于一般性课题实验，从一开始就引发了相关教育专家和学者的高度关注。

2016年5月4日上午，四川师范大学教育学院院长张烨教授受成都市教育局综改处委托，对川大附中西区学校进行了调查研究。此后，张烨教授便长期关注“两自一包”改革。2018年8月，张烨教授在《中国教育学刊》上发表署名文章《公办学校“两自一包”改革的制度创新——基于川大附中西区学校创新案例的反思与前瞻》，在文章中指出：

武侯区教育局坚持以人民群众需求为指向，以实际问题为导向，直面教育系统公办学校普遍存在的现实困境和制度困局，在新建的四川大学附属中学西区学校（以下简称“川大附中西区学校”）实施了“教师自聘、管理自主、经费包干”的“两自一包”制度创新。这一实践创新不仅为成都市探索如何突破编制掣肘，破解教师从“入”到“出”全过程管理激励乏力，应对城市就学需求的持续增长压力，办好公办学校拓展了新思路，而且，该改革案例探索汇聚的教育管办评分离创新实践成果，已经对全国其他省市乃至国家层面的教育整体改革贡献了可贵的实践经验并产生了较大影响。

2017年7月5日，在教育部综改司区域教育综合改革工作座谈会上，综改司司长刘自成在听取武侯区教育局党工委书记、局长陈兵做的工作汇报后指出：

坚决支持武侯区改革实践！在国家全面深入推进综合改革的背景下，武侯区针对群众关心的教育热点问题和难点问题探索教育体制机制改革是积极的，有效果的，激发了学校的办学活力，为学生、教师和学校的发展营造了良好的环境。希望武侯区就“两自一包”、校长职级制、名师优师激励、“每天一节体育课”等改革工作进行经验总结和提炼，形成可复制、可推广的区域经验；加强对全国“放管服”改革的研究和思考，明确主体责任，厘清职责权限，进一步完善“两自一包”改革工作；加强与教育部综改司、中国教科院的交流对接，为全国县域教育综合改革提供改革案例。

2018年1月9日，中国教育科学研究院教育发展与改革研究所所长吴霓在《中国教育报》第5版“专家观点”发表文章指出：

成都市武侯区“两自一包”改革，是基层探索“管办评分离”很大胆的举措。……在人事权方面，教师自聘，实行长短合同制，这是一项名副其实的现代学校制度建设。

2018年5月28日，中国教育科学研究院院长崔保师、中国教育科学研究院合作发展处处长李晓忠、中国教育科学研究院课程研究所所长郝志军等专家一行，莅临川大附中西区学校调研“两自一包”学校管理体制改革如何促进教育优质均衡发展。崔保师院长一行在胡平校长陪同下，走访校园、聆听讲解、实地观摩、与老师交流，了解学校教育教学、内部管理、综合改革等情况。随后在会议室举行座谈，学校党支委成员、中层干部、教师代表共同参加了座谈。座谈会上，首先由胡平校长汇报学校关于“两自一包”改革的探索和实践。接着，参会教师发言交流，大家都结合自身感受和体会，畅所欲言，为学校发展建言献策。随后，区教育局分管局长从武侯教育层面，围绕改革背景、取得的成效、改革瓶颈等问题进行汇报。最后，崔保师院长发言，他肯定武侯区的“两自一包”学校管理体制改革“取得了非常显著的成果”，“已经成为全国的标杆，起到了示范引领作用”，并鼓励武侯区“坚持问题导向，不忘初心、矢志不渝推进改革”！

2018 年 1 月，国家教育体制改革领导小组办公室《教育体制改革简报》刊发武侯教育改革经验。

2018 年 3 月 30 日，教育部教育发展研究中心副主任汪明再次来到武侯区专题调研“两自一包”学校管理体制改革工作。汪明在调研中对“两自一包”改革表现出了极浓的兴趣，先后深入课堂、办公室了解学校教学情况和教师工作状态，参观学校分类课陈列室、艺术功能室，详细了解学校“两自一包”改革的具体措施和推进情况。其实，早在 2016 年，汪明就对“两自一包”改革做过调研，并在评论文章《给公办学校松绑要解几根“绳子”》中写道：

公办学校办学活力不足，始终是困扰基础教育发展的一大难题。建立现代学校制度，激发学校办学活力，离不开体制机制的创新。据媒体报道，成都市武侯区在四川大学附属中学西区学校率先实施“两自一包”改革，将“人权”“财权”“事权”下放给学校，鼓励学校进行改革发展。这样的改革探索值得期待。……在现代化治理理念下合理地分权、放权和监督，落实和扩大公办学校的办学自主权，激发公办学校的办学活力，既要有整体的制度设计，又要有成都市武侯区这样的先行先试，提供好的实践样本。

2018 年 8 月，由教育部主管、中国教科院主办的《教育研究》，在第 8 期一篇题为《我国义务教育阶段教师编制供求矛盾及改革思路》的文章中阐述“编外用师改革的主要模式”时，以“‘两自一包’模式”为小标题，专门介绍了“两自一包”改革。文中指出：

“两自一包”模式也符合现代学校制度精神，它重构了公办学校内外部权力结构，体现了“管办评分离”的现代学校治理理念，有力地提升了教师资源的配置质量。

2019 年 1 月 14 日，四川省政协十二届二次会议在成都开幕。省政协委员、致公党员、四川省学校文化建设研究会会长高善峰建议在更多地方推广“两自一包”学校管理体制改革经验。他在接受采访时表示：

编制困局、流动困局、激励困局成为教师队伍建设中的三大困局，直接影响了区域教育的发展。成都市武侯区实行了“两自一包”学校管理体制改革，试点成效良好，社会反响较好，构建了政府、学校、社会之间的新型关系，提升了学校教育治理体系和能力现代化。将“两自一包”学校管理体制改革经验在更多地方推广具有广泛意义。

2019 年 1 月 23 日，中国教育电视台聚焦武侯区“两自一包”改革，对学校试点“两自一包”的由来、具体做法、取得的成效等进行了详细了解。记者们认为该模式十分新颖，这样的选题在全国学校教育改革类新闻中并不多见。

呈现在各种媒体上的专家取样与肯定，从理论高度充分显示了武侯区“两自一包”改革的内涵与价值。



## 04　各类荣誉的精神激励与动力输送

随着“两自一包”学校管理体制改革的纵深推进及其在全国产生广泛影响力，各种荣誉纷至沓来，这既是对改革成果本身的肯定，也是对武侯教育人敢为人先的开拓精神的褒奖。在教育专家眼中，“两自一包”学校管理体制改革是对现有学校管理体制的一次重大突破，是学校治理现代化理念的具体实施；在老百姓心中，武侯区的改革让自己的孩子能上家门口的好学校，是国家全面深化改革带来的实实在在的民生“红包”；在政府看来，“两自一包”改革是管办评分离的生动实践，激发了学校的办学活力，为破解当前教育领域的顽瘴痼疾提供了有效路径。

2016 年，“两自一包”改革荣获第五届“地方教育制度创新奖”。“地方教育制度创新奖”是由 21 世纪教育研究院联合社会多方机构共同评选，旨在鼓励、传播和推广地方教育制度创新。自 2008 年以来，该评选活动已成功举办六届，评委由杨东平、顾明远、朱永新、熊丙奇等中国当代教育专家组成，被称为“民间评价教育的有益尝试”。

在获奖理由中，评审委员会对“两自一包”学校管理体制改革做出了毫不吝惜的赞扬，认为武侯区针对区域教育发展中的三大困局，通过建立试点学校，采用“两自一包”政策对人权、事权和财权进行松绑，探索学校管理体制改革，这在学校治理体系和能力现代化进程中迈出了一大步。区域政府作为教育服务的供给者，明确将办学自主权、教师聘任权、经费使用权等下放到学校，通过统筹规划、政策引导和监督管理，从学校教育的直接干预者和微观管理者变为宏观指导者。学校作为治理主体的地位得到进一步落实，在教师聘任、学校管理和经费使用等方面切实享有了更多的权力，真正实行了“政校分开、管办分离”。学生与家长作为教育服务的消费者，也参与到学校的组织管理和评价中，行使了表达意见和监督质量的权利。难能可贵的是，武侯区在试点学校边实践边探索边思考，用理论反思来不断指导实践。尽管目前试点范围不大、有些制度需要进一步完善，但武侯区的探索真正将学校治理现代化理念落到了实践中，是对现有学校管理体制的一次重大突破。

2017 年 1 月 9 日，春节的气息越来越浓，此时武侯区实施“两自一包”改革的学校已有 4 所。这一天，成都市教育局发布了《2016 年成都教育大事记》，武侯区“两自一包”改革赫然在列。文件认为，武侯区在推进教育管办评分离改革试点工作中成效突出，4 所“两自一包”改革学校的经验在全市范围产生深刻影响，并在全国引起强烈反响。

2018 年 11 月 22 日，四川省人民政府新闻办公室、省委改革办在成都联合召开四川全面深化改革典型案例新闻发布会，发布了党的十八大以来，四川各地各部门以改革试点为抓手取得的制度性成果，并编印成《改革试点典型案例集》，供各地各部门学习借鉴。武侯区“推进教育‘管办评’分离改革试点 探索形成‘两自一包’新模式”成功入选，成为省级经验成果。四川省委改革办认为，这些在实践中探索创造出来的制度性成果，突破了体制机制障碍，产生了良好社会效果，增强了人民群众获得感。

2018 年 1 月 20 日，“两自一包”改革荣获“第五届全国教育改革创新典型案例”称号。该评选活动是由《中国教育报》、中国教育新闻网等国内权威教育媒体发起，旨在寻找教育变革发展中的一些通用教育规律，把脉学校变革发展的路径，聚焦教育实践创新特色，给发展中的学校以启示与借鉴，为实现建设教育强国的目标而努力奋斗，在全国具有广泛影响力。经过组委会审议，全国140个单位和个人创新实践项目获奖，武侯教育获得两项大奖。其中，“两自一包”学校管理体制改革荣获“第五届全国教育改革创新优秀奖”，此奖项全国共设30个；川大附中西区学校校长胡平以“公立学校‘三权’自主下现代学校制度改革探索”案例参评，获得“第五届全国教育改革创新优秀校长奖”，此奖项全国共设30个。评委会认为，“武侯区在推进教育综合改革过程中，在破解学校自主办学活力不强、教师缺编导致上学难等问题上做出了有益探索。‘两自一包’学校管理体制改革在推进重点、破解难点、化解热点等问题上，聚焦了区域教育特色实践，寻找到了一些通用教育规律，开辟了学校变革发展的路径，对发展中的学校具有充分的启示与借鉴意义。”捷报传来，四川省人民政府第一时间在官网上向全川人民宣布了这一好消息。

2018年11月，为隆重庆祝改革开放40周年，突出展示党的十八大以来四川省各地各校推动教育改革创新发展取得的实践成果和先进典型，回顾和总结全省教育系统落实中央决策部署、深入推进教育领域综合改革的好做法、好经验，弘扬四川教育系统锐意改革、勇于创新的时代精神，四川省教育厅在全川范围内开展“教育改革创新发展典型案例”推选活动。武侯区“两自一包”学校管理体制改革再获褒奖，经专家组评审，被四川省教育厅确定为“四川省教育改革创新发展典型案例”。

2018年2月，习近平总书记亲临四川视察，以宽广视野、深刻洞察和战略远见为四川工作把脉定向，殷切期许成都加快建设全面体现新发展理念的城市。武侯教育人勇于攻坚克难、锐意改革创新、敢于实践探索，2019年2月，武侯区教育局被成都市委、市政府表彰为“成都加快建设全面体现新发展理念的城市改革创新先进集体”。

## 05　党委政府吹响改革深入开展集结号

在武侯区“两自一包”学校管理体制改革实践过程中，中央、省、市、区各级党委政府以及教育部、省市教育行政主管部门给予了改革工作极大的关心、指导和肯定，极大地增强了武侯区“两自一包”改革的信心。

武侯区委、区政府既是“两自一包”改革蓝图的起草者，也是改革过程中的坚定实施者、支持者。

2016年8月12日，在全区校长研讨会上，时任区委书记巫敏指出：“‘两自一包’学校管理体制改革遵循了从‘摸着石头过河’到逐步形成顶层设计，再到全面铺开并逐步形成系列初步改革成果的一般实践过程，创新成为武侯教育改革的法宝，成为我们教育转型升级的动力源泉。‘两自一包’学校管理体制改革以法律为准绳，既高扬改革大旗，敢于冲破阻碍教育生产力发展的藩篱，又谨慎而细致地研究具体操作办法，尽可能周全地考虑改革中可能存在的各类风险，强化预判和防范，积极稳妥推动。改革的‘定力’、改革的‘落实’在‘两自一包’学校管理体制改革中得到充分体现。”这一番热情洋溢的讲话，从改革的实施过程到改革的实践意义，彻底打消了大家对改革的犹豫，让在场的校（园）长们备受鼓舞。在2017年初，“两自一包”学校管理体制改革被评为“2016年影响成都教育的十件大事”，改革成效初显，巫敏书记又及时勉励：“希望始终保持永不满足的进取精神，大胆探索，锐意改革，充分激发学校办学活力，扎实推进学校治理体系和治理能力现代化建设，广泛传播武侯教育的改革强音，为打造‘全市一流、西部领先、全国知名’的教育现代化强区奠定坚实的工作基础。”

当“两自一包”改革在全国范围内影响越来越大并入选2018年“第五届全国教育改革创新典型案例”时，林丽区长第一时间批示：“对取得的成绩表示衷心祝贺！希望坚持问题导向，强化改革创新，不断探索促进现代学校制度建设的有效途径和方法，积极构建新型政校关系，不断提高学校自主管理、自主发展能力，提升区域教育质量和教育公共服务水平。”林丽区长同时批示：“武侯区创造的‘两自一包’得到了国家教育体制改革领导小组的充分肯定，非常不容易，可喜可贺！希望区教育局要进一步完善‘两自一包’管理体制，在全区稳步推广。”

成都市政协副主席杨建德，在2011年12月至2016年9月任武侯区人民政府分管教育的副区长，是“两自一包”改革制度的主要设计者之一。2019 年 5 月 9 日，杨建德率市政协调研组回到“两自一包”试点校——川大附中西区学校时，看到学校5年来的巨变后，由衷感慨：“应该坚定改革的方向，坚定放权搞活，坚定共同治理，坚定多方监督，坚定总结提炼，切实满足老百姓对优质教育的需求，把改革推向深入。”

作为成都市主城区之一，武侯区的教育综合改革自然也引发了成都市委、市政府的高度关注。

2016 年 6 月 21 日上午，时任成都市委副书记、市长唐良智到川大附中西区学校调研，成都市政府资政杨伟，市委教育工委书记，市教育局主要负责人及分管副局长，武侯区委书记巫敏，区委副书记、区长林丽，副区长杨建德，区教育局党工委书记、局长潘虹等陪同调研。唐良智在川大附中西区学校校长胡平陪同下巡视了校园文化与特色课程，在听取了胡平的介绍后，对武侯区“两自一包”学校管理体制改革给予了充分肯定和认可，他认为武侯区的教育改革推动了办学机制的变化，而机制的变化又促进了人的工作积极性提高，这是可喜的变化。

在川大附中西区学校艺术长廊，唐良智仔细观察艺术课程体系图示，观赏艺术教师创作作品，询问艺术课程开展情况，了解学校艺术教育成果。当他了解到学校走班分类的艺术课开展情况后，对学校丰富多彩的课程建设、教师在课程建设中的主动作为和积极作为给予高度赞扬。唐良智指出：“‘两自一包’发动了学校办学的主动性，激发了教师的积极性，成就了学生成长的多元性与个性化，让随迁子女获得了优质教育资源，这是武侯区教育改革的担当精神与积极作为的具体体现。”

最后，唐良智希望区委、区政府能加大改革力度，把学校“两自一包”改革做好做实，并推广出去。

为落实唐良智市长的指示，2016 年 6 月 22 日下午，成都市教育局、市委编办、市人社局、市财政局组织联合调研组，到川大附中西区学校专题调研“两自一包”学校管理体制改革情况。

2016 年 9 月 12 日，成都市教育局、市委编办、市人社局、市财政局联合印发《关于推广武侯区“两自一包”改革经验的通知》（成教办〔2016〕5 号）。这标志着武侯区探索创新的“两自一包”学校管理体制改革得到成都市委、市政府的认可并在全市推广。

时任成都市代市长罗强曾先后到武侯区川大附中西区学校、北二外成都附中等改革学校调研，对武侯区“两自一包”给予高度肯定，并表示：“（这项改革）很好！可以进一步总结完善方案后，加大推广力度。”

2019 年 6 月 28 日，成都市教育大会在市委礼堂召开，省委常委、市委书记范锐平出席会议并讲话。在讲话中，他先后 3 次脱稿对武侯区进行表扬，并对“两自一包”学校管理体制改革做出了“在实践上可行，在理论上可信”的高度评价。

省级教育主管部门在听取了正式和非正式汇报后，及时对武侯区“两自一包”改革给予了肯定与支持。

时任四川省教育厅厅长朱世宏到武侯区专题调研后批示：“希望武侯区进一步扩展试点范围，不断总结积累经验，为进一步在全省探索和推广提供经验借鉴！”

现任四川省教育厅厅长李江上任后不久，就前往武侯区调研“两自一包”改革，并表示：“将人权、事权、财权下放给学校，发挥学校办学主体作用，激发了学校的办学活力，是实现教育治理体系与治理能力现代化的必要途径。希望武侯区继续努力，不断探索，积极实践，进一步深化‘两自一包’学校管理体制改革，充分释放学校办学活力，推动教育信息化转段升级，实现区域教育高品质发展，为全省教育提供更多有益经验。”

改革引发的强烈社会反响也引起了省委、省政府乃至国务院分管教育的副总理孙春兰的高度重视。

2017 年 4 月 27 日，省政府研究室在对武侯区“两自一包”学校管理体制改革进行专题调研的基础上，形成调研报告《两自一包：教师自聘、管理自主、经费包干——解决进城务工人员随迁子女入学的创新性做法和经验》，并在省政府《领导参阅》第 14 期上专版刊登。调研报告对“两自一包”学校管理体制改革进行了详细的阐述。报告认为，通过“两自一包”改革，武侯区学校办学活力逐步彰显，教育治理能力加快提升，区域教育影响不断扩大，教育改革成果获得社会关注。报告指出，“试验区”改革还存在一些不足，如试点学校聘用教师养老保险与公办学校教师差距较大，地区间财政收入差异导致教育投入比重不均等。报告建议：一是坚决“啃下”改革硬骨头。瞄准教育管理体制改革中人权、事权、财权等方面的深层次问题，系统分析、全盘考量，加大政府统筹，促进人社、财政部门与教育部门形成合力、综合施策，真正将改革做实、做好。二是切实扩大试点受益面。应当更加深入探索、总结经验，引导和推动有条件的公办学校参与改革实践，扩大改革受益面，让更多孩子享受到优质教育。三是系统推广已有好经验。坚持理论与实践并重的原则，组织专门力量对改革试点进行评估总结，站在推动教育治理体系和治理能力现代化的高度，为全省、全国有条件地区提供可复制可推广可借鉴的真经验、实做法。

2018 年 11 月 27 日，四川省教育大会在成都市金牛宾馆召开，省委书记彭清华出席并讲话。彭清华书记强调，要坚决贯彻习近平总书记关于教育的重要论述和对四川教育工作的重要指示精神，全面贯彻全国教育大会部署要求。

彭清华书记强调，要持续用力推进教育体制机制改革，解决义务教育、学前教育、职业教育、民族地区教育等存在的问题、短板，不断提升教育服务保障经济社会发展的能力，形成充满活力、富有成效、更加开放、有利于高质量发展的教育机制体制。谈到这里，彭清华书记脱稿举出了武侯区创新开展“两自一包”改革的实例。他认为“两自一包”是体制机制改革卓有成效的举措，破解了难题，激活了学校办学活力，武侯区搞得很好，有推广价值，并请大家去了解学习。

2018 年 12 月 15 日，中央政治局委员，国务院副总理、党组成员孙春兰在中共四川省委办公厅《四川信息专报》（第 364 期）刊发的《四川基层探索实施“两自一包”学校管理模式改革 扩大学校办学自主权提高办学活力》文章上做出批示：“请宝生、之文同志阅示。四川‘两自一包’的经验，可进一步研究总结其经验，关键是扩大学校办学自主权后解决的办法多了，办学活力提高了。”

这些来自各级党委、政府及教育主管部门的高度评价和充分肯定，化作改革的动力，激励和推动着武侯区“两自一包”改革走向更为辉煌的探索之旅。

## 06 "人民满意"的改革成效关键测评

党的十九大报告明确指出："建设教育强国是中华民族伟大复兴的基础工程，必须把教育事业放在优先位置，加快教育现代化，办好人民满意的教育。"在武侯区"两自一包"学校管理体制改革的过程中，始终把"人民满意"作为改革的归宿和衡量改革成功与否的最终标尺。

武侯区组织了相关单位对改革实验学校进行了全方位的满意度调查测评。

**一是学生满意度调查测评。**

在武侯区北二外成都附中，"眼里有光、脸上有笑、心中有人"正在成为全校学生共同的标签。每一天，他们都在这片热土上自信表达、自信参与、自信管理、自信成长。这份"自信"从何而来？校长何光友回答道：是"两自一包"的制度为北二外成都附中学生的发展插上了一双自由、有力的翅膀。由于课程开发权、人事选聘权的下放，学校在开齐开足国家基础课程外，选择"一带一路"沿线国家中的德、法、俄、日、西班牙、阿拉伯6种语言作为小语种课程，选聘传统学校没有的"北二外"老师，广泛开展"小小演讲家""小小外交家"等校本课程，为学生提供"自信三分钟"、演讲与辩论、话剧与配音、模拟联合国与国际文化导游等展示平台，学生根据自身特点自由选择，充分展示。来自七年级的武芮竹同学，在参加了首届"一带一路·薪火相传——对话忻顺康大使"活动后激动地说道："忻爷爷的手掌写满沧桑，这双手为了'一带一路'更好发展付出了多少？与外国友人握手交谈，搭建了多少国际友谊桥梁？而今，在这个小小礼堂，忻爷爷同我握手，在忻爷爷面前，我顿时渺小了，心中默默立誓，梦想也更清晰了……"

地处成都金花桥片区的川大附中新城分校是一所典型的地理意义上的"城郊学校"，受区域产业结构影响，这所学校超过90%的孩子为外来务工人员子女，家庭经济较困难、家庭教育较缺乏、父母陪伴较少等成为影响这类学校办学品质提升的重要原因。面对现实，古和平校长说："孩子们的（家庭）条件越是不好，就越需要通过教育来改变当前的状况。"而他手中最大的法宝就是"两自一包"。学校基于学生生命成长规律和时代发展要求，开发出以"三类六课"（三类：基础类、拓展类、探究类；六课：文化基础、德育主题、艺术修养、健康生涯、国际理解、综合实践）为支撑的“全人课程体系”。建校仅仅半年，川大附中新城分校学生参加区级比赛获得一等奖 2 人次，二等奖 7 人次；参加市级比赛获得一等奖 6 人次，二等奖 10 人次，三等奖 19 人次。教师参加区级比赛获得一等奖 5 人次，二等奖 5 人次，三等奖 2 人次；参加市级比赛获得一等奖 1 人次，二等奖 5 人次，三等奖 3 人次。“两自一包”学校管理体制改革让四环路附近的孩子也能享受到公平优质的教育。

类似的例子在武侯区“两自一包”学校中每天都在上演。由于学校办学自主权加大，学校能够针对不同的生源群体“量体裁衣”，既让学生获得最适合的教育，也实现了办学特色的彰显，这正是伟大教育家孔子“有教无类”“因材施教”办学思想的当代实践。

**二是家长满意度调查测评。**

武侯区长寿苑社区建成于 2001 年，是成都市最早的拆迁安置小区之一，现有住户 5165 户，1.9 万余人。由于历史原因，社区内仅有两所当时配套建设的民办幼儿园，其硬件条件、办学品质早已落后于时代。社区居民如果要选择品质更好的幼儿园，最近的都要到五六公里以外的锦江对面。长期以来，社区居民“读家门口的好学校”的渴望愈发强烈。2018 年 2 月，武侯区教育局通过回收回购，将位于社区内的“海蓓幼稚园”改制为公办的“成都市武侯区第十二幼儿园”。面对刚刚回收的校园，“设备差、师资差、居民评价差”成为摆在新任园长马嫦娟面前的三大难题。为改变困局，2018 年 12 月，她带领全体教师主动申请加入“两自一包”改革试点。就这样，短短 1 年时间，成都市武侯区第十二幼儿园完成了“民转公、公转改”的体制机制“三级跳”。幼儿园地处居民每天进出小区的必经之地，它的每一个细小变化，居民看在眼中、乐在心中。李泽华婆婆家中的小孙子今年 2 岁了，看着越来越漂亮大气的幼儿园，李婆婆高兴地说：“我在这里住了 10 多年了，今年这个幼儿园变化太大了！以后娃娃些享福了，我们老百姓得了大实惠！”

在教育界流传着一句俗语：“家长满意与否，是用脚来投票。”川大附中西区学校胡平在回忆建校之初的点点滴滴时说：“最心酸的莫过于家长的不信任和学生的流失。”2014 年 8 月，摇号到校的 453 名学生中仅有 283 名报到，比例仅有 62%。随着“两自一包”改革深入推进，学校办学成效日渐凸显，2018 年秋季，报到率已超过 93%，没有摇号到川大附中西区学校的家长们对孩子就读该学校要求强烈。

北二外成都附中的一位学生家长通过短信充分表达了改革对于学校、教师的影响以及家长的认可：“万分庆幸孩子能遇到这样的好老师与好学校，给孩子传授知识，帮孩子塑造健康的人格与树立正确的价值观。一个人遇到好老师是人生的幸运，一个学校拥有好老师是学校的光荣，一个民族源源不断地涌现出一批又一批好老师是民族的希望……”

**三是教师满意度调查测评。**

成都市龙江路小学武侯新城分校始建于 2012 年 7 月，是一所校龄短、起点高的学校。但是，由于人员编制不足，学校只能按照传统学校的管理办法大量聘请校聘教师（特指经区政府同意，学校招聘的没有编制的教师，其工资待遇由财政定额解决），校聘人员占比高达 63%。这种不健康的人员结构，让学校在仅仅 5 岁时便遇到了成长的挑战。2017 年 6 月底，学校先后收到 17 份因病、因事、因公招考调等各种原因而离职、请假的申请，其中还有好几位班主任教师和学科骨干教师。加强教师队伍的稳定性和优质性成为摆在学校面前的当务之急。学校在取得 100% 教职工理解和支持后，2018 年 9 月，正式申请加入“两自一包”改革的大家庭中。通过共同治理，学校上下明确了“岗位管理、薪随岗动”的理念和“多劳多得、优质优酬”的基本导向；破除“被动安排、消极对待、敷衍应付”的懈怠现象，树立“竞聘上岗、积极完成、追求优质”的积极风气。2018 年底，学校试运行了岗位竞聘制度，39 个岗位共计收到 59 份申请，甚至有多名教师主动申请班主任、备课组长、项目组长等多个岗位。由此可见，改革激发了教师的内驱力，学校真正实现了“事事有人争着做”的良好局面。

2019 年初，武侯区教育局在区内部分“两自一包”改革学校的教师中，围绕工作成就感、工作量接受度、收入满意度 3 个指标进行了匿名调查。其中，89. 2% 的老师认为目前的工作和生活充满了激情，十分喜欢“两自一包”学校的工作氛围；86. 5% 的老师认为工作量在正常范围内；83. 8% 的教师认可“两自一包”学校的工作收入高于传统学校。

这些教师，作为武侯教育“两自一包”制度创新的亲历者，对于制度实施得怎么样、效果如何，感受最直接、体验最明显，也最有发言权。97.2%的老师表示愿意长期在“两自一包”学校工作，是对当前工作幸福感最有力的表白。

不难看出，以上数据与言语呈现的各方满意度，充分证明“两自一包”为区域提供了优质而均衡的教育资源，体现了教育本身的惠民性。

教育的阳光正朗照在武侯这片文化热土上。

## 07 各地的借鉴与推广

一项真正有价值的改革，其最大价值是可操作、可复制和可推广。

武侯区的“两自一包”学校管理体制改革吸引了教育各参与主体的高度关注，同时也为各地教育改革输出了改变教育困局的突围之策。

一些地方政府和教育主管部门在学习借鉴武侯区“两自一包”改革经验后，也走上了“两自一包”改革实践之路。武侯区输出“两自一包”改革经验，可分为两条主线。



**一是成都市推广及各区县（市）实践。**

2016年6月3日，成都市人民政府办公厅以《武侯区公办学校“两自一包”改革试点的主要做法》为题，在内部刊物《政务信息》上刊发武侯区“两自一包”改革经验。

经前期广泛调研，为加快推进教育领域法人治理结构改革，形成具有成都特色的“管办评”分离改革经验，在总结武侯区探索改革经验基础上，2016年9月12日，成都市委编办、市教育局、市人社局、市财政局四部门联合印发《关于推广武侯区“两自一包”改革经验的通知》（成教办〔2016〕5号），面向成都市推广武侯区“两自一包”改革经验。通知要求，改革必须坚持依法推进、整体推进、稳妥推进原则，在成都市各区（县）新建公办中小学、公办幼儿园中实施“两自一包”改革，并在新的实践中予以丰富发展，用新机制建设新学校，探索新路径。

成都市在广泛汲取武侯区改革经验的基础上，全面统筹教育综合改革工作，编制、人社、教育、财政等部门通力合作，建立部门定期联络机制，共同解决改革中产生的问题，积极稳妥推进改革；通过与教育部教育发展研究中心、北京师范大学、四川大学、中国教育科学研究院、成都市教育科学研究院、成都市教育学会等高等院校、科研院所、专业机构合作，强化了改革的引领能力。

2017年1月6日，成都市委编办向成都市委、市政府报送成都市“两自一包”改革情况的报告，成都市委副书记、市长罗强在报告上做出批示：“很好！可以进一步总结完善方案后，加大推广力度。”至此，成都市“两自一包”改革范围不断扩大，金牛区、成华区、新津县、天府新区等区（县）纷纷到武侯区考察、交流改革经验，并在新建学校推行改革。截至2018年6月，成都市已有53所学校实行“两自一包”改革，并逐步扩大，向区域内外推广。

2019年秋，成都经开区（龙泉驿区）天鹅湖小学、青台山小学、成都大学附属小学、青台山中学、阙家九义校、向阳桥中学确定实行“两自一包”办学模式改革。

**二是全省、全国各地推广实践。**



区域外，全国各地的多所新建学校和现有学校，先后组团到川大附中西区学校考察改革成果，学习改革方法，借鉴改革经验，为推动区域教育改革寻找“源头活水”，川大附中西区学校成为改革的“孵化器”。

四川省内，天府新区目前已经全面实行“两自一包”改革实践。

四川省外，贵阳云岩区、哈尔滨道里区等区域已逐步推广实施“两自一包”，北京、山东、浙江、湖南、河北等地也在持续关注。

以哈尔滨道里区为例，在道里区委、区政府的支持下，教育、编办、财政、人社等部门共同以专题研究、实地调研的形式深入学习成都市武侯区“两自一包”学校管理体制改革经验，并形成了道里区推进“两自一包”学校管理体制改革的顶层设计。经过区委常委会议、区政府常务会议研究讨论通过，区委深改办以2018年1号文印发了道里区推进“两自一包”学校管理体制改革实施方案，明确借鉴成都市武侯区教育局的有益经验，在新建的东湖路学校、群力实验三小进行改革试点。

2018年5月，道里区委、区政府通过“两自一包”学校管理体制改革方案后，区委编办和区人社局立即帮助学校根据预招生人数提前确定教师控制数，并立即启动教师招聘工作。两所改革试点学校立即制定了不占编制教师招聘方案，面向社会发布公告。短短两周时间，两所学校报名应聘人数达到1700人，其中有大庆市、伊春市、鸡西市等公办学校的在编教师及跨系统的正式在编同志自愿放弃编制应聘。改革试点学校做了大量耐心细致的工作，将改革的风险也进行了说明，但仍有愿意放弃编制报名的人员。经过笔试、面试、体检，两所学校共招聘新机制教师99人（研究生学历占18%）。按照“长短合同制”管理方式，两所改革试点校与教师签订了短期劳动合同，且劳动合同均经过各部门及律师的把关。在录取的新机制教师中，有英国知名大学研究生毕业、放弃私企高薪的教师，有放弃外区县正式事业单位编制的教师，有放弃省重点高中正式编制的教师。改革试点学校的校长也问过他们为什么愿意放弃编制，他们回答得很干脆：“喜欢新机制学校简单的人际关系、浓郁的创业氛围、持续的专业发展以及按劳取酬的分配方式。”

道里区对在编教师和新机制教师实行统一管理，统一待遇保障，没有任何特殊的地方。区教育局、区财政局、区委编办等多次进行研究，形成了“原则上在编教师满工作量的前提下，其基本待遇不低于现有待遇”的操作策略，解决了参与改革教师的后顾之忧。目前，改革试点学校教师全部自愿锁定身份参加改革，并签订了协议书。

道里区把改革薪酬分配机制作为试点学校重中之重的工作，经过反复论证，最终确定了“以责定薪、以岗定薪、以量定薪、以绩定薪、以优定薪”的薪酬分配原则。试点学校分别依据校情实际制定了薪酬分配方案，淡化职称，淡化教龄，突出工作量，侧重班主任，通过科学的薪酬分配方式吸引人才、留住人才、用好人才。两所试点学校的薪酬分配方案，既能保证每月人员实际支出，还能保证年底绩效性工资、奖励性工资和包烧费的发放，让改革学校的不占编教师心里有底、脸上有光、信心十足。

面对两所改革学校新学校、新教师、新学生的特殊情况，如何让新教师站住讲台、站稳讲台，赢得家长的信任，是道里区教育局最为关注的问题。其主要做法有三点：一是上挂实验区专家，借力全国教育综合改革实验区建设。中国教科院专家多次深入改革学校，围绕课堂教学、学校管理等进行专题调研及讲座。二是注重内部挖潜，由区教师进修校承担起两所学校的新教师培养工作。岗前培训达到120学时，并将新教师岗前培训深化拓展为重点抓好入职五年内的新手教师入格培训，从原来的只管岗前培训、关注新教师迈上讲台的第一步，变成了现在关注一至五年的起步阶段，特别是把教师的师德修养、心理健康作为重要内容进行强化培训，并采取线上培训与线下研修相结合的方式，重点做好校本跟岗研修实践与指导，帮助新教师筑牢专业根基。三是强化校本研修，学校管理团队成为校本研修的中坚力量。比如东湖路学校的校长崔晶、群力实验三小的校长王长山本身就是名师，学校的专题讲座大部分都是由他俩亲自讲，将容易出现的问题、共性的问题进行案例式的剖析，提出切实可行的对策和建议。两所学校7月份完成教师招聘工作后，利用暑假时间采取自学与集中学习相结合的方式，完成了新教师岗前培训。学校还通过不间断的教育教学实践活动，通过校内、校际多渠道的分享交流，尽快提升教师的课堂教学和班级管理能力。

道里区目前的两所试点学校中，群力实验三小建校两年，学校班子人员配备较为完备。新建成的东湖路学校，前期通过全区竞聘选拔出学校校长，由校长提名副校长及主任的人选，区教育局党委进行考核任命，学校领导团队共7人全部到位。下一步，道里区还要严格落实新机制学校的干部选拔自主权，聘用的新机制教师与在编教师一样有参与学校管理的机会，实行聘期制、按需流动制，让改革学校的教师有劲头、有奔头、能出头。

道里区试点学校的经费包干采取的是“包干使用、自编预算、结余留用、超支不补”的管理办法。即人员经费和公用经费混用，试点学校上报年度预算，区教育局、区财政局层层把关；经费结余超两年收回财政，超支财政不补；责成内部审计部门或委托第三方每年对学校进行一次审计；包干经费与同规模非改革学校基本持平或略高（不高于10%）。2018年，由于东湖路学校招生人数不确定，实验三小生源也处于上升状态，为此，区财政局在新学期开学前为两所改革学校先期各预拨500万元经费，后期再根据标准多退少补。这样灵活的方式，确保了学校新学期一开校就能正常运行，不会因为经费短缺而导致学校发展捉襟见肘，保障了改革工作正常推进。

改革学校校长的人权、事权、财权很大，如何防控风险、保护校长，最终还要落实在现代学校制度建设上。道里区的基本推进思路是实行校长负责制基础上的分权治理，开门办学，开放办学，高度自主。打破现有部门设置，建立适应改革所需的内设机构，依法办学，自主管理，分权治理，民主监督，社会参与，家校共治。比如，东湖路学校实施扁平化管理，改变原有学校内设机构，设立了教师发展中心、学生发展中心、科研中心、校务督办中心，负责学校日常工作；建立了校务委员会、教代会、校长办公会、学术委员会、家长委员会，各负其责，依法治校，科学管理。同时，两所试点学校都建立了专家指导团队，做好发展规划顶层设计，建立学校章程，健全干部及教师聘任、管理、培养、评价和退出制度，建立财务管理制度、经费使用制度、薪酬分配制度，细化各项改革工作举措，依法有序推进改革工作。区教育局及各单位的职责就是为学校服好务，并监督学校依法依规发展，减少检查评比，减少行政干预，给学校减负，让学校主动加压、自主发展。

通过近一年的"两自一包"改革实践，道里区收获很大、体会很深、感触很多。在成都市武侯区教育局的无私帮助下，在道里区委、区政府的坚决支持下，在各兄弟单位的通力协作下，两所试点学校在探索中前行，浓郁厚重的教书育人氛围、开放办学的自主发展环境、公平竞争的专业发展机制初步呈现，学校的服务更到位、方法更灵活，孩子更开心、家长更放心、老师更舒心。

成都市武侯区对哈尔滨市道里区的指导工作，更增强了道里区的信心。目前，道里区又有15所义务教育学校积极申请参加"两自一包"改革。

"'两自一包'改革有效落实国家、省、市深化教育体制机制改革要求，向学校放权，为学校松绑，打破了原有体制的教师编制困局、流动困局和激励困局，为道里区教改探索出一条新路。"2019年，道里区委书记冯延平接受记者采访时说："通过改革，确立了党委、政府、学校、社会之间的新型关系，试点校已初步构建起依法办学、自主管理、民主监督、社会参与的现代学校制度，校长治校更专心，教师教学更精心，学生上课更开心，家长看了更放心，改革试点学校呈现出校园有生机、学生有活力、教师有朝气的新气象。"

“爆竹声中一岁除，春风送暖入屠苏。”

那些关于“两自一包”的肯定与回响，正如除岁的爆竹，而收获改革成功的体验，恰似春风送暖。

“繁枝容易纷纷落，嫩蕊商量细细开”，杜甫这两句关于春天的诗，也让沉浸于改革成功的武侯教育人立足于这个春天，朝向未来进行理性思考：如何将“两自一包”这颗“嫩蕊”展示给中国特色社会主义新时代教育高质量发展的春天，“商量”其未来的“细细开”？

如果说“两自一包”改革最初还有一些感性的成分——比如需要改革的理想、改革的勇气、改革的热情，那么当它进入深化阶段，就必须进行理性的提纯。

这份理性，来自“两自一包”对教育发展本质的要素摄取。

“两自一包”改革的目的、价值、成效等，通过改革试点学校和实验学校的实践，在多元测试中得到成功的验证，是以，堪称一种经验。

这些经验，凝练了教育的哪些本质，对于教育发展可能触发哪些问题；这些经验，在中国特色社会主义新时代的教育发展政策上有哪些体现；这些经验，尚留有哪些可以进一步探究的空间……如是内容，都是亟待梳理和凝练的。

# 第六章 阶段总结与未来展望

DILIUZHANG

JIEDUAN

ZONGJIE

YU

WEILAI ZHANWANG

2018 年 4 月 10 日，习近平总书记应邀出席博鳌亚洲论坛年会开幕式并发表重要主旨演讲，他说："中国人民完全可以自豪地说，改革开放这场中国的第二次革命，不仅深刻改变了中国，也深刻影响了世界！"

化用总书记的话，武侯区教育人完全可以自豪地说，"两自一包"学校管理体制改革，不仅深刻地改变了武侯教育，也影响了中国其他地区的教育改革探索。

2013 年 7 月 22 日，习近平总书记在谈到"以更大政治勇气深化改革"时指出："必须以更大的政治勇气和智慧，不失时机深化重要领域改革，攻克体制机制上的顽瘴痼疾，突破利益固化的藩篱，进一步解放和发展社会生产力。"

这，既是武侯区教育改革行动的精神动力，也是改革近六年来凝练改革内涵和再度反思的行动依循。

截至 2019 年 12 月，历经六年的时间，武侯区以"两自一包"进行改革实践探索的学校增加到 23 所，涵盖了幼儿园、小学、初中、高中等基础教育全学段，也包含了新建学校和已运行的传统学校。在这个漫长的改革历程中，武侯区既依循政策，又勘探理论，更不断通过督导部门动态监测和评估，创造了"两自一包"这个具有时代特征的教育改革词汇，为全国各地正寻求突破教育困局策略的同行输出了实践经验。

因而，可以以"'两自一包'武侯经验"来凝练武侯区"两自一包"改革实践特征，以便在继续推进"两自一包"学校管理体制改革和区域教育综合改革过程中提升认识，增进智慧，推动教育改革落地见效，可持续发展。

## 01 可以命名的"'两自一包'改革武侯经验"

凝练一种改革经验，必须有两个方面的思考：一是基于改革内涵的思考，即改革调整了哪些固化的关系，突破了哪些现有制度；二是基于过程及成果的思考，即改革用哪些方式促进事物本质发生了哪些变化或取得了哪些成果。

考察武侯区已有23所学校（幼儿园）的改革试验经历，正是凝练武侯区“两自一包”改革经验的必由之路。

**一是从改革内涵的角度思考，“两自一包”改革调整了传统教育制度制约教育所关涉的多方关系，将教育的社会事业性职能转化为政府提供保障性资源、学校发掘校本性资源、教师开发创造性资源、学生获得优质资源的教育资源服务的良性格局，突破了传统学校管理体制。**

前有所述，“两自一包”在实践上是国家教育改革“管办评分离”和“放管服”的区域创新实践探索，是基于管、办、评三方关系划界的有效尝试，因而它从政策层面坚持了管、办、评三方关系的有效定位。

同时，从教育的关涉关系看，“两自一包”改革从宏观关系、中观关系、微观关系上，有效地调整了关涉学校教育的各方关系。

首先，从宏观关系调整上讲，“两自一包”改革调整的是政府与学校之间的关系，“两自一包”之“管理自主”，既是对政府而言，也是对学校而言，即政府让出办学管理的部分权力，而学校在保证学校的公办性质、确保社会主义办学方向和执行国家课程的前提下，实行学校“管理自主”。武侯区教育局作为政府管理方代表，在提倡“两自一包”机制过程中，充分发挥了这个宏观关系调整作用，减少对试点（实验）学校过于烦冗的管理，促进了学校“管理自主”的实现。

其次，从中观关系上讲，“管理自主”的主体绝不是校长个人，而是学校整体，因此，从川大附中西区学校试点开始，学校就注重以扁平化管理来实现“管理自主”下的管理主体的多元化转移，调整了宏观“管理自主”下学校管理关系的再度分配。

最后，从微观关系上讲，在“管理自主”下，个体与群体怎样实现关系的和谐呢？“两自一包”试点（实验）学校积极倡导“共治”，促进了教师个体在“管理自主”下，或以教代会成员，或以学术委员会成员，或以共同体成员，或以项目组成员身份参与学校具体事务的管理，这就真正改变了传统学校教师个体被动管理格局，同时增强了来自学校层面的管理效能。

再从教育的社会事业性职能看，“两自一包”以政府提供保障性资源、学校发掘校本性资源、教师开发创造性资源、学生获得优质资源的教育资源服务的良性格局，最终指向教育服务社会功能的释放。

客观地讲，传统意义上的政府、学校、教师、学生之间是上层主动、下层被动的关系，使得教育服务社会的社会事业性功能在一定情况下处于低效状态。于是，在学生与家长中，从选择优质教师资源，到选择优质学校，形成“择名师热”“择校热”的现象。

“两自一包”改革从四者关系上，层层激活主动，层层释放活力，最终在传统管理上，实现“起于该管、止于必管、启于自主、发于灵动”的上下关系。

政府以提供保障性资源为前提，在校舍建设、办公配置、经费保障、社会保障方面提供保障性资源，获得身份认证，同时以执行国家意志来行使管理权力。但是现代管理本身不能片面地解释为行使权力，管理应更多地体现在服务上，即政府服务学校除提供保障性资源，还有促进学校发展的职能。“两自一包”改革最终以“启于自主、发于灵动”来实现服务功能，学校“教师自聘”“管理自主”“经费包干”既是一种权力的“止”，也是一种释放活力的“启发”。相应地，学校在管理过程中也以“起于该管、止于必管、启于自主、发于灵动”再次明确管理关系和激发活力，学校层面的管理是以学校文化、课程计划、制度规范、日常化教育教学等形式介入，形成校本性资源，取得身份认证。再次递进，教师在学校“起于该管、止于必管”的基础上，规范个人修养和施教行为，并在学校“启于自主、发于灵动”的激励下，以自身素养与教材融合，形成课程性资源，以日常教育教学获得身份，介入管理，并在灵活的薪酬制度促进下，发挥创造力，开发、优化更适宜学生发展的课程资源。教师在具体教育教学过程中，又以“起于该管、止于必管”设置学生发展底线，启发学生自主发展、产生灵动效应，促进学生获得优质教育资源。

而这样的关系，最终呈现的成果就是学校办学特色化，具体体现是校本课程的适切性和多元化。这在试点（实验）学校有充分的体现。川大附中西区学校初步形成了“分层分类个性化成才”育人模式，开设了 93 门分类课程；2018 年学校共计 433 人次参加国家、省、市、区级比赛获奖，居全区初中首位。北二外成都附中确定了“培养精通两门以上外语的自信阳光善表达的国际化人才”培养目标，开设了六门小语种课程，实施外语小班精品化教学，同时增设中文“演讲与口才”等训练课程，其鲜明的办学特色赢得社会广泛认同。川大附中新城分校以构建“全人课程”体系为抓手，差异化教学，小组合作，实现学生全面成长。龙江路小学武侯新城分校构建了“悦课程”体系框架，培养指向核心素养的“七个一”龙娃娃。龙江路小学中粮祥云分校构建了祥云品牌的“云智课堂”，提高了教学水平和课堂教学效益。沙堰小学强化科研兴校意识，以研究的态度和思维方式推进德育建设、课程建设、教师队伍建设，以多元智能评价引领“成就多样可能”的育人实践。成都市第三十三幼儿园研发了新样态的“陶乐”课程，2018 年 6 月《基于“陶乐”价值观下的园本课程建构的实践研究》获中国学前教育研究会课程专委会论文一等奖。武侯区第三幼儿园以结构游戏为课程特色，构建了“玩美儿童”的课程体系。武侯区第二幼儿园建立了以思维为核心的“雅慧教育”融合课程体系。武侯区第六幼儿园借力品牌引入方课程资源，引入“森林课程体系”，与武侯本土“千古蜀汉文明”相融合，探索“儿童发展＋家园共育＋社区共生”三维立体的“师・幼・家”园本课程，践行“滋养生命、绽放个性”教育理念。武侯区第一幼儿园通过“优秀资源巧利用、引进课程弥不足、社区资源相结合”三管齐下，逐步构建了园本课程体系。武侯区第八、第九幼儿园隶属于成都市第十幼儿园，两所幼儿园借鉴集团发展经验，紧抓童心课程建设，形成“小篮球　大世界”和“快乐阅读　多元表达”特色课程。武侯区第五幼儿园通过多元管理，引进华东师范大学“幼儿园建构式课程”先进理论，大力推进“以儿童为本位”的建构式课程建设。武侯区第七幼儿园引入诺博教育体系三大核心课程进行教育教学，学期末通过诺博教育“海马幼评”在线幼儿评测系统开展测评，丰富完善线上线下研培体系。

从突破机制上看，“两自一包”改革从内涵上突破了传统学校管理体制，以基于社会主义核心价值观的现代学校管理体制的实践性、实效性、实用性为导向。

2010 年颁布的《国家中长期教育改革和发展规划纲要（2010—

2020）》从建设现代学校制度、管理体制改革、办学体制改革等方面，对教育制度供给改革和完善提出了要求。教育体制综合改革试点工作已在全国部分省（市、自治区）展开，各省（市、自治区）也在本省（市、自治区）部分市级、县级教育体制改革上开展了试点。

2014 年，武侯区探索实施的“两自一包”学校管理体制改革，是在现有的法律法规、财政政策、教育制度等相关框架和体系下进行的区域教育综合改革探索。

“两自一包”改革主要解决了现代学校制度建设四个方面的问题。

第一，解决了政府缺编制的问题。对于一所新建学校，除几名管理团队成员外，绝大部分教师都是无编制的教师，打破了传统公办学校的教师必须有编制的局面。指导并监督学校按照现代学校制度构建起学校利益相关各方参与的“共同治理”体系，构建起政府、学校、第三方教育评估机构和社会多方参与的评价体系。

第二，解决了学校无法自主招考教师的问题。近 10 年来，武侯区公办学校招聘公办教师按照“凡进必考”的原则，考试的主导权已从区级上收到省级，学校几乎没有话语权。此方法在形式上体现了对考生的公平，但是在学校教育教学实践中普遍反映按此方法招聘的教师问题很多，这对学生而言又不公平了。

第三，解决了学校对教师无法真正按照聘用合同进行管理的问题。传统的公办学校对教师是按身份进行管理的，一般认为公办教师这一职业是稳定的，公办学校几乎无淘汰机制，因此对公办学校教师的管理是非常困难的。而“两自一包”改革，实现了教师的有序退出。

第四，解决了经费短缺的问题。学校根据“经费包干”的原则，在充分保证学校正常运转的情况下，依法自主预算教师的人员经费，依法自主建立薪酬制度，解决了自 2009 年实施教师绩效工资制度以来存在的激励和约束的杠杆作用太小，形成新的“干多干少一个样，干与不干一个样”的“大锅饭”问题。

**二是从改革过程和阶段成果来看，“两自一包”学校管理体制改革为中心城区教育“学校充满活力，教师迸发激情，学生优质成长”探索出了一条可行之路。**

先说“学校充满活力”。

一般来说，学校的办学活力主要表现在三个方面：一是学校本身的特色化追求和实践，体现为学校整体对办学的积极理解和创造性作为；二是学校管理团队和谐、高效，重视对师生的激励与引导；三是学校教师在思想和行动上具有积极性、主动性、创造性。

“两自一包”机制对学校管理主体地位的确立，让试点（实验）学校教职工形成一个有朝气、有责任、有目标的团队，而实验学校又大多建立了“共同治理”格局，使教职工人心安稳、干劲十足，学校充满生机与活力。

由川大附中西区学校一份关于管理的报告，可以获得“两自一包”机制全面激发学校办学活力的实证。

（一）分权，尽量把权力给出去

组织本应通过相互协调来更好地掌握信息，做出决策。随着组织的扩大，若由于管理者个人因素或沟通机制出现问题，造成管理者很难听到或者容纳不同意见，决策就有了风险。学校里，校长就是这个风险的承担着。要避免这种风险，就要分权。

1.“五会”议事谋策略，共同治理增活力。学校不是校长个人或管理团队的，必须有更加多样化的权力主体来决定学校的各项发展。川大附中西区学校在章程中明确了内部管理体制，即“学校实行校长负责制下的‘扁平化管理、共同治理’的民主治校模式。党支部委员会、校务委员会、教职工代表大会、学术委员会、家长代表大会共同组成学校权力机构，分别决策相应事项”，并且在章程中明确了“五会”的权责。如党组织把握学校发展方向，推动学校健康发展；教职工代表大会负责学校章程、制度建设和重大政策的确立；校务委员会具有行政权；学术委员会负责教师职称初评以及各种评优推先等；家长代表大会负责沟通学生教育、学校管理的相关事项等。

这样一个多元主体参与负责机制，大大降低了校长个人对学校发展的影响，同时也促进了内部的相互协调和制约。以学校“教师自聘”为例，每一年的招聘工作都是由教师服务中心、课程中心、学术委员会等几个部门和骨干教师共同参与完成的。党支部委员会和校务委员会审核并通过招聘方案；教师服务中心负责简历筛选和资格审查；课程中心负责笔试相关工作；以学术委员为核心，若干骨干教师共同参与，完成面试工作；党支部委员会和校务委员会研究决定聘用人员；教师被招聘进来后的岗位聘任权，又在各学部（年级）。

2.“包干经费”预算制，公开透明促高效。教育局将“包干经费”年初一次性打包拨付给学校，如何使用并不是校长或行政团队说了算，而是实行细化到每个部门、岗位的全员预算制度。即由教师个人或教师团队提出预算申请，报学校专家组审核、教代会讨论通过后，由教师或团队支配使用，充分保障学校教职员工对经费的知情权和支配权。学校对经费使用情况做到了“一月一公示、一季一汇报”，教育主管部门委托第三方审计机构一年一审计。2018 年学校经费使用有效率为 98.7%。

（二）共治，形成合力谋学校发展

想要做成一件事情，如果得不到参与各方的认同，目标就难以达成，即使成功了也不会持久。因此，学校办学要把学校愿景和个人规划结合起来，形成合力，共同治理，共谋学校发展。

1. 项目管理激热情，人人争做管理者。学校实行项目管理机制，把学校事务按照项目打包，公开征集执行团队，学校保障项目经费，并记录工作量，作为发放奖励工资的参考，从而调动每一位教师的积极性和创造性。教师通过项目管理机制，主动申请专项工作，他们既是工作的执行者，也是该项目的管理者，从而构建了一个开放、竞争、高效、自主的“学校现场”。在这里，每个人都找到了一个“最少障碍、最低干扰、最小浪费，实现自己精彩”的环境，教师职业动能和学校发展活力得到充分的激发。2016—2018 年，学校累计发布项目 210 个，参与人次 1970 人次，投入项目工作经费共约 166 万元。

2.“日清双轨”优常规，过程管理全员化。学校日常管理实现了全员全程参与管理，实施“日清双轨”制。学生通过班集体、学生会、校团委等组织，实现学生日常事务自主管理，以强化学生的主体意识，提高管理成效。教师实施“今日我当家”值日制度，每周由一名中层干部担任值周校长，行使校长职责；每日有10位教师组成一个值日组，参与学校监督和管理。值日教师的重点工作是“巡视课间”和“查课”。值日教师在学生进校之前就会抵达学校，提前为学生打开楼道的灯，清查校园的安全情况。每一节课的课间，值日教师都会站在相应的岗位巡视各班，确保学生在课间做到文明休息；巡查的同时还要去发现问题，并及时在一线解决，提高工作效率。此外，值日教师还会巡查课堂，了解教师和学生的状态以及课堂的问题。全校教师除班主任外均需参加“今日我当家”。

“日清双轨”制的实施，树立了教职员工的主人翁意识，充分体现一个教育工作者的责任感和使命感，让所有老师都参与到学校的日常管理中来，真正实现了“事事有人做，人人有事做；生生都是班干部，师师都是管理者”。

3. 民主监督齐参与，各司其职共发展。学校教代会代表全体教职员工对学校重大决策进行审议，对学校工作实行民主管理、民主监督，充分发挥教职员工的主人翁作用。2018年，学校召开教代会3次，讨论并通过方案4项：《校优评选方案及细则（修订稿）》《校内职称初推方案（修订稿）》《2018年工会经费使用标准》《第二届学术委员会换届工作方案》。

学术委员会自成立以来，不断完善和优化工作机制与方式，更好地服务于教学工作，先后完成了3次校内职称初评工作；3次市、区级“评优选先”校内初推工作；在6批次“师徒结对”活动中担任指导教师；校级献课56人次，区级（及以上）献课6人次；每周对教师教学常规进行量化考核。2018年9月通过校长办公会提名，教代会投票选举产生了11名新一届学术委员会成员。

学校成立了以副校长为组长的纪律监督小组，在相关事务中予以监督，保障学校行为的依法依规。教师对学校任何事项有疑问或异议，都可直接向监督小组反映；在相关事务中，老师们又是参与者，身临其境参与处理学校事务，并在过程中予以监督。学校制定了相关工作制度23项，针对岗位工作要求制定了29项“岗位说明书”。2016—2018年，分别有215、219、264人次教师参与学校各项采购比选工作，分别占当年全体教师数的176%、159%、183%。

在不断地尝试和探索中，川大附中西区学校逐步摸索出一套适合自身发展的管理机制。

再说“教师迸发激情”。

教育激情是教师施教的根本动力，是教育教学创造性的源泉。学校办学活力的核心是教师教育激情的激扬，因而，激发教师对教育教学工作的热情，是当今教育改革的重要环节。

实验学校在加强教育教学常规管理、强化师德师风建设上，全面落实《中小学教师职业道德规范》《新时代中小学教师职业行为十项准则》，组织全体教职工签订师德师风建设目标责任书或承诺书，完善教师职业道德评价、考核、奖惩机制；健全教师人事专档，包括工资档案、考核材料、奖惩材料、学历证明、职称资格等相关材料，并归档管理。教师中为共产党员、共青团员的，应按规定接转组织关系，参加学校党（团）组织开展的各项活动。

以此为基础，“两自一包”机制从教师的获得感和成功感上，极大地激发了教师的职业激情。

“两自一包”机制在激发“教师迸发激情”方面，淡化编制的作用，提升“岗位”的作用，增强教师在具体岗位与具体事务中的获得感。

“两自一包”学校发展模式，核心之一是“教师自聘”。武侯区目前的“两自一包”改革推进阶段，改革学校除了5～6名管理团队成员有正式编制外，其他教职员工都没有编制，一律由学校在教育行政主管部门核定的规模控制数内自主招聘。在推行改革的过程中，实行“教师自聘”，其初衷是针对学生人数快速增加、教师数量不足的问题，将教师招聘权下放给学校，由学校根据岗位需要，按照规定流程自主招聘教师，推动教职工管理由“编制管理”向“岗位管理”转变。

针对在编人员，实施“锁定身份”。具体办法是新建学校以自主招聘教师为主体，区教育行政管理部门派出原则上不超过5人的在编核心管理团队。改革学校的在编教师按照自愿申请原则，签订“自愿参加‘两自一包’管理体制改革协议书”“‘两自一包’管理体制改革学校锁定身份人员登记表”，锁定在编身份，将在编身份、工资级别、职称等放入档案，职称、工资级别正常晋升，工作年限正常计算。在编教师参加管理体制改革，原则上不低于3年。在改革学校工作期间，签订聘用合同，参加学校专业技术岗位竞聘和晋升，专业技术岗位聘用结果放入档案，根据学校薪酬方案兑现待遇。

在编教师编制锁定在人事关系所在单位，其基本工资、职业年金、住房公积金、保险等基础待遇和相应预算由负责锁定教师身份的学校进行管理和保障，相关经费预算由区教育行政管理部门在“两自一包”学校包干经费中列支。改革学校根据学校薪酬发放方案，核定在编教师福利待遇，扣减在编教师人事关系所在单位应发部分（含实发部分、缴纳部分）后，按月发放差额部分。

在编教师在改革学校工作岗位聘用合同期满后，按照“自愿续聘、双向选择”原则，可选择继续留在改革学校任教，也可选择回到原学校或交流到其他非改革学校任教。若继续留在改革学校任教，达到退休年龄时，按照事业单位人员办理退休手续。若选择回到原学校或交流到非改革学校，则解除身份锁定，按现行事业单位聘任制管理。若改革学校终止改革，在编教师解除身份锁定，按现行事业单位聘任制管理。

学校严格按照核定的教职工规模控制数，在扣减在编教师人数后，开展规模控制数内的教师自主招聘，不得超规模聘用教师。学校必须与校聘人员签订劳动合同，约定合同期限，明确工作职责和违约责任；合同条款应符合现行法律法规，合同内容应征求学校法律顾问意见。首次签订合同的，应依法约定试用期。

在分配上，锁定编制教师与其他招聘教师一样，遵循“按劳分配、按岗取酬、绩优酬高、薪随岗变”分配原则。改革学校自主制定学校薪酬分配方案，并依法购买社会保险和缴纳住房公积金。学校要逐步建立起优质优酬的薪酬发放机制，实现多劳多得，优劳优酬，充分调动教师工作积极性、主动性、创造性，促进教师成长、学生成才、学校发展。

在岗位设置和聘用方面，教育行政主管部门按照学校教职工规模控制数的80%对实施“两自一包”改革的现有公办学校进行专业技术岗位

总量核定，新建学校专业技术岗位核定办法参照执行。按学校的社会功能、办学规模、办学水平，参照相应专业技术岗位结构比例控制标准，以及中小学教师高级、中级、初级岗位内部各等级的结构比例，指导学校开展专业技术岗位设置。学校要制定完善专业技术岗位设置方案，明确岗位等级、任职条件、岗位职责等。方案由教代会或教职工代表大会通过后，报教育行政主管部门备案。

学校要建立专业技术岗位聘用制度和考核办法，成立聘用工作组织，制定聘用工作方案。聘用工作方案应经教职工代表大会审议通过，并向全体教师公布聘用岗位、岗位职责、聘用条件、聘用待遇、聘期及聘用办法等事项。学校要通过教师申请、民主推荐、学校提名等形式组织开展岗位竞聘。

在编教师竞聘到专业技术岗位后，学校参照非改革学校教师岗位晋升办法，按岗位聘用管理制度完成逐级审批，编制所在学校调整其档案中相应专业技术岗位工资。校聘教师竞聘到专业技术岗位后，按照学校的薪酬分配方案，兑现相应岗位待遇，并作为推荐参加相应专业技术岗位任职资格评审的重要依据。

“两自一包”机制在激发“教师迸发激情”上，还充分发挥社会保障功能，让教师的“获得感”实实在在而无后顾之忧。

当前，武侯区“两自一包”改革学校教师的养老保险费和职业年金征缴是按照企业职工的标准执行。但改革学校是公办性质，其教职工的养老保险费和职业年金征缴理应按照公务员法管理的单位、参照公务员法管理的机关（单位）、事业单位及其编制内的工作人员的标准执行。

就机关事业单位标准而言，基本养老保险费的单位部分（以下简称单位缴费），按本单位参加机关事业单位养老保险工作人员的个人缴费工资基数之和的 20% 缴纳；基本养老保险费的个人部分（以下简称个人缴费），按本人缴费工资基数的 8% 缴纳，由单位代扣代缴。按本人缴费工资 8% 的数额建立基本养老保险个人账户，全部由个人缴费形成。职业年金方面，其缴费基数与基本养老保险缴费基数相同，单位缴费比例为 8%，个人缴费比例为 4%。个人缴费实行实账积累。对于财政全额供款的单位，单位缴费根据单位提供的信息采取记账方式，每年按照国家统一公布的记账利率计算利息，工作人员退休时，本人职业年金账户的累计储存额由同级财政拨付资金记实；对非财政全额供款的单位，单位缴费实行实账积累。

企业职工基本养老保险，以企业全部职工缴费工资总和作为基数缴纳基本养老保险费，缴费比例为20%。企业必须按月向社会保险经办机构申报应缴纳的基本养老保险费数额，经社会保险经办机构核定后，在规定的期限内缴纳基本养老保险费。职工个人以本人上月工资（或上一年月平均工资）作为基数缴纳基本养老保险费，缴费比例为8%，由所在企业代扣代缴。企业应为职工设立工资收入台账，逐月进行登记，经职工签字确认，社会保险经办机构据此核定职工个人缴费工资和企业的全部职工缴费工资总和。职工个人缴费工资，按国家统计局规定列入工资总额统计项目的实际收入计算，包括计时工资、计件工资、奖金、津贴和补贴、加班工资以及特殊情况下支付的工资。

显然，企业标准和机关事业单位标准存在一定差距，如果处理不好，就会出现新的社会问题。

为此，在推广实施“两自一包”改革的过程中，教师养老保险费和职业年金征缴，是亟待破解的瓶颈问题。

作为改革创新先行区，当前，武侯区人社、财政、教育等部门正在加强协调、联动，创新办法举措，力争按照机关事业单位标准，有效解决“两自一包”改革学校教师养老保险费和职业年金征缴问题，积极为改革学校教师夯实社会保障，解决后顾之忧。

“两自一包”机制在激发“教师迸发激情”方面，促进教师成为学校管理的主体，将人生梦想、专业化发展与学校育人目标高度结合，将个人成功与学校发展有机融合，增强了教师的“成功感”。

学校管理自主，让教师明确工作责权利，教师成为学校管理的主体。教师自觉按照教师专业标准和岗位要求，将人生梦想、专业化发展与学校育人目标高度结合，激发了工作热情，拥有了在职业发展、民主管理、经济报酬等方面的更多体验。教师教育教学能力全面提升，很多教师在全国、省、市、区各级竞赛中获得优异成绩。

以川大附中西区学校为例。2016年以来，教师获国家级奖项5人次，省级奖项13人次，市级奖项175人次，区级奖项105人次。

2018年“一师一优课”评审中，学校报送15堂优课，1堂课例荣获教育部“部级优质课”，4堂课例荣获成都市一等奖，3堂课例荣获成都市二等奖，7堂课例分别荣获武侯区一、二等奖。

在2018年四川省微课大赛活动中，学校推荐15名教师参赛，4名教师获成都市一等奖，6名教师获成都市二等奖，5名教师获成都市三等奖。其中，获一等奖的4位教师的课例被推荐至省上，参与新一轮的评比。2018年武侯区创新课堂教学大赛和实验教学大赛上，学校教师喜获3个一等奖，4个二等奖的佳绩。

2018年学校有5个学科组（语、数、化、思品、生物）被评为“武侯区优秀教研组”。

再说“学生优质成长”。

由于“两自一包”实验学校在办学上有明显特色，学生可以通过学习凝聚教师创造性的基础课程，选择与自己兴趣特长相适应的特色课程，获得保基础、有特色、高质量、适合自己的优质教育资源。

以川大附中西区学校为例，学校充分利用办学自主权，创新教育教学管理方式，落实立德树人根本任务，促进学生全面发展。

首先是学业水平进步明显。学校重视培养学生的良好习惯和能力素养，教师队伍充满活力和干劲，教学质量优良。学校坚守让每一个孩子成才的信念和责任，勤于付出，奋发有为，办学成效连年突破新高，目标达成度高居全区12所公办初中第一名。

2019年，川大附中西区学校的中考重点率较2018年大幅提升，已步入成都市优质公办学校行列。同时，2016、2017两个年级的各次期末成绩在全区“初中各年级生源性目标任务达成度”考核中，均居全区第一。

学校的教学质量得到了家长和社会的高度认同，2018年毕业的九年级一班何××同学以623分的高分入读七中林荫校区。她的家长在《致学校的一封感谢信》中说：“川大附中西区学校的办学是优质的，把孩子交给川大附中西区学校是绝对放心的！”

其次是学生综合素养全面提升。建校以来，川大附中西区学校学生参加各级各类比赛 160 次、1480 人次。其中，国家级比赛 5 次，获一等奖 23 人次、二等奖 12 人次、三等奖 12 人次，共 47 人次；省级比赛 18 次，获一等奖 65 人次、二等奖 45 人次、三等奖 35 人次，共 145 人次；市级比赛 53 次，获一等奖 277 人次、二等奖 185 人次、三等奖 197 人次，共 659 人次；区级比赛 84 次，获一等奖 217 人次、二等奖 161 人次、三等奖 251 人次，共 629 人次。

仅 2018 年，学校在校学生参加各级各类比赛 25 次、433 人次。其中：国家级比赛 1 次，获二等奖 1 人次；省级比赛 6 次，获一等奖 27 人次，二等奖 27 人次；市级比赛 8 次，获一等奖 51 人次，二等奖 70 人次，三等奖 91 人次；区级比赛 10 次，获一等奖 52 人次，二等奖 82 人次，三等奖 31 人次。

2017 年，川大附中西区学校学生社团参加四川省打击乐比赛获得金奖，参加四川省首届运动舞蹈大赛获得初中组第一名，参加成都市中小学班级课堂器乐比赛获得全市第一名，参加武侯区中小学生运动会获得团体第一名。

建校近六年来，川大附中西区学校乘着改革的东风，顺势而上，取得了快速发展。在民主治校、共同治理的办学环境中，学生学业水平进步明显，综合素养得到全面提升。学校获得了家长及社会的高度认可，成为老百姓家门口的好学校。

综上所述，首先可以给“两自一包”改革做这样的词汇阐释：所谓“两自一包”，即“教师自聘、管理自主，经费包干”的简称，是自 2014 年开始，成都市武侯区为破解传统教育管理机制与区域教育优质均衡发展困局，在区委、区政府坚强领导和有力支持下，武侯区教育人从解读国家相关教育政策法规、吸取相关理论，在充分理解和落实国家关于管办评分离改革的倡导下，通过顶层设计、学校创新、过程实践、评价检测，边学习边实践，边反思边调整，由此进行的区域教育综合改革项目实践探索。

在充分阐释“两自一包”词汇意义的前提下，“‘两自一包’武侯经验”可以概括为：武侯区自推行“两自一包”改革试验以来，在现有条件下，有效促进了管办评分离，调整了教育各参与主体的关系，突破了传统学校管理体制约束，以“教师自聘”破解区域因编制短缺而形成的优质教师严重不足问题，以“管理自主”建立现代学校治理体系，以“经费包干”保障学校良好运行、科学分配，将教育的社会事业性职能转化为政府提供保障性资源、学校发掘校本性资源、教师开发创造性资源、学生获得优质资源的教育资源服务的良性格局，为中心城区教育“学校充满活力，教师迸发激情，学生优质成长”探索了一条可行之路。

## 02 更多适应新时代教育高水平发展的思考

改革是一个运行于时代、对时代思想与方法不断吸收的前行历程。

武侯区在总结“两自一包”学校发展模式的同时，也在不断反思，其中，核心是怎样促进“两自一包”学校发展模式适应新时代教育高水平发展。

武侯区认为，在今后推进“两自一包”学校管理体制改革过程中，尚需加强五个方面。



**一是全面加强党对教育事业的全面领导，切实加强学校党建工作在学校教育工作中的龙头作用。**

中国特色社会主义进入新时代以来，以习近平同志为核心的党中央对教育提出了更多、更高的要求，其宗旨是推进教育的现代化建设，以适应经济、社会的不断发展。教育的现代化必须且只能在党的领导下进行，党对教育事业的全面领导成为新时代教育最根本的核心。

“两自一包”学校充分贯彻全国教育大会精神和深入学习习近平总书记在全国教育大会上的重要讲话，在学校坚持党的教育方针、坚定社会主义办学方向原则下，在管理自主体系下，在“五会议事”方面，体现了充分发挥党组织在学校重点决策中的坚强堡垒作用，注重发挥党员教师的先锋模范作用，各学校都注重党建阵地的组织、宣传等党建工作。今后，武侯区各学校，包括“两自一包”学校，尚需在全面贯彻全国教育大会精神和学习习近平总书记重要讲话精神基础上，加大党建力度，尤其是在习近平总书记关于教育的基本问题的阐释指导下，加大思政理论教育，加强学生对热爱党、拥护社会主义制度的政治热情、政治情怀和政治价值观的教育。

首先，要加强学校党建，切实把党建工作当作学校一切工作的龙头。“两自一包”学校要组织教师学习全国教育大会精神，学习习近平总书记关于教育的系列讲话，真切感受到思想政治教育的重要性和迫切性，尤其要注重基层党组织的战斗堡垒建设，发挥党员教师的先锋模范作用，以党建引领学校进一步发展。

其次，要明确政治保障与人才支撑是高度融合的，要将学校思想政治建设作为教师教育活力提质升级的重要抓手。要将党的教育方针贯彻到学校教育的每一个环节，每一名教师、每一次活动，都要真切实在地将思想教育落到实处。

再次，要注重学生思想政治基础教育。要充分利用各种活动，创设育人性强的情境，蕴含激励学生政治意识、政治情感的思政要素，让学生在体验中感受中国共产党的光辉历程和政治主张，培养学生热爱中国共产党、拥护社会主义的政治激情，从培养目标上落实党的教育方针。

最后，要建立政治底线，以《中小学教师教育教学行为准则》全面落实教师教育教学行为的政治取向。

**二是全面落实德育工作条例，切实将“德育为首、能力为重、全面发展”作为考察学校落实立德树人根本任务和践行社会主义核心价值观的重要标准。在“两自一包”改革推进过程中，加大评价力度。**

中国特色社会主义新时代，党对学校德育工作提出了新要求，这是学校德育工作的总方向。

“两自一包”学校不仅要加强学生学业水平提升，更要注重学生的道德教育、习惯培养、品格养成。

学校要具体落实学校德育工作条例，将学校德育工作条例与评价工具研发结合，突出学校在落实立德树人根本任务和践行社会主义核心价值观中德育工作的效果监测。

要多举措展开“两自一包”学校德育工作的内涵调研。通过线上、线下两种方式，对“两自一包”实验学校的德育课程、德育活动、德育效果进行评估，并以评估报告指导德育工作的改进。

要多元化展开"两自一包"学校学生评价的成果鉴定。通过研发评价工具，将学生学业评价与非学业评价结合起来，对"两自一包"学校办学成果进行技术评价，突出学生在一定情境中的礼仪、习惯等的监测。

要多方面展开"两自一包"学校班主任工作的全面指导。通过集中培训、校本培训，重点是"两自一包"学校校本德育培训，全面加强"两自一包"学校教师的德育意识和德育能力，提升学校整体德育水平，并形成经典德育案例成果。

**三是充分解读党中央、国务院《关于全面深化新时代教师队伍建设改革的意见》，加大教师编制管理创新，盘活事业编制存量，优化编制结构，向教师队伍倾斜，采取多种形式增加教师总量，优先保障教育发展需要。同时加大教职工编制统筹配置和跨区域调整力度，省级统筹，市域调剂，以县为主，动态调配。**

武侯区本着边探索边总结边反思的改革思路，认为，如果长期不提供教师编制，"两自一包"学校的教师聘用与民办学校的教师聘用就没有本质区别，也就不能真正充分激活教师的教育热情和教育教学活力。

基于此，武侯区将根据国家关于教师编制的要求，创新教师编制管理方式，在确保公平公正、资源合理利用等基础上，有效解决改革学校的教师编制问题。因此，武侯区正在研究制订《"两自一包"改革学校教师管理办法》。其中，就教师编制管理，目前正在进行初步探索。

今后，武侯区将以教师编制管理为抓手，加大"两自一包"体制的人事研究，并以之保障"两自一包"实验学校教师活力的持续激活，为教师安心执教、乐于执教奠定良好基础。

**四是强化家庭教育与学校教育的有效合作，充分发挥家庭教育在学校教育中的同盟军作用，切实将教育服务升级转型。**

家庭教育在整个教育系统中的作用越来越明显。

武侯区认为，当前一些国家从教育内涵上探索了家庭教育在学生个体教育中不可替代的作用，这需要学校教育充分认识到家庭教育的具体作用，进一步明确规范家校联盟，提高家校联盟的质量和家庭教育自身质量。

"两自一包"学校大多是家校教育联盟的建设者，主动在"五会议事”中发挥家委会在学校决策中的作用。

但是家庭教育与学校教育属于学生发展的同层次、不同环境的教育，既不能把家庭教育作为学校教育的附庸，也不能把家庭教育当作学校教育的一部分。将“两自一包”实验学校的机制优势充分运用到学校教育与家庭教育和社区教育的整合中，形成教育的整体板块，是“两自一包”实验学校应该进一步尝试的工作。

首先要划分学校教育与家庭教育的边界。根据一些专家的意见，家庭教育应该承担行为习惯、爱国主义、责任心和义务感、勤劳节俭、生活能力等的教育和培养，学校要利用家长会对家庭教育与学校教育在教育中的侧重点进行说明，让家长感受到家庭教育的重要性。

其次要加大学校对家庭教育的专业指导。学校教育以其专业性在教育中起着重要作用，而家庭教育因家长的非专业特点，需要学校在诸多方面给予专业指导。

最后要主动打通学校教育与社区教育、家庭教育的渠道，形成家庭、社区、学校的教育合力。

**五是加大管办评分离改革的探索。**

今后，围绕“管办评”分离改革，武侯区将持续推进“管”的转型。首先是管理主体观念的转变，具体来说也就是从教育管理向教育治理的转变，强调管理主体的多样性，治理的法治化、民主化，关注利益相关者的诉求，通过协商、对话的途径实现教育发展的目标。其次是简政放权，也就是政府及教育行政部门主动放手一些“不该管”和“管不好”的领域与职能，对凡是可以下放又能事后监管的权力要一律下放，在合理范围内扩大学校的办学自主权，切实增强学校的办学积极性和创造性。再次是转变政府职能，也就是从过去的管控向服务、协调、规划、支持、监督转变，中央政府主要负责宏观决策，地方政府负责规划、协调、服务。最后是转变管理方式，也就是改变过多依赖行政命令手段来管理学校的做法，扭转官僚主义作风，改变直接管理学校的单一方式，综合应用拨款、规划、信息服务、政策指导等措施，减少对学校不必要的行政干预，避免以管代评或以评代管，优化宏观管理。

在“办”的方面，也将持续推动实现新的转型。首先，学校必须

是自身发展规划的设计者，根据已有办学规模和特色发展自身优势，以特色立校。其次，学校作为办学主体，肩负着执行各项办学理念、实现办学目的的责任，对课程建设、教育教学、人才培养等具有相对的自主权。最后，创新管理方式和管理手段，尊重办学规律，尊重学生和教师的个性发展，为师生的创新、生命的发展创设公平、公正、和谐的文化氛围。

在“评”的方面，也将持续推动实现新的转型。“评”即评价，通过科学的监测，为改进教育教学、管理和决策提供依据。“评”的转型主要是解决政府既管理教育又主导教育评价的弊端。要改变过去以政府督导评估为主的局面，需要建立起社会各方共同参与的多元教育评价体系。在这个体系中既包含政府督导部门，又包含社会第三方评估机构。

范国睿．教育制度变革的当下史：1978—2018——基于国家视野的教育政策与法律文本分析［J］．华东师范大学学报（教育科学版），2018（5）：1-19，165．

郝晓宁．中国城市社区卫生服务运行机制与制度建设研究［D］．山东大学，2007．

贺东航，朱冬亮．集体林权制度改革研究30年回顾［J］．林业经济，2010（5）：13-24．

汲进梅．农村慢性非传染性疾病控制机制研究［D］．山东大学，2009．

金鑫．中国共产党领导高等教育历史轨迹及发展优势研究［D］．吉林大学，2019．

李娟．试论教育分权的背景、原因和依据［J］．武汉职业技术学院学报，2006（2）：50-52．

李希贵．赋能，学校变革的时代选择［N］．中国教育报，2018-12-5．

李亚东．构建“政府管、学校办、社会评”教育管理新格局——兼论我国教育行政管理体制的创新［J］．辽宁教育研究，2007（11）：24-27．

李镇西．创造教育家成长的“土壤”［N］．江苏教育报，2018-02-09．

李镇西．教育家的翅膀呼唤自由的天空［N］．中国教师报，2018-01-03.

刘博智．管办评分离有矩可循［N］．中国教育报，2015-05-09.

刘成勇，秦广萍．新制度经济学与当代中国［N］．经济日报，2004-04-29.

刘金燕．责任督学挂牌督导助推教育更好发展［J］．基础教育参考，2018（20）：23-25.

马福运，洪玉娟．理解我国高等教育的中国特色的三重向度［J］．中国高等教育，2019（23）：26-28.

马海涛．预算管理改革对奢侈之风说“不”［N］．中国财经报，2007-04-03.

倪秀．一所公办校“松绑”之后［N］．中国教育报，2016-3-29.

倪秀．中国教科院教育发展与改革研究所所长吴霓：可持续性是改革的关键［N］．中国教育报，2018-01-09.

冉丽蓉．我国社会转型与变迁中的政府信用危机及对策研究［D］．中国地质大学（北京），2007.

四川省教育厅．四川省教育厅关于学习贯彻《关于深化教育体制机制改革的意见》的通知［J］．四川省人民政府公报，2017（20）：34-39.

孙树彪．高等教育内涵式发展的“立德树人”研究［D］．吉林大学，2019.

孙在丽．新时代我国普通高等学校思想政治理论课教师队伍建设研究［D］．中共中央党校，2019.

万莉莉．浅议高校安全保障义务的性质［J］．南京广播电视大学学报，2010（4）：82-84.

王凤秋，朱康莉．我国政府购买高等教育评估服务的问题透视［J］．黑龙江高教研究，2019（12）：50-53.

王璐，王世赟．厘清“管、办、评”职责，构建政府、学校、社会新型教育治理关系［J］．教育测量与评价，2018（5）：11-19，37.

王艳林．打造“高素质、善保教”的教师队伍［J］．教育科学论坛，

2019（15）：71-73.

王荫皆．政府信息资源共享成本—效益分析 [D]. 湘潭大学，2007.

吴华．我们为什么要建设现代学校制度？ [J] 未来教育家，2013（Z1）：47-50.

夏业良． 新制度经济学：分析真实世界的有效途径 [N]. 21 世纪经济报道，2006-10-23.

张辉，楚媛媛．新《义务教育法》中义务教育的投资制度分析 [J]. 天津师范大学学报（基础教育版），2012（1）：27-30.

张惠娟．关于我国中小学管理体制改革的方向性思考 [J]. 教学与管理，2011（4）：9-11.

赵宏强. 中小学管理创新案例研究报告 [J]. 中小学校长，2019（12）：3-10.

赵敏．给学校放权，为教育“松绑”——遂宁市船山区办学体制机制改革试点观察 [J]. 四川教育，2019（1）：34-36.

周国华．近十年来中国教育分权与公立学校改革研究简述 [J]. 上海教育科研，2006（8）：24-26.

周玮．制度供给差异对中国旅游业发展区域差异的作用机制研究 [J]. 安徽农业科学，2011（5）：2988-2990.

# 后记
HOUJI

## 虑定而动，上下求索，我们还在路上

这是一场区域教育的整体行动。

这是一次关于困局突围的寻索。

这是一段充满创新探索的记忆。

当我们以文字的方式，为发生在武侯区的“两自一包”学校管理体制改革书写过往的点滴，力图对这个历时近 6 年，介入区域基础教育各个阶段，30 多所学校参与其中，关联区委、区政府、教育局、学校甚至无数个家庭，彰显着武侯教育改革与发展的品牌的教育改革项目做一个阶段性总结时，我们发现，文字之于真实，其实远远不够。

因为，每一个参与学校，都牵动着无数的教师、学生、家长的理解、支持和行动，而每一个人具体的参与行动本身就有无穷的故事。

因为，每一个实践阶段，都引发着相关的领导、同事、同行的鼓励、支持与肯定，而每一句关切的话语都是改革实践的精神动力。

因为，每一步坚实步伐，都聚集着我们的思考、发现、论证的期待、感动和惊喜，而每一段时光的流逝都沉淀了我们确信的坚定。

5 年多来，“两自一包”从我们最初的想法，变成了一个区域 23 所学校的日常教育教学生动现实，并由此引发不少地区和学校纷纷取经借鉴。到 2019 年，全国已有 100 多所学校展开“两自一包”实践。“两自一包”这个词已经毫无争议地与武侯区教育联系在了一起，形成了一个可以告慰我们5年多付出的精神和情感标记。对此，成功感已经不足以概括我们此时的心情。

对于一个区域教育综合改革项目，尽管她已然绽放出我们最初期待的美丽，但她在新时代的春风里依然娇艳惊人，我们依然可以献上无尽的祝福；但我们更想说的是，改革只是我们的方式，我们要完成的是基于坚强的党性，担当身在其位的初心使命。

习近平总书记在党的十八届一中全会闭幕后，带领新当选的中央政治局常委在北京人民大会堂同中外记者见面时，指出：“我们的人民热爱生活，期盼有更好的教育、更稳定的工作、更满意的收入、更可靠的社会保障、更高水平的医疗卫生服务、更舒适的居住条件、更优美的环境，期盼孩子们能成长得更好、工作得更好、生活得更好。人民对美好生活的向往，就是我们的奋斗目标。”

总书记的话，言犹在耳，是我们时刻铭记的工作依循，也是我们在“两自一包”学校管理体制改革实践探索中的指导思想。

我们认为，武侯区“两自一包”学校管理体制改革探索是武侯区优质教育均衡发展的一个缩影，在此基础上，有必要以文字的形式把这一过程的真实情况记录下来，凝练我们曾经努力的心得。同时，“两自一包”学校管理体制改革还将走向深入，我们也希望这些文字能够为后续深入的探索提供一些经验与启示。

这便是本书编写、出版的初衷。

站在“两自一包”学校管理体制改革实践者的角度，我们最想说的是，现阶段的成果不是我们最后的收获，对于“两自一包”学校管理体制改革实践本身来讲，理想和期待，依然还在路上！

作为本书的主编和“两自一包”学校管理体制改革最初的策划者和参与者之一，我们深知教育在人类社会发展中的伟大使命，更明白当今社会对优质教育的无限期待。因此，对“两自一包”学校管理体制改革的任何关切，我们都心怀感激——我们可以从责任担当、初心使命的角度，来交一份与职业、职务关联的答卷，但那些关心这一改革行动的人们，则完全出于对教育本身的关切与对我们的改革愿望和行动的认同！

对此，我们必须向所有“两自一包”改革的参与者、指导者、关注者，道一声谢谢！向为本书编写、出版付出过心血和劳动的每一个人，说一声谢谢！

感谢武侯区教育局党组成员、副局长王小刚同志！在本书的策划、组织、讨论、审稿、出版全过程中，王小刚同志始终参与其中，作为“两自一包”制度的主要设计者和改革参与者，对本书出版发行做出重要贡献。

感谢武侯区教科院党总支书记、院长周文良同志！在本书的策划、内容确定、出版发行等方面，周文良同志提供了有力支持。

感谢川大附中西区学校校长胡平、沙堰小学校长李国惊、北二外成都附中校长何光友、区五幼园长刘春、市三十一幼园长王霞、市十幼园长王艳林、龙江路小学新城分校执行校长刘檩、龙江路小学中粮祥云分校校长黄成凤，以及在书中先后出现的其他改革学校的校长和广大师生，他们为本书提供了典型的成功案例和丰富而鲜活的素材，为本书的出版发行付出了辛苦的劳动。

感谢参与本书写作的刘世刚、潘万勇、邱进光、杨培江、杨庆文、郑清华等同志，他们参与了本书各章的具体写作。

本书各章的主要贡献者如下：

《序章：紧跟时代发展的节奏》主要贡献者：潘万勇、邱进光、杨培江、唐开平、杨庆文。

《第一章：改革是没有先例的探索》主要贡献者：唐开平、胡平及川大附中西区学校。

《第二章：探求改革实践的理性》主要贡献者：唐开平、杨庆文、郑清华、潘万勇、邱进光、杨培江。

《第三章：管办评分离的实践与探索》主要贡献者：唐开平、杨庆文、郑清华、刘世刚、潘万勇、邱进光、杨培江，川大附中西区学校。

《第四章：坚实推进中的异彩纷呈》主要贡献者（按书中出现的先后顺序排列）：沙堰小学、北二外成都附中、区五幼、市三十一幼、市十幼、龙江路小学新城分校、龙江路小学中粮祥云分校。

《第五章：金巢铸就后的有凤来仪》主要贡献者：潘万勇、邱进光、杨培江、胡平及川大附中西区学校、刘世刚、唐开平。

《第六章：阶段总结与未来展望》主要贡献者：唐开平、潘万勇、邱进光、杨培江。

回首峥嵘岁月，近6年的改革实践有着许多感动和故事；展望春风万里，承载武侯教育改革和发展的“两自一包”学校管理体制改革实践必将为人们带来更多期望与梦想！

潘　虹　　陈　兵

2020年10月